Matthias Jung

IMMER DARF ICH ALLES NIE!

Matthias Jung

IMMER DARF ICH ALLES NIE!

Von Trotzphase bis Wackelzahnpubertät

Erste Hilfe für Familien, die die Phase voll haben

KÖSEL

Penguin Random House Verlagsgruppe FSC® N001967

Umschlaggestaltung: FAVORITBUERO, München
Umschlagmotiv: Huza Studio / Shutterstock.com
Illustration Innenteil: © Frau Ottilie
Redaktion: Steffi von Wolff; Ulrike Kretschmer
Satz: Satzwerk Huber, Germering
Druck und Bindung: CPI books GmbH, Leck
Printed in Germany
ISBN 978-3-466-312276

www.koesel.de

Dieses Buch widme ich
meiner wunderbaren Tochter Kate.

INHALT

VORWORT

Elternschaft – eines der größten Mysterien der Menschheit

Jeden Morgen, wenn ich meinen Sohn vollkommen neben mir stehend aus dem Bett labere, um ihn danach leicht hysterisch zu bitten, sich doch jetzt endlich anzuziehen, durchwirkt mich das warme Gefühl der Ohnmacht, wie ein Narkotikum. Ich würde jetzt viel lieber schlafen, als diese unsympathische Version meiner selbst zu sein, die ich früher verachtet hätte.

Und überhaupt war damals schon klar, dass nach der Generation X nicht mehr viele Buchstaben kommen würden – warum also habe ich das mit den Kindern nicht gleich gelassen? Ich hätte mehrmals jährlich in den Urlaub fliegen können, und zwar ohne dass jemand dauernd ein Eis will – außer mir selbst.

Wenn schon die Welt kaputt machen, dann doch wenigstens für den eigenen Spaß! Wieso mache ich das über diese beiden Nachkommen, die deutliche Züge von Superschurken aufweisen, wenn sie mal nach zwei Stunden den Fernseher ausmachen müssen?

Als ich Matthias' Buch in die Hand genommen habe, war ich mir sicher, dass meine Art der Erziehung ein Desaster ist. Oder – vielleicht sind es auch meine Kinder? Eine besonders explosive Genkombination, die schon seit der Geburt anfällig für Trotzphasen aller Art ist?

Doch nur einige Seiten dieses Buchs haben ausgereicht, um mich aus dem Sumpf des dumpfen elterlichen Selbstmitleids herauszuziehen in einen See aus Belustigung, Selbstironie und irgendwie auch sehr guten Aussichten. Ach, das geht allen so? Warum redet dann keiner darüber?

Doch, Matthias Jung spricht und schreibt darüber, und das so unterhaltsam und lustig, dass ich genau weiß, wer dieses Buch von mir zu Weihnachten geschenkt bekommt. Meine Eltern und meine Kinder. Denn für so einen Jung hat man immer das richtige Alter!

Eva Karl Faltermeier

EINLEITUNG

Eltern sind auch nur Menschen

3 Uhr 16. Jetzt kommt keine Partygeschichte. Nein, ich bin zu Hause und sehe aus dem Fenster. Herr Kröger aus dem Nachbarhaus, dritter Stock, hat eine schwache Blase. Ständig ist das Licht an. Mich dürfte er auch sehen, es fällt schließlich auf, wenn ein Vater mit seinem zwei Monate alten Sohn im Storchengang durchs Wohnzimmer stakst. Ich frage mich, was passieren würde, wenn ein Storch mich sehen könnte. Er würde denken: »Dein Ernst, Alter? Du machst hier meinen Gang!« Jetzt schaut die Nachteule Kröger zu. Auch nicht viel besser.

Es ist momentan fast täglich und auch nächtlich der Fall: Mein kleiner Schatz schläft nicht. Was automatisch bedeutet, dass meine Frau und ich auch nicht schlafen. Wir wechseln uns ab: kurze Übergabe, ein wenig schlafen, wieder Übergabe. Auch ein Stück Menschheitsgeschichte.

Mein Sohn schluchzt wieder. Oh je. Der Storch muss (s)einen Gang zulegen. Das würde ich für keinen anderen Menschen machen. Denn seien wir ehrlich: Schlaflosigkeit ist Folter. Das eint uns Eltern.

Mein Sohn sorgt sich offenbar um meinen Fitnesszustand, denn wenn ich mich bewege, weint er nicht. Daher der Storch. Schlank im Schlaf war mir anders in Erinnerung. Herr Kröger hat mich erneut gesehen. Jetzt hängt er sogar einen Zettel ans Fenster, darauf steht: »Soll ich mal übernehmen?« In dem Moment passiert es: Mein Kind hört auf zu weinen und lächelt mich kurz an. Ob Absicht oder nicht, er schaut mich an, als wollte er sagen: »Haste dir jetzt gerade mal verdient, Papa!« Ein wunderbarer Moment, in dem man wieder weiß, warum man das tut. Ich hänge Herrn Kröger auch einen Zettel ins Fenster, darauf steht: »Danke! Alles wird gut!«

So war das in den ersten Monaten. Die Geburt ist etwas so Unglaubliches, dass ich die Zeit danach immer als Wunderwochen bezeichnet habe. Ein Wunder, so ein süßes, kleines Bündel Mensch bei sich zu haben, und sicherlich auch ein Wunder, dass man in vielen neuen, schwierigen und schlaflosen Situationen über sich hinauswächst. Es sind auch die »Oooh!«- und »Aaah!«-Wochen, da alle nur wegen des Babys kommen und dieses herzen wollen. Denkt zwischendurch bitte auch einmal an die Eltern. Dem Baby geht es sehr gut, es bekommt das Rundum-Wohlfühl-Programm. Doch auch die Eltern brauchen Aufmerksamkeit, sie wollen auch mal in den Arm genommen werden. Oder duschen. Oder eine Stunde schlafen.

Das Leben mit Baby ist ein komplett anderes. Allein die vielen neuen Begriffe, die kinderlose Paare in ihrem Leben niemals hören werden. Stillhütchen zum Beispiel. Meine Frau hatte mich deswegen in die Apotheke geschickt. Ein peinliches Gespräch.

Außerdem stand auf der Einkaufsliste »Tagebuch«. Fand ich eine nette Idee, dass sie die Erfahrungen als Erinnerungen festhalten wollte. Ich hab ihr ein sehr schönes gekauft. Es kam auch gut an, doch dann sagte sie: »Auf dem Zettel stand eigentlich

Tragetuch!«. Klar – das Kind kann man schlecht in Papier einwickeln. Also bin ich noch mal los.

Den sogenannten Vaporisator (was für ein Name!), mit dem man Keime beseitigen und Flaschen desinfizieren kann, wollte ich im Media Markt besorgen. Als ich zum Verkäufer sagte: »Ich hätte gern einen Terminator« (Name vergessen, übermüdet halt), sah der mich nur komisch an. Hasta la vista, Baby. Doch letztendlich habe ich auch das geschafft.

Die Vorfreude auf ein Baby ist meist riesig, aber was es wirklich bedeutet, ein Kind zu haben und großzuziehen, wissen die wenigsten. Eigentlich weiß es keiner. In Zeiten von Kleinfamilien und Späteltern kann man kaum auf Erfahrungen zurückgreifen und auf die aus der eigenen Kindheit will man es nicht. Ich erinnere mich noch an die Oma eines Freundes, die ihm immer ihr Eierlikörglas zum Auslecken gab, während sie Kette rauchte und kein Fenster öffnete, weil sie sonst »Zug« bekam. In dieser Ausnahmesituation als frisch gebackene Eltern positiv zu denken ist nicht einfach. Da hilft der Satz: »Die Windel ist halb voll und nicht halb leer« auch nicht unbedingt weiter.

Doch nun ist das erste Jahr vollbracht. Mit dem Schlafen ist es etwas besser geworden. Hipp-Gläschen kommen keine mehr auf den Tisch, und auch das Stillleben meiner Frau ist vorbei. Ich mache nicht mehr täglich: »Kuckuck!« mit meinem Kind. (Übrigens ist eine tolle Übung, bei der die Denkprozesse des Kindes gefördert werden. Kann ich nur empfehlen. Und man lernt dabei seine Stimme in all ihren peinlichen Facetten kennen.)

Das Kind liegt nicht mehr so viel rum, es krabbelt und zieht sich hoch, in ein paar Monaten wird es sogar laufen. Ich bin sein Follower und laufe stets hinterher, da es sich offenbar weiter um meinen Fitnesszustand sorgt. Dazu mache ich, wie es sich für einen Papa-razzi gehört, Fotos. Das Kind hat den inneren

Antrieb, ständig zuzugreifen (geht oft einfacher als loslassen) und sich immer mehr bewegen zu wollen. Da muss man keine Batterien einsetzen, das geht alles von allein. Doch statt das zu genießen, fragen die Eltern sich, ob die Entwicklungsschritte auch alle zu richtigen Zeit passieren. Schließlich will man ja vor den anderen Eltern angeben: »Da ist mein Kind wirklich früh dran – wie ist das denn mit eurem Donatus?« Grins. Doch natürlich hat jedes Kind sein eigenes Tempo. Ich ziehe positive Bilanz: Mein Kind hat jetzt gut achtzehn Monate überlebt. Es atmet noch. Das ist erst mal gut. Die Entwicklung passt auch. Also kurz mal durchschnaufen. Herr Kröger ist auch weggezogen, seine Mission scheint beendet. Wenn der wüsste ...!

Inzwischen aber hat sich ein Wort in den Sprachschatz unseres Kindes eingeschlichen, das unseren Alltag doch deutlich erschwert. Wir haben es so noch nie aus seinem Mund gehört, doch führt es hin und wieder zu internen familiären und organisatorischen Problemen. Das Wörtchen ist: »Nein!« Ich habe meinem Sohn sämtliche Hochzeitsfilme, die ich auf YouTube finden konnte und in denen die Paare immer »Ja« sagen, vorgespielt und dazu Fotos vom »Yes-Torty« gezeigt. Es hat nichts genützt. Er mag das Wort einfach.

Er ist nun fast zwei Jahre alt, und wieder hat eine neue Phase begonnen. Ich nenne sie die Trotz(dem-lieb)- oder Autonomiephase, da mir das Wort »Trotz« allein zu negativ ist. Diese Phase ist der erste heiße Scheiß für den Selbstwert unserer kleinen Scheißer, die erste Unabhängigkeitserklärung. Bämm!

Und die erste Lehre, die ich aus der Trotz(dem-lieb)-Phase gewonnen habe, lautet:

Man kann Brot tatsächlich falsch durchschneiden. Was mit einem Weltuntergang gleichzusetzen ist.

Andere Eltern habe andere, aber ähnliche Erfahrungen gemacht. Mia beißt. Sören motzt. Jonas weint, wenn er in die Kita geht. Bei Lea soll nur Mama, bei Leon nur Papa. Für Finn ist Papa eine doofe Kacka-Wurst. Hannah will alles allein machen, nur schlafen will sie bei Mama und Papa im Bett. Lene will immer was gucken, und Charlotte isst nur Nudeln mit Ketchup. Lore mag ausschließlich kalte Nudeln. Clara isst und ist nie kalt, sie will auch im Winter Sandalen anziehen. Nur Thore kennt schon die Zahlen bis zwanzig und schläft durch, von sieben bis sieben. In seinem Bett. Er brauchte schon früh keine Windeln mehr und hat stets gute Laune. Er isst Fenchel und Rosenkohl, bestimmt weiß er, dass Vitamine gut für ihn sind. Thore ist klug für sein Alter. Wir mögen Thore nicht. Uns sind Familien, in denen alles funktioniert, immer ein bisschen unheimlich. Da kann doch was nicht stimmen!

Da ist er also: der eigene Wille. Das eigene Ich. Große Worte von kleinen Stühlen, die erste kleine Pubertät. Auch verbal ändert sich was. Mit »Nein« ist noch längst nicht das letzte Wort gesprochen, da geht noch mehr. »Scheiße« zum Beispiel. »Bitte« und »Danke« hört man hingegen kaum. Die Kleinen wollen auf einmal bei allem ein trotzfreches Wörtchen mitreden. Ich trotze, also bin ich. Nicht nur im Supermarkt, überall. Und als Eltern wünscht man sich, der oder die Kleine möge bitte aus der Trotzphase abgeholt werden.

Dabei sollten wir uns riesig über diese erste Autonomiephase unseres Kindes freuen, ist sie doch ein sicheres Anzeichen dafür, dass das Kind bereit ist, erste Dinge allein zu erledigen und Verantwortung zu übernehmen. Unser Sohn etwa hat es absolut eigenverantwortlich allein übernommen, mit Tomatensauce überzogene Nudeln an die weiße Wand zu werfen.

Deshalb ist es ebenfalls typisch für diese Phase, dass nicht nur die Eltern »Nein« von ihren Kindern hören, sondern auch die Kinder ein »Nein« von den Eltern. Was für beide Parteien nicht leicht, aber ungeheuer wichtig für eine gelungene Beziehung ist. Denn in der Regel gehen die Kinder nun normalen Alltagsgepflogenheiten aus dem Weg. Die Barbie-Puppen liegen unter dem Tisch, wo der Reis vom Teller ebenfalls landet. Darüber freut sich vielleicht der Hund, die Eltern aber nicht. (Kleiner Tipp: Reis liegen lassen und erst später aufsaugen – bloß nicht, wenn er noch feucht ist!)

Und jetzt? Eine gewisse Hilflosigkeit und Unsicherheit breiten sich aus. Das nächste Level steht an, und auch da will man natürlich alles richtig machen. Wann sage ich denn »Nein«? Wie setze ich Grenzen? Bin ich zu streng? Wie kommuniziere ich? Wie gehe ich mit den neuen Gefühlen um? Ich muss unbedingt Ratgeber darüber lesen! Oder auf meine Eltern hören. Oder schlimmer: auf die Eltern meiner Frau hören!

Doch muss man das wirklich? Sollte man nicht besser einfach anfangen? Wie bei einem Brettspiel: Die Anleitung kann man auch während des Spiels noch lesen. Ich habe mir damals eine Erziehungssouffleuse gewünscht, wie im Theater. Jemanden, der mir in prekären Erziehungssituationen den richtigen Text ins Ohr flüstert. Denn machen wir uns nichts vor: Es bleibt ja auch, dieses Kind. Man kann nicht einfach sagen: »Wenn was ist, du hast ja meine Nummer!«

Eltern werden von einem kalten Wasser ins nächste geschmissen. Sie haben weder Erziehungsprobezeit noch Feedbackgespräche, sie können in puncto Erziehung weder das Seepferdchen noch den Führerschein machen. Weshalb ich dafür wäre, in der Schule das Fach »Leben« mit Unterfächern einzuführen, von »Kontoeröffnung« über »Gefahren eines Dispos« bis hin zu »Soll ich wirklich schon heiraten?« und »Was bedeutet es, ein Kind zu bekommen und zu behalten?« (An dieser Stelle möchte ich einfach mal auf diesen Link verweisen: www.finanzfluss.de/blog/was-kostet-ein-kind-bis-zum-18-lebensjahr/. Oha? Oha!)

Immerhin waren wir in einem Geburtsvorbereitungskurs. Das heißt, ich war allein da, meine Frau hatte Corona. Die Vertrauensübung »Lass dich fallen, und du wirst aufgefangen« musste ich zum Glück nicht mitmachen, bei allen anderen Übungen wie »Senkwehen wegatmen« war die Leiterin des Kurses, Frau Wallenberg-Zeul, meine Partnerin. Bei den mitleidigen Blicken der anderen hätte ich mich am liebsten selbst weggeatmet.

Eltern fühlen sich oft unsicher im Umgang mit ihren Kindern. Kein Wunder – ohne Erfahrung. Aus ihrer Sicht liegen sie immer goldfalsch: Der Druck aus dem Umfeld wächst, jeder Streit verläuft irgendwie schlecht und das Kind hört einfach nicht.

Dabei muss man sich nur einmal vor Augen führen, dass Familien nicht wie bei Parship per Algorithmus zusammengestellt werden – die einzelnen Mitglieder matchen nun einmal nicht auf Anhieb. Verschiedene Persönlichkeiten unterschiedlichen Alters gehen eine Bindung und Beziehung ein: Das kann nicht gut gehen. Oder doch?

Ich habe mal gelesen: »In der Erziehung geht es um Leichtigkeit und Freude im Familienleben, um Zuneigung und Befriedigung!« Das ist leicht gesagt, wenn meine zwei Kinder in einen Aufzug steigen und beide mit hochrotem Kopf brüllen: »*Ich* drücke!« Wenn der große Bruder der kleinen Schwester zum wiederholten Male zuvorkommt. Dann solltest du mal den Wutausbruch meiner Tochter erleben. Da kommt Leichtigkeit auf!

Ich persönlich habe mir vorgenommen, in Sachen Erziehung einfach mein Bestes zu geben. Das ist nun weder ein spektakulärer Tipp noch eine bahnbrechende Erkenntnis, aber schon mal ein guter Anfang. Wie alle Eltern durchlebe auch ich in der Erziehung jede Phase zum allerersten Mal. Meine Frau und ich bringen uns letztlich alles allein bei, weshalb wir in diesem Punkt auch keine Bewertungen aus unserem Umfeld zulassen. Und das Lernen dauert mindestens achtzehn Jahre. Ja, die Rollbahn ist lang, bevor das Flugzeug abhebt.

Wie die neue Aushilfe im Coffeeshop sage auch ich mir jeden Tag: »Das ist heute mein erster Tag hier!« (Ich habe einmal meinem damals achtjährigen Sohn gesagt: »Ich weiß, das war ein Fehler von mir. Aber bedenke: Ich mache das alles zum ersten Mal!« Darauf er: »Ich auch!«) Ich *kann* nicht alles richtig machen. Das ist unmöglich. Ich kann die Wohnung kindersicher machen – aber wer macht mich denn »elternsicher«? Ich greife zwar nicht in Steckdosen, aber manche meiner Entscheidungen sind auch ein Griff ins Klo.

Deshalb sage ich: »Meine lieben Kinder, ihr seid jetzt bei uns gelandet. In diesem Haus beziehungsweise in dieser Wohnung. Ihr seid ein Geschenk. Nicht immer, aber meistens. Ich laufe auch in der Wohnung rum. Und Mama. Wir lieben euch. Wir geben unser Bestes, und das wird gut sein. Niemals perfekt, aber gut.« Wie oft gehe ich abends ins Bett und denke: »Heute hast du Mist gebaut, Matthias. Morgen probierst du es noch mal!« (Also es richtig zu machen, nicht das Mistbauen.)

Ach je, es ist ein Kreuz und wird es immer bleiben. Und dann diese Pädagogen, die einem immer gebetsmühlenartig mitteilen, dass wir unsere Kinder genießen sollen. Ja, klar, sicher genieße ich es, wenn der Kleine nachts um zwei sein Bett vollkübelt, es dazu noch hinten rauskommt und ich an dem Abend davor zum ersten Mal seit gefühlten hundert Jahren mit einem Freund ein Bier trinken war, oder auch zwei oder drei, und jetzt den Kater meines Lebens habe, während meine Frau selig schlummert, denn abgemacht war: Ich »mach« die Nacht. Und die soll ich natürlich jetzt auch genießen. Argh!

Das Einzige, das immer gleich bleibt, ist die Liebe. Sie ist immer da. Bei der Geburt unserer Kinder hat mein Herz gewissermaßen eine neue Filiale eröffnet. Mit Öffnungszeiten rund um die Uhr. Mein Herz gehört ein Leben lang meinen Kindern.

Trotzdem denken wir oft, dass wir alles falsch machen. Aber woran will man das denn festmachen? Wie misst man »richtige Erziehung«? Bekommt man Minuspunkte, weil das Kind im Supermarkt rumgebrüllt hat? Ist nur eine Minute Brüllen dann ein Erfolg? Hat das Kind einmal nicht Danke gesagt? Gibt's dann wieder Minuspunkte? Es sind doch Kinder. Sie lernen dazu, und oft ist das Gehirn noch nicht so weit, wie wir denken. Es gibt keine perfekten Eltern. Und wenn es sie gäbe – ganz genau, dann wären sie mir sehr unheimlich (siehe Thore).

Aber gerade weil wir so wenig in die Thematik eingearbeitet wurden, weil keine Übergabe stattgefunden hat, weil wir nicht »abgeholt« wurden, macht uns das unsicher. Und dann denken wir eher negativ.

Wie neulich. Am Eingang der Kita hängt eine Tafel, auf der die allerneuesten Krankheiten, die gerade im Umlauf sind, stehen. Einmal stand da: »12. Mai – Hand, Fuß, Mund!« Das ist ein fieser Ausschlag. Und ich habe schmunzelnd daruntergeschrieben: »13. Mai – Bauch, Beine, Po!« Die Erzieher und Erzieherinnen haben gelacht, die Eltern haben gegoogelt. Humor in der Kita. Das konnte sich keiner vorstellen.

Mein Vorschlag also: Positiv bleiben. Und – mein Lieblingswort – **gnädig** mit sich selbst sein. Das ist wichtig. Von Anfang an.

Vor dem Anfang mit Kindern endet die Zeit ohne Kinder. Das ist eine harte Umstellung, die mir am Anfang auch viel ausgemacht hat. Die Freiheit von einst war weg. Eben mal kurz auf ein Getränk mit der besten Freundin? Einfach mal ins Kino gehen? Gibt's nicht mehr.

Mir geht es in diesem Buch um Folgendes. Mir geht es *nicht* um theoretische Gebilde und Erziehungsstile, die sich ohnehin nicht pauschal auf jedes Thema, auf jedes Kind und auf jede Situation anwenden lassen. Meine Philosophie kommt dem »bedürfnisorientierten Ansatz«, dem BO (nein, damit ist nicht das Kennzeichen von Bochum gemeint), sehr nahe. Mehr darüber erfährst du im nächsten Kapitel. Dieser Ansatz bringt einige richtig gute Ideen mit sich, kann leider aber auch zu Anwenderfehlern führen. Ich fühle mich dabei in den Alltag hinein und mache das, was mir wichtig ist, anhand von Alltagssituationen deutlich.

Man darf Eltern in Büchern wie diesen nicht nur mitnehmen, sie müssen auch ankommen. Am besten mit Humor. Denn das schafft Vertrauen – auch zwischen uns. Zwischen Leser oder Leserin und Autor. Betrachte das Buch als Ergänzung, als Informations-, Kraft- und Humorquelle. Vertraue aber auch auf dein Bauchgefühl und vor allem dein Herzgefühl, weil du deine Kinder so unendlich liebst. Und gerade weil wir unsere Kinder so sehr lieben, machen wir doch auch so viel richtig.

Ein anderes Motto dieses Buchs ist: Du erziehst, ohne dass du dich erzogen fühlen musst. Ich hebe nie den moralischen Zeigefinger, ich gehe mit Fingerspitzengefühl an die Themen des Alltags heran, mit ganz vielen »Ja, das kenne ich«-Momenten.

Ihr Eltern da draußen, seid euch eurer großartigen Leistungen bewusst. Ja, manchmal ist es anstrengend, und man ist die Unruhe selbst. Aber: Ihr seid nicht allein, den anderen Eltern geht es genau so wie euch. Auch wenn sie etwas anderes sagen. Ladet die Kinder der Vorzeigeeltern doch mal zu euch nach Hause ein, dann könnt ihr das, was die Eltern gesagt haben, mit Sicherheit etwas relativieren. Letztlich gilt: Die einen machen es so, die anderen so. Kindheit ist keine Vorbereitung aufs Leben. Kindheit ist Leben. Im Jetzt!

Schön ist, dass Eltern heute sehr im Thema drin sind. Sie erziehen bewusst, sind selbstkritisch und reflektieren ständig. Sie sind darauf bedacht, dass ihr Kind keinen Schaden nimmt und es gezielt gefördert wird. Mit anderen Worten: Sie wollen alles richtig machen. Hinzu kommen zunehmender Zeit- sowie Organisations- und Leistungsdruck – die Kehrseite der Medaille, die wiederum verunsichert und stresst.

Es wird Zeit, dass wir uns genauer ansehen, warum wir denken, alles falsch zu machen, damit wir gelöster und freier in die Beziehung zu unserem Kind gehen können. Und positiver.

Eine Pädagogin sagte einmal sehr dramatisch zu mir: »Bei jeder Entscheidung sieht die Kindheit deines Kindes zu.« Und ich erwiderte: »Das darf sie. Ich lächle dann zurück!«

KAPITEL 1

Bedürfnisorientierung für Anfänger

»Jetzt stell dich nicht so an!«
»Iss deinen Teller auf! Das schmeckt gut!«
»Gib Opa einen Kuss!«
»Wie soll denn was aus dir werden?«
»Weil ich das sage!«

Mit diesen Sätzen sind wir Eltern groß geworden. Ja, liebe Eltern, wir sind tatsächlich groß geworden, und aus uns ist auch etwas geworden, aber ihr habt uns hin und wieder auch geschadet. Denn eure autoritären Ansichten hinsichtlich der Erziehung haben uns gelehrt, funktionieren zu müssen und Dinge auszuhalten, die wir gern völlig anders gemacht hätten. Weil wir sonst anscheinend nicht gut genug waren. Permanent wurde über uns bestimmt, ohne unsere Meinung zu berücksichtigen. Angeblich wussten die Erwachsenen am besten, was gut für uns war und wie wir uns verhalten sollten. Kinder sollten möglichst wenig auffallen und sich anpassen. Grenzen und Regeln wurden willkürlich festgelegt.

Meine Eltern haben mich über alles geliebt, und dafür bin ich ihnen noch heute unendlich dankbar. Einiges muss ich jedoch auch kritisieren. Beispielsweise musste ich immer mindestens einen Löffelvoll Wirsing essen, wenn es welchen gab. Der war mir zuwider, aber meine Eltern haben es durchgezogen. Ein kompletter Irrsinn! Hallo, Wirsing schmeckt mir nicht – was gibt es denn da nicht zu verstehen? Selbst die Dschungelprüfungskandidaten dürfen ablehnen. Ich habe danach oft meine Meinung unterdrückt, war gehorsam und habe mich angepasst und ausgehalten.

Dieses und viele andere Beispiele haben dazu geführt, dass ich mich heute nach dem Vorlesen von zwei Gute-Nacht-Geschichten nicht traue, meinem Kind zu sagen, dass ich müde bin und auf die Couch möchte. Nein zu sagen fällt mir schwer. Vorlesen tut deinem Kind gut, denke ich (und das stimmt ja auch). Also stell dich nicht so an.

Ein Löffel Wirsing und eine Geschichte gehen noch. Die eigenen Bedürfnisse, die eigenen Grenzen sehe ich nicht – weil sie nie beachtet wurden. Im Grunde konnte ich meine Bedürfnisse nie wirklich kennenlernen. Mittlerweile hat sich das geändert. Ich muss nicht immer alles aushalten, ich darf mir selbst auch mal der Nächste sein. Denn ich weiß: Nur wenn es mir gut geht, geht es allen gut. Und wenn ich meinem Kind sage: »Nein, ich gehe jetzt auf die Couch. Ich bin müde. Wir lesen morgen weiter!«, lernt auch mein Kind, dass es Nein sagen darf. Ich schenke ihm damit Orientierung und Klarheit. Denn nicht nur Kinder brauchen Grenzen, wir auch. Außerdem ist eine konsequente Erziehung bei ständiger Erschöpfung geradezu unmöglich.

Beim Zusammenleben mit Kindern gehen die Bedürfnisse der Eltern nur allzu schnell unter. Auf einmal dreht sich das ganze

Leben nur ums Kind. Man würde nicht für möglich halten, welche Bedeutung ganz simple Dinge auf einmal annehmen können. Simple Dinge wie Mittagsschlaf, Matschhose oder – der ultimative Rettungsring des elterlichen Alltags – Feuchttücher! (Wie um alles in der Welt kann ein Kind aus einem Keks im Auto fünf Kilo Krümel machen?) Ganz zu schweigen von den Themen Essen, Zu-Bett-Bringen und Krankheiten. Aber ich weiß ja: Kinder geben einem so viel zurück – vor allem Schoko-Bon-Papier.

Jeden Abend denke ich: Ich versuche, auf mich zu achten, bin gnädig mit mir, weiß, dass ich Fehler machen darf, und lege jetzt einfach mal los mit der aktiven Erziehung.

Um ein Kind zu erziehen, braucht es ein ganzes Dorf, so sagt man. Evolutionsgeschichtlich gesehen ist Erziehung also die Aufgabe eines ganzen Clans – das war in der Steinzeit schon so, daher auch der Name Mammutaufgabe. Und nach sechs Wochen Sommerferien mit den Kindern weiß ich auch, warum das so ist. Aber wo ist es denn, dieses verdammte Dorf? Neulich hat der Paketbote den Schnuller aufgehoben, und im Supermarkt gibt es immer ein Stück Fleischwurst. Zählt das auch? Gehören die alle zum Dorf? Wahrscheinlich nicht. Bleibt also doch wieder alles an mir hängen.

Trotzdem: Achtet auf eure Grenzen, auf eure Bedürfnisse. Ihr dürft das. Schluss mit Wirsing, tut euch was Gutes. Legt euch auf die Couch, leistet euch eine Putzhilfe, greift bei der Essenswahl hin und wieder zur Sternchensuppe, auch wenn alle im Elterninitiative-Kindergarten die Hände über dem Topf zusammenschlagen würden. Setzt euer Kind auch mal vor Conny, Peppa Pig und Paw Patrol, esst, trinkt! Schaut die Olchis. Die leben auf einer Müllhalde, da nimmt man das eigene Chaos gar nicht mehr als so schlimm war, und die Kinder werden auf die Studentenzeit vorbereitet.

Das hört sich alles so einfach an und wird doch so oft vergessen. Ihr dürft euch natürlich auch auf die Tage, äh, Stunden freuen, in denen ihr kinderfrei habt.

Die gesunde Entwicklung unseres Kindes fängt bei uns an. Darum geht es auch in der bedürfnisorientieren Erziehung. Kinder brauchen beides: Eltern, die die kindlichen Bedürfnisse sehen und ernst nehmen, und Eltern, die auf ihre eigenen Grenzen und Bedürfnisse achten und sich selbst hin und wieder etwas Gutes tun. So kann mehr Leichtigkeit und Humor ins Familienleben kommen. Anstrengend und fordernd bleibt es trotzdem, da Familie immer ein dynamischer Prozess ist, der sich ständig wandelt, und die Situationen des Alltags immer wieder neu betrachtet werden müssen.

Außerdem ist es gar nicht so einfach, auf sich selbst zu achten. Ich habe meine Bedürfnisse sehr lange Zeit nicht gekannt – und jetzt soll ich mich mal so richtig kennenlernen. Was ist, wenn ich gar nicht mein Typ bin? Hilfe! Oft sitzen wir auch zwischen zwei Bedürfnissen: Wir haben eins, aber das Kind hat auch eins. Und die Frau? Der Hund? Was dann?

Damit wir auf die eigenen Bedürfnisse achten können, sollten sich die anderen Familienmitglieder im Idealfall kompromissbereit zeigen. »Ich bin kaputt, wir können nicht rausgehen. Ich brauche einen Moment auf der Couch! Wir sehen uns einen schönen Film an!« Das darf genau so passieren. Aber dann kommen die Schuldgefühle: Die Kinder brauchen doch frische Luft. Es ist so schönes Wetter. Die Nachbarn machen mit ihren Kindern auch immer so tolle Ausflüge.

Muss ich jetzt wieder aushalten und funktionieren? Bin ich sonst ein schlechter Vater, ein »Rabenvater«? Oder sind solche

»Rabeneltern« sogar die besseren Eltern, weil sie auch sich Aufmerksamkeit schenken? (Immerhin schubse ich meine Kinder nicht aus dem Nest, wenn ich keine Lust mehr habe, sie zu füttern.) Und trotzdem: Es ist so ein schöner Frühlingstag ...

Stop! Jetzt sind wir wieder zu sehr in unserer Kindheit, bei den Schuldgefühlen und dabei, nicht gut genug zu sein. Dabei, der Gesellschaft – in diesem Falle unseren Nachbarn – gerecht werden zu müssen. Uns wieder anpassen zu müssen.

Es geht jetzt aber gerade mal um mich! Ich brauche eine Pause. Später könnt ihr mit Papa noch mal rausgehen. Diese Sätze verstehen auch Kinder. Es wird Zeit, dass nicht nur die Erlebnispädagogik, sondern auch die Erleb*nix*pädagogik Einzug in die Erziehungswissenschaft hält. Die ist nicht nur heilsam für die Eltern, sondern spornt durch die entstehende Langeweile auch die Kreativität der Kinder an.

Ich muss auch nicht immer gleich rennen, wenn meine Kinder nach mir schreien. Manchmal ist das natürlich nötig, weil was ausgelaufen, runtergefallen oder kaputt ist. Auch wenn der Kopf ab ist, würde ich zur Eile raten (obwohl – dann eigentlich nicht mehr). Doch grundsätzlich gilt: Bevor man zum schreienden Kind rennt, darf man sich nach dem Toilettengang schon noch die Hände waschen und dabei signalisieren: »Ich höre dich! Ich bin gleich da!«

Hat man nun einige Bedürfnisse für sich entdeckt – bei mir waren das spazieren und schwimmen gehen, ja, ohne Kinder, Football sehen, Freunde treffen, Basketball spielen, lecker essen und trinken, Badewanne und COUCH –, soll man nach BO auch noch zwischen Bedürfnis und Wunsch unterscheiden. Das ist dann wirklich das Profipaket, definitiv das nächste Level.

Ich denke im Supermarkt ohnehin nie an alles. Wenn ich dann noch ständig herausfinden muss, ob ein Stück Fleischwurst für meine Tochter nun ein Bedürfnis oder vielleicht doch eher ein Wunsch ist, komme ich nur mit zwei Dosen Ravioli nach Hause. Was für ein Stress.

Doch hier kommt nun das Bedürfnis hinter dem Bedürfnis ins Spiel. Was sich komplizierter anhört, als es ist. Kurz gesagt geht es manchmal gar nicht darum, dass ein Kind getragen werden möchte, weil es müde ist. Es geht vielmehr darum, dass der Tag doof war, dass Nähe fehlte und dass das Kind ganz dringend jemanden braucht, der es in den Arm nimmt. Leider können das Kinder so oft noch nicht kommunizieren, und uns bleibt nichts anderes übrig, als zum Bedürfnisdetektiv zu werden. Aber noch einmal von Anfang an:

Fakt ist, wir tragen die Verantwortung für unsere Kinder, und dem, der die Verantwortung trägt, sollte es prinzipiell gut gehen. Wie im Flugzeug: Erst selbst die Sauerstoffmaske aufsetzen, dann anderen helfen.

Weiterhin Fakt ist, wir können die Bedürfnisse unserer Kinder nicht immer erfüllen. Ich bin nicht Disney-Land. Wichtig aber ist, die Bedürfnisse wahrzunehmen. »Wir fahren jetzt nach Spanien in den Urlaub. Wir wissen, dass du lieber auf den Bauernhof fahren willst, haben uns aber dagegen entschieden. Wir haben deine Wünsche trotzdem im Blick, wir nehmen dich wahr und ernst. Vielleicht geht es in den Herbstferien.« Wer jetzt denkt, das bringt dem Kind nichts, irrt: Denn das Kind fühlt sich gesehen und ernst genommen. Und ernst genommen werden wird man in jedem Alter gern.

Im Grunde heißt bedürfnisorientierte Erziehung also, dass nach den Wünschen und Bedürfnissen aller Familienmitglieder geschaut wird. Dass man versucht, Kompromisse zu finden. Jedes Familienmitglied ist gleich viel wert, aber die Eltern tragen die Verantwortung und haben das letzte Wort.

Ich unterhalte mich oft mit Eltern, die sagen: »Gestern habe ich noch ganz spät mit meinen Sohn Hausaufgaben gemacht, dann noch die Muffins für das Handballspiel gebacken und dann wollte ich eigentlich noch schwimmen gehen. Aber ich war so fertig. Und heute wieder um sechs Uhr raus …! Ich weiß gar nicht, wann ich mal ins Schwimmbad komme!« So sicher nie. Es geht aber auch nicht darum, die aufopferndste Mama im ganzen Land zu sein. Seht nicht nur euer Kind, seht euch auch selbst. Pflegt einen gesunden Egoismus. Nehmt euch Auszeiten. Macht Pausen. Die müssen wir uns als Erwachsene immer erkämpfen, im Beruf ebenso wie in der Familie. Noch einmal: Es ist wichtig, dass die Bedürfnisse aller Familienmitglieder gesehen werden.

Natürlich heißt die erfolgreiche Suche nach den eigenen Bedürfnissen nicht, dass jetzt alles ohne Anstrengung ablaufen würde. An dieser Stelle noch ein Fakt: Was Mamis und Papis noch mehr als Taschentücher für ewig triefende Rotznasen brauchen, ist eine bombastische Nervenstärke, gepaart mit schier übernatürlicher Geduld. Und die HABEN wir auch! Aber eben nicht immer. Die Bedürfnisse aller Familienmitglieder wahrzunehmen, bedeutet Diskussionen, Kompromisse, aushandeln, geduldig sein. Aber auch Klarheit und klare Ansagen.

Wenn wir dann nach einem anstrengenden Tag selbstkritisch analysieren: »Ich habe heute wieder nichts wirklich erledigt!«, kann ich darauf nur antworten: Doch – du hast dein Kind erzogen. Hier melden sich wieder die Muster aus der Vergangenheit, die wir zwar nicht komplett löschen, aber durchaus überschreiben können.

Dennoch: Es ist anstrengend:

- Wutanfälle zu begleiten, statt rumzuschreien und das Kind allein zu lassen.
- Sich über die Bedürfnisse der Kinder Gedanken zu machen, statt einfach den Alltag vorzugeben.
- Sich an die eigene Erziehung zu erinnern und zu merken, dass man sich nicht nur um das Kind kümmern soll, sondern auch um sich selbst.

Dazu haben wir immer diesen Drang, dass alles perfekt sein muss. Nicht nur die Kinder, auch wir müssen funktionieren. Doch eine Familie ist nicht dazu da, aus allen Bereichen das Maximum herauszuholen, alles richtig zu machen. Leben und Familie sind dazu da, gelebt zu werden. Das Einzige, was Kinder, bis sie sechs Jahre alt sind, lernen müssen, ist: Ich bin schwer in Ordnung! Wer sein Kind liebt und ihm das zeigt, kann so viel nicht falsch machen. Liebe ist eine sehr gute Basis.

Wichtig ist, im Wahnsinn des Familienalltags auf eine grundsätzlich positive innere Einstellung zu achten. Grundsätzlich positiv – nicht perfekt, nicht sehr gut. Wenn ich vor meinen Vorträgen in den leeren Raum komme, ist der einfach nur leer. Sobald aber Menschen darin sind, wird er mit Stimmung gefüllt. Und was das für eine Stimmung ist, habe ich in der Hand. Wenn ich positiv gestimmt in diesen Raum oder in unsere Wohnung gehe, vorher die negativen Gedanken in die Bedürfnisschubladen der Familienmitglieder einsortiert habe, ist das für meine Kinder eine gute Sache. Dann entsteht daraus Wärme, dann schaffen wir als Eltern eine Atmosphäre des Sich-aufgehoben-Fühlens, eine Atmosphäre der bedingungslosen Liebe und Nähe.

Meine wichtigsten Erkenntnisse für eine gelungene Familienmagie und -atmosphäre:

1. Bei aller Verantwortung, die wir natürlich für unsere Kinder haben: Probiert, mit mehr Spaß und Freude an eurem Familienleben teilzuhaben. So eine kleine Gruppe voller Liebe und Nähe werdet ihr nie wieder im Leben bekommen. Schon der großartige Roger Willemsen sagte: »Der Sinn des Lebens besteht darin, die gegebene Frist sinnvoll zu nutzen!« Das bezieht sich auch auf das Familienleben.
2. Seid gnädig mit euch! Es geht nicht um richtig oder falsch. Mit solchen Bewertungen sind wir schnell bei der Schuldfrage. Wir sind aber Verantwortliche, keine Schuldigen. Unsere Erziehung hat einen Wert, muss aber nicht von anderen bewertet werden. Wir dürfen Dinge falsch machen und machen trotzdem alles richtig – also gewissermaßen falschig!
3. Keine Vergleiche mit anderen. Das frustriert nur. Wir haben unsere eigene Familien-DNA und müssen niemandem etwas beweisen – nicht anderen Eltern, nicht Erziehern und Lehrern, nicht der Gesellschaft und nicht den eigenen Eltern. Wir machen alles zum ersten Mal, auch beim zweiten Kind, denn ja!, es ist wieder ein anderes, ein Individuum. Und wir machen es gut. Familie ist Dynamik. Jede Phase ist neu. Seid authentisch, lebendig und baut Mist! Seid unperfekt und macht Fehler – eure Kinder werden euch dafür lieben.
4. Es geht um kleine Ziele. Wir sollten nicht zu sehr an die Zukunft denken, die wir dann oft negativ wahrnehmen. »Wie soll das denn werden, wenn er nächstes Jahr in die Schule kommt?« Keine Ahnung, wir sind keine hauptberuflichen Hellseher. Trotzdem haben wir die Dinge im Blick und gehen kleine Schritte. Kinder denken nicht an die Zukunft,

sie wünschen sich Freundschaft, Zuneigung, Spaß – im Jetzt. Wer seine Kinder zur Selbstständigkeit erzieht, schafft die besten Voraussetzungen dafür, dass sie mit einer sich ständig wandelnden Zukunft umgehen können.

5. Denkt an eure Bedürfnisse. Macht euch von negativen Gedanken frei und genießt – die Erziehung, die Kinder und auch euch selbst. Mit viel Spaß, Freude, Humor und maximaler Gelassenheit. Übrigens wirkt es außerordentlich beruhigend, wenn man weiß, welcher Entwicklungsstand in welchem Alter möglich ist.
6. Und vergesst nie: Für eure Kinder seid ihr immer die besten Eltern der Welt.

Ein diesbezügliches Wettrennen gibt es nicht – oder habt ihr schon einmal von einem Oscar für »beste Eltern« gehört, die ihr Kind ohne Schreien in die Kita gebracht haben und nach 14,6 Sekunden wieder gehen konnten? »Theo geht so gern in die Kita! Er schickt mich immer gleich wieder nach Hause!«

Wichtig ist, dass man auch einmal über sich selbst lachen kann. Neulich zum Beispiel. Da habe ich meinen Sohn gebeten aufzupassen, dass die Milch nicht überkocht. Als ich vom Klo zurückkam, hat er gezockt. Aber wir hatten Glück: Die Milch war nicht übergekocht, weil Papa vergessen hatte, die Herdplatte einzuschalten. Haha.

Wir haben unseren Kindern seit der Geburt viel mitgegeben. Sehr viel körperliche Nähe, Liebe und Sicherheit beispielsweise. Wenn mein Kind schreit, kommt jemand – ein Mensch mit Augenringen, aber ein Mensch. (Mein Kind guckt morgens manchmal zweimal hin. Aber ja, es ist der Typ, der sich Papa nennt.) Dafür werden wir mit vielen magischen Momenten belohnt. Etwa mit dem Tag, an dem das Kind das erste Mal »Papa« sagt. Das treibt einem die Tränen in die Augen. Es treibt einem nebenbei bemerkt auch die Tränen in die Augen, wenn das Kind später tausend Mal am Tag »Papa« schreit, weil man im Eisköniginnen-Spiel zum hundertsten Mal die Anna spielen soll.

Zur Papa-Wärme kommen natürlich noch die Mama-Wärme und Struktur, die unseren Kindern Halt gibt. Struktur im Tagesablauf, aber auch Struktur hinsichtlich der Werte, die wir den Kindern vermitteln. So fühlen sie sich richtig safe. Hier ist es vielleicht keine schlechte Idee, sich vorher einmal mit dem Partner zusammenzusetzen. Wie bist du erzogen worden? Wie wollen wir unsere Kinder erziehen? Was sind unsere Werte? Wir haben beschlossen, unsere Kinder zur Selbstständigkeit zu erziehen und ihnen dabei klare Grenzen zu setzen. Ein Nein ist ein Nein – auch das gibt Sicherheit. Kindererziehung ist keine Kraftanstrengung, sondern immer eine Liebesanstrengung.

Natürlich klappen Genießen und Spaß nicht immer. Häufig ist der Familienalltag so anstrengend, dass wir gar nichts genießen können. Im Gegenteil: Ich meckere immer noch viel, werde laut und höre mich oft an wie meine Mutter. Ich gebe jetzt immer einen Euro in die Urlaubskasse, wenn ich Sätze meiner Mutter sage. In ein bis zwei Jahren dürften wir damit ins Weltall fliegen können.

Wenn Eltern wissen, wo ihre Grenzen liegen, und wenn sie diese auch verteidigen, wird ihnen automatisch klar, dass sie genauso wichtig und richtig sind wie andere Menschen auch. Es ist schön, sich selbst ernst zu nehmen. Deshalb noch einmal: Sei gnädig mit dir selbst und hab auch einmal Spaß. Bei mir zum Beispiel wirkt es Wunder, ein paar Bälle in den Basketballkorb zu werfen. Danach bin ich mit mir selbst im Reinen und bereit für meine Kinder. Mit mehr Freude.

Wir denken bei Grenzen oft an eine Mauer, die mit Stacheldraht befestigt und somit unverrückbar ist. Allerdings ist Erziehung ein dynamischer Prozess, der immer wieder neues Aushandeln und einen neuen Blick auf die Situation erfordert. Deshalb sehe ich Grenzen eher als Wegweiser – nicht dort lang, hier geht's lang – für Kinder und Eltern. So wird aus Erziehung eine liebevolle Anleitung zur Eigenverantwortung. Dabei spielt Klarheit eine entscheidende Rolle: Sowohl die Kinder als auch die Eltern sollten wissen, woran sie sind. Also: sich nicht aus der Affäre (er)ziehen, sondern authentisch und ehrlich sein, auch sich selbst gegenüber.

Dann ist es möglich, eine gute Bindung aufzubauen. Wenn ich weiß, dass ich Eltern habe, die ich nachts um drei Uhr anrufen kann und die mir immer aus der Patsche helfen, ist das ein gutes Gefühl. Ein Leben lang. Meinen besten Kumpel würde ich auch nachts um drei Uhr irgendwo abholen. Vorher würde ich allerdings mit ihm schimpfen, weil er mich nicht mitgenommen hat.

Für mich heißt Erziehung, in einer permanenten, nahen Bindung eine wertvolle Begleitung zu sein. Und damit eine Entwicklung anzustoßen, die es meinem Kind ermöglicht, Selbstvertrauen zu gewinnen, eigenständig durchs Leben zu gehen, in soziale Beziehungen zu treten und die eigene Identität zu finden.

Und wäre es nicht toll, wenn wir dabei – wir, die wir in unserer Kindheit so viel aushalten und sich anpassen mussten – ganz »nebenbei« durch unsere Kinder zu dem finden, was uns ausmacht? Herausfinden, wofür wir wirklich stehen? Wenn wir uns mit unseren individuellen Begabungen, Interessen und vor allem Bedürfnissen beschäftigen, fällt es auch unseren Kindern leichter, den eigenen Raum zu finden, in dem sie sich frei und selbstbewusst entfalten können.

Wir füllen den leeren Raum in unserer Wohnung mit Liebe, denn jedes Kind sehnt sich danach zu spüren: Ich bin geliebt, gesehen und geborgen. Das bieten wir. Wir sind für das Wohlergehen aller Familienmitglieder verantwortlich. Wir berücksichtigen die Bedürfnisse aller, sagen auch mal Nein und sorgen dafür, dass die Stimmung in der Bude einigermaßen stimmt. Manchmal ist gut gemeint auch gut gemacht. Mehr geht nicht. Und morgen probieren wir es wieder. Der Theologe und Philosoph Meister Eckhart sagte: »Seid bereit, jeden Morgen ein Anfänger zu sein!«

Macht euch auf die Reise. Bleibt positiv. Das färbt auf eure Kinder ab. Und am Ende des Tages stehen wir am Bett und schauen, ob unser Kind atmet. Der wohl schönste Moment des Tages. In diesem Moment ist alles ... gut!

KAPITEL 2

Die Autonomiephase – ich trotze, also bin ich

Unser Kind wütet. Wie ein Orkan, der aus dem Nichts auf dem Meer entsteht und dann auf die Küste, also die Eltern trifft. Auf dem Radarschirm war er nicht zu erkennen, auch die Rauchmelder haben nicht angeschlagen. Das Kind regt sich auf. Nicht über die heutigen Börsenkurse, nicht über die Inflation, die Politik oder das Steuersystem. Nein. Es regt sich über *mich* auf. Denn (jetzt kommt's, ich erwähnte es schon mal weiter vorn kurz, und muss es noch mal aufgreifen, denn ich bin traumatisiert von diesem Vorgang) ich habe das Brot falsch geschnitten. Ohne Kruste wäre dem Kind wichtig gewesen. Wer braucht schon das Drumherum, wobei ich finde, dass jedes Bild auch einen schönen Rahmen verdient hat. Aber sei's drum. Das Kind schimpft und motzt. Außerdem bin ich Wiederholungstäter, denn ich habe gestern schon die Banane zerbrochen und »das Braune« drangelassen. Die Folge: eine Kernschmelze.

Derlei unverzeihliche Fehler unterlaufen anscheinend auch anderen Eltern, wie die folgenden anonymen Bekenntnisse zeigen. Vielleicht findest du dich darin wieder:

- »Ich habe das Eis nicht in seinem Ursprungszustand halten können. Ich war schuld, dass es geschmolzen ist.«
- »Mein Kind wollte einen ganzen Keks essen. Keinen halben.«
- »Ich habe einen falschen Radiergummi gekauft: Er war türkis, nicht blau.«
- »Ich konnte das Malbuch partout nicht in Hörspielversion auftreiben.«
- »Ich habe das Kind nicht mit der Pizza in den Ofen gelassen.« (Hänsel-und-Gretel-Syndrom – schwierig.)
- »Ich habe den Pferdetransporter vor uns auf der Autobahn überholt, ohne dass das jüngere Kind die Chance hatte, das Pferd beziehungsweise den Pferdepopo zu sehen, während der Ältere »Cool, Pferde«, sagte. Schreianfall. Jüngeres Kind wollte, dass ich auf der Autobahn wende oder zurückspule. Ich probierte zurückzuspulen. Ich kann bald nicht mehr.«

Beim halben Keks denken die Kinder, dass der einfach nicht so gut schmeckt wie ein ganzer. Das kann es in dem Moment nicht riskieren. Das Kind weiß: »Ganzer Keks schmeckt super. Ein halber – wer weiß?« Ich habe gelernt, dass manche Dinge, die uns Eltern unlogisch und unwichtig erscheinen, für das Kind enorm wichtig, also eine »ernste Sache« sind. Das bitte im Hinterkopf behalten. Alles überzuanalysieren muss natürlich auch nicht sein. Wir brauchen auch nicht immer eine Lösung. Ich kann aus dem halben Keks nicht wieder einen ganzen machen. Wichtig ist im Grunde nur, dass sich das Kind in seinem Frust wahrgenommen und gesehen fühlt.

Zudem ist es für die Eltern ziemlich entspannend, wenn sie auch mal lösungs**un**orientiert handeln dürfen. Sie sollten einfach nur für ihr Kind da sein, wobei einfach noch nie so schwer war. Denn all diese »Aufreger« unserer Kinder zu begleiten ist mega anstrengend. Hier brauchen wir unseren Partner und im Idealfall wieder das Dorf. Hier müssen wir auch einmal Pausen machen können.

Nicht nur unsere Kinder, auch wir als Erwachsene haben merkwürdige Eigenarten, die andere mitunter nicht verstehen. Dazu ein paar Beispiele:

- Ich drehe das Radio leiser, um beim Rückwärtsfahren besser sehen zu können.
- Ich lese Zeitschriften gern von hinten nach vorn.
- Ich lese in der Tageszeitung immer zuerst die Traueranzeigen.
- Ich esse aus der Chipstüte am liebsten die Krümel. Wenn mir jemand eine halb volle Chipstüte hinstellt, sage ich: »Da ist mir noch zu viel drin!«

Und andere Leute?

- »Ich spreche mit meiner Spülmaschine: ›Ei, das hast du aber fein saubergemacht.‹« (Ina Z., Büromanagerin)
- »Die Öffnung der Maggi-Flasche darf nicht verklebt sein. Sie muss vor dem Gebrauch immer gründlichst gereinigt werden.« (Markus D., Vorarbeiter im Straßenbau)
- »Ich kann Milchprodukte nur in geraden Zahlen kaufen, also zweimal Milch, viermal Joghurt. Und ich entferne zu Hause sofort die Deckel, damit der Joghurt atmen kann.« (Susanne G., Strafverteidigerin)

Was lernen wir daraus? Dass es überall Bekloppte gibt? Sicher. Aber auch, dass in uns manchmal unerklärbare Phänomene stecken. Dass auch wir frustriert sind, wenn etwas nicht so klappt, wie wir wollen. Doch besitzen wir etwas, das sich Frustrationstoleranz nennt, wir haben eine Idee, wie wir mit unserem Frust umgehen können. Das können unsere Kinder erst ab dem Schulalter. Kleine Kinder haben nur die Möglichkeit, in den verschiedensten Facetten wütend zu werden. Erschwerend für alle Beteiligten kommt noch hinzu, dass unsere Kinder denken, wir könnten ihre Gedanken lesen. Tun wir das nicht, regen sie sich noch mehr auf. Unsere Kinder haben noch nicht die Fähigkeit zum Perspektivwechsel. Und sie wissen noch nicht, wie sie mit diesen neuen Gefühlen umgehen sollen. Das hat nichts mit unserer Erziehung zu tun, das ist Charakter pur. Dafür können die Eltern gerade mal gar nichts.

Man kann das auch positiver ausdrücken: Das Kind hört nicht auf uns, es hört auf sich. Es lernt sich kennen. Es merkt, was es gut oder schlecht findet. Es merkt: »Diese Käsespätzle aus der Kita sind der Hammer! Papa, du brauchst das Rezept!« Und wehe, ich mache das dann nicht! Doch im Grunde ist der folgende Wutausbruch ein Ausdruck schierer Verzweiflung: Das Kind hat einen Wunsch und kann ihn sich nicht selbst erfüllen oder die Erwachsenen sagen Nein. Das ist hart.

Wir Eltern spüren diese Verzweiflung. Ich musste erst einmal damit klarkommen, dass mein Kind gerade extrem unzufrieden mit der Gesamtsituation war. Aus dem Nichts! Und dann das Geschrei! Was ist los, ist das Kind kaputt? Und vor allem: Was mache ich denn jetzt?

Eines steht fest: Wo ein Wille ist, ist auch ein Wort – nein. Ist ja schön, dass sich unser Kind gerade selbst entdeckt und lernt, was es will. Aber muss das im Supermarkt auf dem Boden vor der Kasse sein? In der Öffentlichkeit sind solche Wutausbrüche oft noch unangenehmer für uns. Denn dann beschäftigen wir uns mit der großen Frage: »Was sollen bloß die Leute denken?« Aber welche Leute denn eigentlich?

Gehen wir doch mal eine typische Situation im Supermarkt durch. Meine Tochter schreit an Kasse 4 ohne Ende. Sie brüllt: »Sie haben vergessen, mir Fleischwurst zu geben!« und rollt sich ausdauernd auf dem Boden herum (was mir zu Hause lieber ist, weil sie dann unseren Dreck an den Klamotten hat und nicht den aus dem Supermarkt). Mir wird schnell bewusst, dass diese Schnellkasse die längste Zeit eine Schnellkasse gewesen ist. Dann sehe ich mich peinlich berührt um. Die Leute. Aber wer sind denn diese Leute, die mich nun vermeintlich taxieren, bewerten, begutachten und tatsächlich extrem verunsichern?

Da wäre Kassiererin Gundel Griese, die »nur noch 48 Stunden« bis zum Urlaub hat (klingt wie ein Thriller). Sie freut sich sehr auf ihre Zeit mit den Enkelkindern an der Ostsee. Wo genau? Da, wo wir immer hinfahren. Ach ja, die 4 macht gleich zu. Bitte keine Waren mehr aufs Band legen.

Dann haben wir Studentin Lisa, die nur einen grünen Smoothie kauft und jetzt im Park etwas mit Freundinnen chillen will. Hätte sie den anderen etwas mitbringen sollen, fragt sie sich. Nö, oder? Paula bringt auch nie was mit.

Hinter ihr Kunsthallendirektor Alois Kausch, der mit Karte zahlt. Hoffentlich werden die Rizzi-Bilder rechtzeitig geliefert. Sollten die Plakate für die Ausstellungseröffnung auch hier im Supermarkt hängen? Das muss er noch mit seiner Assistentin besprechen, die ein Faible für Claude Monet hat. Alle Frauen lieben Monet. Nur nicht Herrn Kauschs Frau Hilke, sie findet Kunst »völlig überflüssig« und würde sich ein Gemälde von William Turner nicht mal aufhängen, wenn sie es geschenkt bekäme.

Weiter geht's: der junge Vater Lars, der sich die ganze Zeit fragt, was er wieder vergessen hat. Jetzt muss er auch noch Tampons für seine Frau kaufen. Ob das die richtigen sind? Ist ja auch peinlich. Soll er an der Kasse sagen: »Die sind für meine Frau« oder würde ihn das nur noch verdächtiger machen? Das junge Ding da mit dem Smoothie grinst schon. Das ist das letzte Mal, dass Lars Tampons gekauft hat.

Und dann ist da noch Maria Stegemann, deren Kinder schon lange aus dem Haus sind. Aber das, was gerade passiert, kennt sie noch von früher: ein, *ihr* schreiendes Kind im Supermarkt. Gut, dass die Zeiten vorbei sind. Soll sie fragen, ob sie helfen kann? Lieber nicht. Der Vater sieht überfordert aus. Sie könnte sich zu dem Kind legen, vielleicht hilft das ja. Ach. Jetzt macht auch noch die Kasse zu. Na, ich hab ja Zeit.

Das also sind »die anderen«, man könnte auch sagen das Publikum, denn natürlich ist das gerade eine Bühne für meine Tochter. Allerdings scheint das Publikum nicht so ganz bei der Sache zu sein: Es kriegt die Situation zwar mit – wie auch nicht, bei der Lautstärke –, ist ansonsten aber mit eigenen Gedanken beschäftigt.

Eltern denken ja immer, alle würden hinsehen und alle wären mega genervt und aus der Fassung gebracht. Doch überraschenderweise hat keiner aus der Schlange gerufen: »Ist hier ein Metzger anwesend? Lassen Sie ihn durch – das Kind braucht ein Stück Fleischwurst!« Nein, die Leute hören das und dann – nichts dann. Sie hören es einfach. Es ist nicht das erste Kind, das an einer Supermarktkasse schreit, und es wird auch nicht das letzte sein.

Natürlich gibt es auch Ausnahmen, ich nenne sie gern den Blockwart. Auf einem Supermarktparkplatz klärte mich mal ein Best Ager in abfälligem Ton auf: »Kümmern Sie sich mal um Ihr Kind. Das schreit ja hier alles zusammen.« Tatsächlich? Hatte ich gar nicht mitbekommen. Zu diesen Menschen, die Eltern in schwierigen Situationen verurteilen, die ungefragt ihren Senf zur Fleischwurst geben, die es regelrecht zu genießen scheinen, dass das Kind die Eltern in eine unangenehme Situation gebracht hat, möchte ich an dieser Stelle einmal von Herzen sagen: Schämt euch was!

Wie aber in der Situation mit der Situation umgehen? Meine Antwort: das Kind begleiten, Nähe suchen, wenn sie erwünscht ist, da sein. Die Hirnforschung hat herausgefunden, dass sich Kinder nach einem Wutanfall desto schneller wieder beruhigen, je ruhiger die Erwachsenen bei diesem Wutanfall geblieben sind. Wir kümmern uns also erst um uns, dann um das Kind. Und im Nachgang sprechen wir über das, was vorgefallen ist.

Ruhig bleiben – leichter gesagt als getan. Ich versuche in solchen Situationen immer, mich auf das Atmen zu konzentrieren, darauf, dass meine Füße auf dem Boden stehen. Es geht nämlich nichts über gezieltes Ablenken. Auch an einen Schokobrunnen denke ich in diesen Momenten oft. Oder an eine Bratwurst im Brötchen. Mit der Zeit geht es mir dann besser. Ich komme runter. Und dann zurück zum Kind.

Hier bedenken wir und haben auch schon gelernt, dass unser Kind uns nicht absichtlich blamieren will. Es tut gerade etwas *für sich* und nicht *gegen uns*. Außerdem ist das Ganze auch sehr gespenstisch für unser Kind: »Was ist das denn? Wut? Noch nie gespürt! Crazy Gefühl. Mama, bitte hilf mir. Papa, was soll ich denn jetzt machen? Ich kenne das gar nicht. Was ist hier los? Mama, Moment mal, hast du da gerade ›Nein‹ gesagt? Das komische Gefühl wird immer stärker!«

Das Kind ist voll und ganz in seinen Emotionen gefangen. Wir ordnen ein: »Du bist wütend, das verstehe ich, ich bin bei dir!« Das reicht erst einmal. Und wir machen uns klar: »Wenn das hier gerade für mich so krass ist, wie ist es dann erst für mein Kind?« Es ist an dieser Stelle wichtig zu erwähnen, dass das Kind in seiner ganzen Wut merken soll, dass es mit seinem Verhalten nicht unbedingt sein Ziel erreicht, dass es kapiert: Meine Eltern lieben mich!

Im Moment der Wut muss man nicht viel reden, das heben wir uns für später auf. Denn labern wir unsere Kinder in diesem Augenblick mit guten Ratschlägen voll, werden sie oft noch wütender. Also lieber sagen: »Okay, du brauchst deine Ruhe. Ich bin hier, wenn du mich brauchst!« Die Wut muss erst einmal verrauchen, und das kann, wie bei jedem ordentlich lodernden Feuer, dauern. Meine Tochter hat mir immer den Mund zugehalten.

Gefühle müssen raus. Auch diese Art von Gefühlen. Mir tat es immer sehr leid, dass mein Kind gerade wütend war. Ich fühlte mich machtlos. Oft setzte ich mich dann nur neben mein Kind und streichelte ihm den Rücken. Mehr ging nicht, aber es reichte.

Manche Kinder mögen Nähe in der Wut – in den Arm oder auf den Schoß nehmen –, andere wollen das gerade nicht. Vielleicht später. Im Raum sollte man immer sein und so signalisieren: »Ich sehe dich! Ich bin da!« Ich habe gelernt, die Wut zu akzeptieren. Anfangs wollte ich sie immer abstellen, wie mit einer Fernbedienung. Ich schnitt Grimassen oder kitzelte das Kind, doch nichts funktionierte – dabei bringe ich Menschen auf der Bühne zum Lachen. Ich war vollkommen hilflos.

Wir sollten unseren Kindern vermitteln, dass alle Gefühle in Ordnung sind, auch die lauten und unangenehmen. Wenn ich jedoch versuche, Letztere wie ein Feuer zu löschen, vermittle ich im Gegenteil, dass es Gefühle gibt, die nicht richtig und erwünscht sind, Gefühle, die schnell eingedämmt werden müssen.

Aber machen wir uns nichts vor: Dieser Lernprozess braucht Zeit, auch bei den Eltern. Manchmal könnte man verzweifeln vor lauter Begleiten und Gefühlebenennen, dann merkt man hin und wieder gar nicht mehr, wenn man gerade nicht mit einem Kind spricht. »Ich habe dich mit meinem Auto geschnitten, lieber Radfahrer, und was du jetzt in deinem Körper spürst, ist Wut. Zu Recht. Soll ich dich in den Arm nehmen, brauchst du Nähe, oder soll ich einfach nur in der Nähe der Kreuzung bleiben?«

Es gibt aber auch eine gute Nachricht: Jede Autonomiephase, jede Wut ist altersgerecht. Es ist alles normal. Es braucht nur eben Zeit, bis das Kind gelernt hat, damit umzugehen. Bis die Begleitung Wirkung zeigt. Wichtig ist, dass wir in dieser Phase die Selbstständigkeitsbestrebungen unseres Kindes ernst nehmen und es einfach auch mal machen lassen. Nicht jedes Weinen erfordert eine unmittelbare Handlung oder eine Lösung. Das Kind zeigt lediglich seine Gefühle. Und das ist erst mal gut. Die Eltern dürfen die Gefühle wahrnehmen und respektieren – sie müssen sie nicht abschalten.

Die Wut ist eng mit der Autonomiephase verbunden. Vielleicht sehen wir uns einmal kurz den Sinn dieser Phase an: Sie ist dazu da, dass unser Kind langsam aus dem Schutz, aus der Deckung der Familie herauskommt, quasi mit dem Köpfchen aus dem Fenster schaut und guckt, was so geht. Es versucht, selbstbewusster zu werden, viele Dinge allein, ohne Hilfe der Eltern, zu probieren oder auch Dinge von uns Eltern einzufordern und nicht mehr unseren Erwartungen zu entsprechen. Es möchte lernen. Es merkt, dass es eine eigene Person ist, es entwickelt ein Ich-Bewusstsein. »Ich kann das allein« wird man nun öfter hören. Und sollte geduldig bleiben.

Dass dieses Bewusstsein viel Geduld, Ausdauer und Anstrengung erfordert, ist klar. Zumal sich die Autonomie nicht immer in unseren Tagesablauf integrieren lässt. Dann sagen wir auch mal: »Heute muss ich schnell los. Ich helfe dir beim Schuheanziehen, weil wir jetzt aus dem Haus müssen. Morgen wird es wieder ruhiger!«

Allerdings sollten wir Eltern unseren Kindern das Gefühl nicht nehmen, etwas zu wagen, ohne ständig korrigiert zu werden. Das nennt man Selbstwirksamkeit und dann auch Selbstbewusstsein. Es darf etwas schiefgehen, nur so kommt man weiter. Durch jeden Fehler lernen wir dazu und zeigen das, was den Menschen ausmacht: Entdeckerdrang, das Fundament lebenslangen Lernens. Kolumbus, dem »Entdecker« Amerikas, machen wir im Nachhinein ja auch keine Vorwürfe, auch wenn er dachte, in Indien angekommen zu sein. Der ist doch danach auch nicht zum Feedbackgespräch zu seinem Geldgeber zitiert worden und musste sich anhören: »Herr Kolumbus, wir sind mit der Qualität Ihrer Arbeit nicht zufrieden. Wir wollten nach Indien, oder? Und Sie, was machen Sie? Entdecken Amerika! Wo kommen wir denn da hin, wenn jetzt hier jeder neue Kontinente entdecken will? Wir können hier nicht ständig out of the box denken!« Nein. Er hatte das Selbstbewusstsein, loszusegeln und zu schauen, was passiert. Auch das ist Erziehung: die Kinder machen lassen.

Kinder wollen lernen, sie wollen sich und die Welt entdecken. Sie wollen selbstständiger werden, selbstbewusster, und dies gipfelt eben oft in dem Satz: »Ich kann das allein!« Und ehrlich gesagt finde ich das gut so. Wer will schon gehorsame Roboter zu Hause haben? Will ich Kinder, die immer mitschwimmen oder selbst aufs Fünf-Meter-Brett gehen? Die Eltern, die

Mitschwimmen fordern, sind oft auch die, die sich für ihr Kind später wünschen, dass es ein selbstständiger Erwachsener wird. Aber wie soll das gehen, ohne Training?

Oft ärgert die Kinder, dass der Kopf weiter ist als der Körper. Die motorischen Fähigkeiten lassen noch auf sich warten. Und das macht in jedem Alter wütend. Die Kinder ärgern sich darüber, dass sie sich die Socken noch nicht selbst anziehen können und nicht an die Dinge herankommen, die oben auf dem Schrank stehen.

Die Kinder verspüren nun den Drang, hin und wieder die Familieneinheit zu verlassen und zu schauen, was sich vor der Haustür befindet. Und das ist – tata! – der eigene Wille. Wer hat denn den gebracht? Kann man dieses Päckchen, das wir dann wieder zu tragen haben, zurückschicken? Die Annahme verweigern? Nein, kann man nicht. Der eigene Wille unserer Kinder kommt unweigerlich. Und dass sie uns ab und zu anschreien, hat nichts mit uns zu tun. Wir sind genauso super wie vorher auch. Unser Kind will uns nur etwas mitteilen, und zwar ein Bedürfnis. »Du wolltest dir den Radiergummi selbst aussuchen! Deshalb hast du gemeckert, dass ich den türkisfarbenen gekauft habe!« Da gilt es hinzuschauen.

Wut ist nichts anderes als die Kraft unserer Kinder, Nein zu sagen. Das ist hier schon mit dem ersten Austesten und Ausprobieren verbunden. Und das wiederum drückt sich unterschiedlich aus. Bei jüngeren Kindern ist es oft der Fall, dass sie sich selbst wehtun. Mit dem Kopf durch die Wand – im wahrsten und schmerzhaftesten Sinne des Wortes. Häufig spüren sich diese Kinder nicht oder wollen sich mehr spüren. Dann hilft es, als Eltern die Hände oder Beine des Kindes zu berühren, damit es sich selbst spüren kann. Manchmal kann man auch mit dem Kind darüber reden: »Du bist gerade richtig wütend. Zeig mir mal, wo die Wut ist in deinem Körper. Bei mir ist sie immer im Bauch!« Meist haben diese Kinder einfach Probleme damit, sich auszudrücken, ähnlich wie beim Beißen.

Mein Sohn hat immer geworfen, auch nach mir. So machte sein blaues Matchbox-Auto unliebsame Bekanntschaft mit einem meiner oberen Schneidezähne. Eine Hälfte blieb übrig. Also vom Zahn. Ich habe dann gesagt: »Wenn du unbedingt werfen willst, nehmen wir lieber etwas Weiches. Nein, kein Toastbrot! Wie wär's mit Bällen? Mit weichen Anti-Stress-Bällen zum Knautschen und Drücken?«

Prinzipiell geht es darum, dass mein Kind erfährt, dass es mir damit wehtut. Meinem Körper gefällt das nicht, und über den kann ich bestimmen. Ich habe auch nur einen. Auf den möchte ich gut aufpassen. Einmal hat mein Sohn eine Flasche nach mir geworfen. Ich bin aber kein Schiff und getauft werden möchte ich auch nicht. Bin ich nämlich schon.

Hier ist demnach ein klares Nein vonnöten. Das Nein an dieser Stelle ist sehr wertvoll, denn es signalisiert meinem Kind, dass es in manch brenzliger Situation in naher oder ferner Zukunft auch Nein sagen darf oder sogar sollte. Und das muss auch, wenn es gerade brennt, nicht ausgeführt werden. Nein ist ein ganzer Satz.

Ich kann auch bei jüngeren Kindern aus dem Spiel aussteigen, um zu signalisieren: Das finde ich nicht in Ordnung. Dann darf die Situation auch mal abgebrochen werden. Auf jeden Fall sollte ihr kein Gewicht gegeben werden, damit das Werfen, Schlagen oder Beißen für das Kind nicht auch noch eine attraktive oder gar lustige Sache wird. Trotzdem sollte dem Kind immer die Chance gegeben werden, wieder Kontakt mit dem Erwachsenen aufzunehmen. Und beachtet dabei stets: Das Verhalten des Kindes wird kritisiert, nicht seine Persönlichkeit.

Natürlich kann man auch die harten Gegenstände entfernen und außer Reichweite legen. Die einzigartige Vase aus der Qing-Dynastie aus dem siebzehnten Jahrhundert sollte vielleicht nicht in Greifweite eines Zweijährigen stehen. Dann lieber die furchtbaren Geschenke der Schwiegermutter hinstellen, die das Kind zum Wurfgeschoss umfunktionieren kann. Oder die dabei umgeschmissen werden und kaputtgehen. Ups. Wie bei allem kommt es auch hier auf das richtige Maß an. Man kann nicht alles aus dem Weg räumen, und so muss man auch dem Kind beibringen, wohl leider immer wieder, dass es nicht am Fernseher rütteln darf. Oder am kleinen Geschwister.

Egal was geworfen wird, die Gegenstände arbeiten nach Tarif, und ich betone immer, dass sie jetzt eine Pause machen müssen. Manchmal nehme ich auch mein Kind an die Hand, und wir sind gemeinsam wütend, stampfen gemeinsam auf den Boden. Danach sagen wir, die Wut hat nun Feierabend, wir schicken sie jetzt zur Tür hinaus und wünschen ihr einen schönen Abend. Wir lassen die dunklen Wolken vorüberziehen. Und dann geht's weiter – mit schönen Alternativen.

Man kann auch Gegenstände eigens für die Wut bereithalten, etwa einen Wuteimer, in den man reinbrüllen darf. Dann ist es nicht mehr so laut. Oder wir nehmen Papier zum Zerreißen, Bekritzeln und Werfen. Weiche Bälle, falls möglich einen eigenen Tisch, den das Kind bemalen oder in den es mit einer Gabel ritzen darf. (Nicht in meinen Tisch, bitte. Das ist *mein* Tisch, und ich möchte das nicht.)

Eine Wutpuppe, die man beschimpfen darf, geht auch. Daraus kann man auch ein spannendes Casting machen. Man geht ins Kinderzimmer und fragt alle Puppen und Kuscheltiere: »Na, wer möchte Wutpuppe sein?« Und alle sehen weg und sagen: »Och nee, lass mal!«

Ich habe einen goldenen Engel über meinem Bett hängen. Den könnte man theoretisch nachkaufen, aber nicht genau diesen. Er spielt Gitarre und begleitet mich schon mein Leben lang. Meine Kinder merken an meiner Stimme und an meiner sehr klaren Haltung, dass es mir sehr, sehr wichtig ist, dass dem Engel nichts passiert. Und das klappt sehr gut. Sie beschützen ihn sogar mit. Sie dürfen lernen, was einem wichtig ist, und dass nicht alles nachgekauft werden kann. Und selbst bei Dingen, die man nachkaufen kann: Wir haben dafür gearbeitet und gespart, und nur weil man es jederzeit wieder besorgen kann, ist das kein Freibrief dafür, die Sachen so zu behandeln, dass sie kaputtgehen.

Hier geht es nicht um Vorwürfe oder Beschimpfungen. Es geht um authentisches, ehrliches und klares Verhalten und Erklärungen. Woher sollen die Kinder es denn wissen? Wir helfen ihnen beim Einordnen. Trampolinspringen auf der Couch macht großen Spaß, das sehe ich ein. Aber wenn sie davon kaputtgeht, darf ich das sagen und eventuell Alternativen anbieten.

Aber wie geht nun dieses Begleiten? Das hört sich jetzt vielleicht merkwürdig an, aber wir fragen diesbezüglich bei unserem Kind nach: »Was brauchst du gerade in deiner Wut von mir? Ich möchte, dass wir hier als Familie freundlich miteinander umgehen. Wenn du werfen willst oder einfach laut sein möchtest, dann geh ins Bad und rufe ganz laut ›Kacka!‹ Da passt das Wort eh gut hin. Hierhin gerade nicht. Ist im Moment auch schlecht, weil Papas Chef zu Besuch ist.« Und wenn ich »kackapupsscheißedoof« bin, antworte ich mit: »Ich hab dich lieb!«

Eine klare Kommunikation ist ungeheuer wichtig: »Das tut mir weh! Ich möchte, dass du aufhörst!« Wenn es sich dabei um eine direkte Aufforderung handelt, ist auch kein Bitte notwendig. Ebenso wichtig ist es, konkret zu sein. »Sowas wird hier nicht geduldet« ist zu allgemein. Es ist wie beim Gagschreiben: Alles, was nicht zur Pointe führt, lassen wir weg. Wir formulieren kurz, knackig und klar: »Ich möchte, dass du aufhörst zu werfen!«

Das gilt auch fürs Beißen. Manchmal tun Kinder das, wenn sie sich nicht gut artikulieren können und sprachlich etwas zurück sind. Die Impulskontrolle wird ab drei Jahren stetig besser. Auch hier wächst unser Kind an unserer klaren Haltung und am Benennen seiner Gefühle – allerdings mit Worten und nicht mit den Zähnen. Unterstützt euer Kind, reden zu lernen und herauszufinden, was es gerade empfindet. Das kann man ihm auch so sagen: »Denk daran, Worte zu benutzen! Die Zähne bleiben in der Garage.« Interessant wird es, wenn die Familie einen Hund hat. Was denkt der Hund dann? »Okay, der beißt auch! He, Junge, das ist mein Job! Außerdem: Du kannst sprechen, Alter. Sprechen! Da musst du doch nicht zubeißen.«

Auch im Kindergarten muss das Personal hier sehr nah am Kind sein. Das ist leider oft Arbeit. Denn gerade diese »Late Talker« nutzen das Beißen auch einfach als Sprache, als Werkzeug, um sich auszudrücken. Das Kind macht dies aus einem Grund oder einem Bedürfnis heraus. Erst wenn die Erzieherinnen und Erzieher die Situationen genau analysieren (Warum beißt das Kind gerade?), kann ein Erkenntnisgewinn gelingen und eine passende Lösungsstrategie entwickelt werden. Aber keine Sorge: Wenn das Kind redet, muss es nicht mehr beißen!

Und hier noch einmal die Kurzanleitung zur Frage: »Unser Kind ist wütend – was machen wir?«:

- Zunächst einmal ist es gut, dass es Gefühle gibt. Unser Kind soll lernen, welche Gefühle es gerade hat, und es soll lernen, diese zu regulieren.
- Gut ist außerdem, dass wir bei ihm sind. Wir helfen ihm, die Gefühle zu benennen und in konstruktive Bahnen zu lenken.
- Wir können ihm Alternativen anbieten: in Kissen boxen, aufstampfen, klatschen, rote Gesichter oder Striche malen.
- Manchmal wird das Kind gekitzelt. Das finde ich persönlich nicht gut, da die Gefühlsausbrüche nur unterbrochen werden, weil diese anscheinend nicht so ganz okay sind und besser enden sollten. Ob sie das aber wirklich tun? Meiner Meinung nach erfolgt nur gerade ein »Kitzel-Break«. Wenn mein Chef aufgrund der Bilanz des letzten Quartals wütend ist, kann ich ihn auch nicht durchkitzeln.
- Gefühlsausbrüche mit »Das ist doch nicht so schlimm« abzutun, hilft einem Fußballfan, dessen Team sich ein unberechtigtes Gegentor eingefangen hat, ebenso wenig wie meiner Frau, die auf eine nun nicht mehr lieferbare Jacke gespart hat. Und noch weniger hilft es einem Kind, das sich gerade über etwas sehr ärgert. Denn in diesem Moment *ist* es schlimm und doof und kackapup. Nimmt man das Kind jetzt nicht ernst, lernt es, dass die Gefühle und das Ausleben derselben nicht in Ordnung sind.
- Gefühle also bitte ernst nehmen. Hin- und zuhören. Wobei die Körpersprache und das, was wir sagen, mit unseren inneren Emotionen übereinstimmen sollte. Ein Kind merkt sowas. Sei authentisch. Auch wenn es schwierig ist, bei einer zerbrochenen Banane mitfühlend zu sein. »Ich weiß, sie wäre gern noch am Stück geblieben. Es macht mich auch so wütend! Aber es wird noch viele Bananen in deinem Leben geben.«

Hier geht es um unser Kind, das gerade wütend, enttäuscht oder traurig ist. Und dann sollten wir zur Stelle sein.
- Unser Kind lernt seinen Willen kennen. Es macht, was es will. Wir ordnen ein und helfen. (Bei Erwachsenen ist das hin und wieder etwas anders. Wenn meine Frau zu mir sagt: »Mach doch, was du willst!«, ist es wahrscheinlich richtiger, das gerade nicht zu tun.)

Ab und zu schlagen Kinder andere Kinder. Das ist oft auf dem Spielplatz der Fall. Da müssen wir etwas ausholen – also nicht mit der Hand, sondern mit dem Thema.

Der Spielplatz ist ein ganz besonderer Ort, an dem Menschen zusammenkommen, die letztlich nur dort zusammenkommen, weil die Kinder Bock drauf haben. Normalerweise sagt man nicht so Sätze wie: »Nach dem Feierabend geh ich noch eine Runde schaukeln!« Wobei – warum eigentlich nicht?

Ein Spielplatz hat viel zu bieten. Allein die Spannung, wenn dein Kind seinen Weg in Richtung Schaukel anvisiert und droht, von einem gerade schaukelnden Kind weggekickt zu werden. Ich habe Opas, die sonst immer über Rücken klagen, noch nie so schnell rennen gesehen.

Hinzu kommen die spannenden Eltern. Ich habe mir drei Gruppen von Spielplatzeltern ausgesucht. Erstens: die Handy-Menschen. Die denken, dass die Bänke auf dem Spielplatz dafür da sind, dass man dort direkt sein Handy rausholt. Die Kinder kommen schon klar. Das ist allerdings kein Spielplatz für Mobilgeräte. Ich weiß, Mama und Papa dürfen auch mal kurz durchatmen, und das kann man auch mal mit dem Handy tun. Vollstes Verständnis dafür. Daher mein Tipp: Immer ein befreundetes Kind mitnehmen, da können die Kinder zusammen spielen und man selbst kann auf der Bank chillen.

Zweitens: die Schatten-Menschen. Die verfolgen ihre Kinder die ganze Zeit. Die Kinder bestimmen, wo es hingeht, die Eltern korrigieren nur im Notfall. Diese Menschen sind oder werden bestimmt mal Fahrlehrer. Ab und zu machen sie auch mit, was die Handy-Menschen wiederum dazu bewegt, erneut ihr Handy rauszuholen und den Bandscheibenvorfall beim Fall vom Kletterturm zu filmen. Diese Menschen sind oft auch sehr vorsichtig und sagen Sätzen wie: »Nicht da hoch! Nicht so weit weg! Nicht ans Wasser! Das Kleid wird nass!« Ich denke da immer: »Arschbombe! Auf geht's!«

Und drittens: die Laber-Menschen. Das sind die, die sich mit dem Kind in den Sand setzen oder eine Decke auf der Wiese ausbreiten. Sie quatschen gern mit ihren Freundinnen, und haben für ein halbes Büfett gesorgt: zehn Tupperdosen unterschiedlicher Größe am Start. Es geht aber nicht an die Nordsee, es geht auf den Spielplatz. Sie bekommen alles andere nur am Rande mit und sind in ihrer Blase drin, bis beim Kind die Blase drückt.

Spielplätze mit Toiletten. Das wär's doch. Und vielleicht mit Kaffeestand, Sektempfang und Fingerfood. Lasst mich doch mal kurz träumen. Ich habe mir mal überlegt, einen Verpflegungswagen mit Rad zu konstruieren, eine Art Lastentaxi mit integriertem Kühlschrank, Zapfanlage, Grill und Kaffeemaschine. Die Väter kriegen Bier und Bratwurst, die Mütter Prosetschio, die Kinder Crêpes oder Waffeln. Und bei Bedarf Beruhigungsmittel. Die Besitzer dieser Wagen fahren jubelnd die Spielplätze ab und verdienen sich dumm und dämlich. Manche von ihnen haben auch ein Dixie-Klo auf dem Anhänger stehen.

Es gibt auch Laber-Väter, die man an ihrem sehr eigenen Sprachgebrauch oder -missbrauch erkennen kann. Mein Nachbar ist so einer. Ich habe ihm einmal angeboten, später noch auf ein Bier vorbeizukommen. Wir hätten ein paar Freunde eingeladen. Er meinte nur: »Das geht nicht. Ich habe heute die Zwerge!« Die Kinder sind bei diesen Vätern immer Zwerge. Von Zwergen darf meines Erachtens aber nur Schneewittchen sprechen. Wenn der Prinz mal fragten sollte: »Gehen wir heute Abend was Nettes essen?«, darf nur Schneewittchen antworten: »Geht nicht! Ich habe heute die Zwerge!«

Weiterhin ist zu beobachten, dass sobald das Kind eines Laber-Papas »Papa« ruft, dieser entgegnet: »Hier ist einer!« Etwas nervig, kann man aber für sich nutzen. Wenn man nämlich mit so jemandem in eine Kneipe geht und nach zwölf Bier die Bedienung fragt: »Wer zahlt die Rechnung?«, kann man mit dem Finger auf diesen Papa zeigen und antworten: »Da ist einer!«

Dann gibt es noch den Muttertyp »Alle sollen hören und sehen, dass ich eine gute Mutter bin«. Diese Mutter hat natürlich mehrere Ehrenämter inne und wird nicht müde, am Handy einer Freundin davon zu erzählen: »Nein, da kann ich nicht, da muss ich mit den Handballmädels kleine Handbälle für die Tombola backen.« Diese Mutter ist in einer Nanosekunde mit den Worten: »Da bin ich, mein Schatz!« zur Stelle, wenn eins ihrer Kinder auch nur ansatzweise das Gesicht verzieht. Sie hat Pflaster, Verbandszeug, Betaisodona, Opiate und Holzstücke, auf die man beißen kann, wenn Gliedmaßen spontan amputiert werden müssen, in einem stylischen Rucksack dabei und erzählt jedem, dass sie ihren Erste-Hilfe-Kurs jährlich auffrischt, um nicht hilflos zusehen zu müssen, wie ein Bein ihres Sohns innerhalb von drei Minuten abfault. Diese Mutter lobt ihre Kinder kreischend, damit man es noch bis in die nächsten Stadtteile hört. Sie übersieht, wenn ihre Kinder anderen Kindern mit einer Baggerschaufel das Genick zu brechen drohen, aber wehe, ein anderes Kind schubst aus Versehen ihr Julchen.

Es gibt auch noch die Ökomütter, aber von denen will ich gar nicht erst anfangen.

Um es also auf den Punkt zu bringen: Das ist schon ein Erlebnis auf dem Spielplatz – nicht wegen der veralteten Spielgeräte, sondern wegen der unterschiedlichen Menschen. Ich darf hier die Großeltern nicht vergessen, die heimlichen guten Seelen des Spielplatzes. Sie verkörpern von jeder Gruppe etwas. Sie grüßen immer nett, laufen nicht bei allem hinterher und wenn Kegelfreund Richard anruft, wird auch mal ans Handy gegangen. Oft gehen sie direkt aufs Piratenschiff, da hat man den besten Empfang. Kurzum: Menschen aller Schichten und jeden Alters bilden hier eine Art Zwangsgemeinschaft.

Ach ja, und dann sind natürlich noch die Kinder da. Bei ihnen kann es passieren, dass sie mit Sand werfen oder sogar andere Kinder mit der Schippe schlagen.

Grundsätzlich gilt: Schlagen geht gar nicht. Jeder gehört geschützt. In dem Moment ist keine Impulskontrolle vorhanden und nur der emotionale Teil des Gehirns aktiv. Der Teil, der fürs logische, vernünftige Denken und für damit verbundene logische, vernünftige Handlungen zuständig ist, ist bei einem Wutanfall stets ausgeschaltet. Hier denkt das Kind wohl nur: »Mal schauen, was das für ein Geräusch macht, wenn ich ihm das auf den Kopf haue!« Deshalb ist das mit dem Lernen gar nicht so einfach, trotzdem wird das Kind es mit der Zeit tun. Es wird lernen: »Wenn ich schlage, ist das nicht in Ordnung.« Man muss Max oder Liesel nicht mögen, aber das ist noch lange kein Grund, ihm oder ihr die Schädeldecke zu zertrümmern.

Auch wenn wir das Kind am Arm festhalten, um das Schlagen zu unterbinden, hat dies erst einmal nichts mit Schimpfen zu tun. Zu Hause können eventuell Alternativen angeboten werden, ein Kissen etwa oder ein Boxsack. Die Gefühle dürfen raus, sichergestellt werden muss nur, dass anderen dabei nichts passiert. Da wir die Verantwortung tragen, müssen wir klar in der Ansprache sein – wenn auch nicht so laut, dass Opa direkt vom Piratenschiff fällt.

Man kann so etwas sogar raussingen. Hier möchte ich auf *Mira und das fliegende Haus* verweisen; da gibt es einen coolen Rap, und der geht so:

»Ich wünsch mir was,
das ist nicht da.
Mein Wunsch ist gerade nicht lieferbar.
Ich atme ein, ich atme aus
und lass die Wut ganz einfach raus!«

So werden die Gefühle benannt, und man kann sich in dieser Situation etwas sortieren. Natürlich ist nicht jeder Rap ein »Therapie-Rap«, sonst wären Snoop Dogg oder Eminem früher Professoren für Aggressionsforschung in der New Yorker Bronx gewesen, während sich ihre Gangs die Hände über brennenden Mülleimern wärmten.

Gehen wir es noch einmal durch:

- Unser Kind ist wütend. Wir sind bei dem Kind – auf Augenhöhe. Wir versuchen herauszufinden, ob Nähe okay ist oder nicht, ob wir Alternativen anbieten können, um die Wut zu kanalisieren.
- Wir quatschen unser Kind nicht mit: »Ich weiß, warum du gerade wütend bist« voll. Darüber reden wir später, wenn sich der Gefühlssturm gelegt hat.
- Auch wenn wir als Eltern unbedingt helfen und »was tun« wollen, sollten wir einsehen, dass wir manchmal einfach nur für die Kinder da sein können. Verständnis zeigen und abwarten.

- Später kann man über die Situation sprechen und dem Kind Wertschätzung für seine Gefühle vermitteln. Man setzt sich zusammen, bietet dem Kind etwas zu trinken und eine Stressbanane an, und los geht's. Was ist vorhin passiert? Was können wir zukünftig tun, um solche Situationen zu vermeiden? Manchmal weiß man gar nicht, warum das Kind wütend ist. Dann könnte helfen: »Ich sehe an deinem Verhalten, dass es dir vorhin nicht gut ging. Du warst wütend über irgendwas. Du scheinst irgendetwas anders haben zu wollen. Ich weiß aber nicht genau, was das ist. Vielleicht kannst du mir einen Tipp geben.«
- Das Erzählen und Darübersprechen tut gut, weil man so dem Kind dabei hilft, Worte für das Geschehene zu finden. Eine schöne Vorstellung: Wir bieten unserem Kind Worte an, die es sich ansieht, über die es nachdenkt, die es mit der Zunge betastet und die es dann für sich passend zurechtformt, bis das Kind es schafft zu antworten. So haben wir herausgefunden, wo die Wut herkommt. »Kann es sein, dass du noch fertigspielen und deshalb nicht ins Bett möchtest?« Unsere Kinder können das noch nicht so verbalisieren, deshalb geben wir Hilfestellung und spüren wie ein Detektiv dem Bedürfnis hinter der Wut nach. Das ist nicht immer einfach, schafft aber eine sehr enge Verbindung.
- Es kann auch sein, dass man selbst etwas »falsch« gemacht hat und zugibt, dass dies nicht gut gelaufen ist. Dann kann man an sich arbeiten, um es nächstes Mal besser zu machen.

Ich empfehle bei sehr gefühlsstarken Kindern hin und wieder, sich in akuten Situationen auf die Höhe des Kindes zu begeben und die Hände offen nach oben zu halten. Das Kind darf dann so fest es kann von oben in eure Handfläche schlagen. Dabei spürt man die Wut und Energie des Kindes. Das Kind spürt sie ebenfalls. Irgendwann ist es dann genug, und alles ist herausgeklatscht.

Aber grundsätzlich gilt: Wenn man von seinem Kind geschlagen wird, muss man nicht in dieser Situation darüber diskutieren. Hier gilt es, eine klare Grenze zu ziehen. Bleibt einfach neben eurem Kind sitzen, schützt es und andere und lasst es seine Wut sicher austoben. Denn ein Kind darf seine Gefühle ausleben.

Ansprechen hilft mitten im Wutausbruch nicht, da diese Region des Gehirns gerade geschlossen ist. Manchmal habe ich beim Wutausbruch meines Sohnes laut »Stopp!« gerufen und dabei die Hand oder einen Finger gehoben. Das kommt in einem kleinen Nebenraum des Gehirns, wo vielleicht noch Licht brennt und man sich offen für derlei nonverbale Gestik zeigt, manchmal noch an.

Nach etwas Abkühlung kannst du sein Gefühl erklären: »Du warst wütend. Du wolltest noch mal rutschen, aber es ging nicht. Da hast du richtig heftige Wut gespürt.« Wir sind da und trösten und dürfen selbst fix und fertig sein. Gerade die ersten Wutanfälle sind ungeheuer anstrengend. Aber wir dürfen netterweise weiter üben, denn der nächste Ausbruch kommt bestimmt.

Wir fassen zusammen: In diesem Alter ist die Fähigkeit des Kindes zur Selbstregulation noch so unausgereift, dass Holland und wir in Not sind, wenn die emotionalen Zentren im Gehirn erst einmal feuern. Der präfrontale Cortex schafft es noch nicht, Herr der Lage zu werden und alles wieder in Ordnung zu bringen. Die Folge: ein Wutanfall. Ohne Impulskontrolle. Wir sind die Co-Regulatoren und helfen dem präfrontalen Cortex. Das hört sich super an, aber viel tun können wir nicht. Trotzdem tun wir damit sehr viel, denn jede Erfahrung, die unser Kind in Form von Grenzen macht, ist wertvoll, mit jeder Entscheidung wird das Gehirn reifer und reifer. Entwicklung durch Erfahrung. Das allerdings braucht Zeit. Das Kind hat noch keine Erfahrung im Umgang mit diesen Gefühlen, es muss erst welche aufbauen, um darauf zurückgreifen zu können.

Dabei helfen wir unserem Kind, denn wir wissen: Wut gehört dazu. Frust gehört dazu. Wir geben diesen Gefühlen Auslauf. Das Kind will sie kennenlernen, um dann irgendwann zu wissen, wie man damit umgeht (nicht beißen, spucken, schlagen), wie man Alternativen schafft. Und vor allem um zu erfahren, dass es Menschen gibt, die in solchen Momenten bei ihm sind, die ihm helfen und für das Kind da sind. Wenn unsere Kinder das wissen, haben wir ihnen viel mitgegeben.

Unsere Kinder kommen dann auch wieder auf uns zu, wollen kooperieren und werden mit jeder Erfahrung ruhiger. Oder wie meine Tochter letztens nach einem Wutanfall sagte: »Ich bin Frieden!«

Ich sage meinen Kindern immer: »Ich verstehe dich. Denn ich habe sie auch in meinem Gefühle-Portfolio drin, die Wut!« Vorab sei schon mal gesagt: Wenn ich bei meinem Kind auf Wut mit Wut reagiere, kann ich nicht erwarten, dass mein Kind weniger wütend wird.

Die Wut, die hat drei Ecken: die Wut des Kindes, die Wut des Erwachsenen und, ganz hinten, in einer dunklen Ecke, die Wut unseres inneren Kindes. Die tritt immer dann in Erscheinung, wenn wir länger als dreißig Sekunden wütend sind. Dazu ein Beispiel: Wir werden von einem Autofahrer geschnitten und schimpfen. Wir brüllen: »Du Idiot!« und betrachten die Angelegenheit nach etwa zehn Sekunden als erledigt. Beschäftigt sie uns länger, schauen wir in die dritte Ecke, in der das innere Kind in diesem Moment unbedingt beachtet und gehört werden will. Eventuell ist dies in der Kindheit nicht passiert: Unsere Eltern haben uns zu wenig wahrgenommen (wie der Autofahrer eben), unsere Meinung nicht gesehen oder nicht sehen wollen und uns mit ihren Vorgaben und Regeln klein gehalten. Dieses kleine Kind kämpft sich irgendwann wieder nach oben, begleitet von negativen Glaubenssätzen wie: »Du bist nicht gut genug«, »Deine Meinung ist falsch« oder schlicht »Quatsch!«, wie meine Mutter immer sagte. Wir mussten Erwartungen erfüllen und hatten insbesondere in der Öffentlichkeit zu funktionieren. Jetzt aber sind wir mal an der Reihe.

Mit negativen Gefühlen wie Wut, Angst und Trauer konnten meine Eltern nicht umgehen. Darüber sind sie stets hinweggegangen. Für das Kind in der dritten Ecke war das bitter – ebenso wie für uns Eltern, denn wir haben nie vorgelebt bekommen, wie wir mit Wut umgehen können. Doch nun dürfen wir wissen: Negative Gefühle gehören auch zu den Guten.

Zunächst werden wir wütend, weil das Kind so wütet. Es hört nicht, es hat einen anderen Plan. Wir reagieren gestresst, werden lauter und merken, dass Wut in uns hochkocht. Höchstens im Nachhinein denken wir: »Cool, mein Kind entwickelt eigene Pläne!«

Sich aus einer akuten Wutsituation rauszubeamen ist gar nicht so einfach. Nicht nur bei Kindern, auch bei Erwachsenen macht der präfrontale Cortex da gerade eine Pause. Nur der emotionale Teil funktioniert, dem wir dann hilflos ausgeliefert sind.

Was also tun? Mal kurz den Raum zu verlassen und zum Beispiel die Toilette aufzusuchen ist eine gute Idee, das stille Örtchen eignet sich gut zum Runterkommen. Wenn man beim

Kind bleiben möchte, kann man auch kurz das Fenster öffnen. Durch Bewegung, Tanzen, Singen und vor allem Summen lenkt man die Wut um. Durch Atemübungen, aber auch durch Aufzählen, was das Kind alles großartig macht (obwohl es dies in dem Moment nicht macht) und vor allem was wir alles toll machen, denkt man ebenfalls schneller in eine andere Richtung. Auch ein in dieser Situation albernes Wort zu sagen hilft – bei uns war es »Spekulatius«.

Sich selbst kurz wehzutun, etwa in die Fingerkuppe zu piksen, kann auch helfen. Steigt die Wut trotzdem weiter, die Piksgeräte bitte nicht anpassen. Wie schnell ist ein Daumen ab. Auch die asiatische Heilkunst lehrt, dass man zur Beruhigung mit dem Daumen auf den Mittelfinger drücken kann. Der Mittelfinger ist der Wutfinger. Also fest den Mittelfinger drücken, aber bitte nicht zeigen. Das hat zwar auch eine beruhigende Wirkung, kann aber strafrechtlich relevant sein.

Mit diesen Übungen drückst du die Wut für einen Moment weg. Aber eben nur für einen Moment. Irgendwann müssen wir auch genauer hinsehen.

Schau dir deine Wut also an, ohne Bewertung. Wut ist erst mal »nur« ein Gefühl. Warum ist sie da? Hat sie was mit deinem Kind zu tun, mit dir oder mit deinem inneren Kind, das dir etwas mitteilen möchte? Unser Ziel sollte es sein, die Wut zu spüren, uns aber nicht von ihr beherrschen zu lassen. Sie zeigt uns, dass ein Bedürfnis nicht erfüllt wird, und gibt uns die Energie, etwas daran zu ändern.

Wenn du schaust, woher deine Wut kommt, und verstehst, warum sie da ist, wenn du sie anerkennst und ihren Ursprung findest, kannst du sie lösen und heilen. Dann wird deine Wut seltener, schwächer und kürzer. Du wirst diesem Autofahrer zwar niemals hinterherrufen können: »Ich wünsche dir einen schönen Tag! Das nächste Mal klappt es bestimmt besser!«, aber das musst du ja auch nicht. Wenn ich weiß, dass ich mich gerade übersehen gefühlt habe und wütend geworden bin, weil ich in der Kindheit auch oft nicht gesehen wurde, ist schon viel gewonnen. Ich durfte meine Eltern nie anschreien, eher wurde ich angeschrien. Logisch, dass ich dann jetzt ein Problem damit habe, wenn mein Kind mich anschreit.

Diese Art der Selbstanalyse ist natürlich recht anstrengend. Im Familienleben, das 24 Stunden am Tag stattfindet, hat man nicht immer die Zeit, so in sich reinzuschauen. Es lohnt sich aber. Hol dir dafür eventuell einen Coach zu Hilfe, einen erfahrenen Bergsteiger, der dich vorsichtig abseilt, wenn du vor Wut die Wand hochgehst. Letztendlich ist dies eine wunderbare Reise zu dir selbst, zu deinem Kind, zu innerem Frieden – und ganz viel Selbstliebe. Denn auch du bist gut, so, wie du bist.

Natürlich liegen die Gründe nicht immer in der Kindheit. Manchmal sind es auch Zeitdruck, Stress und fehlende Auszeiten, die dafür sorgen, dass uns unsere Kinder auf die Palme bringen. Und wir denken: »Ich wäre so gern mal wieder auf einer Palme. In der Südsee oder in der Karibik.«

Tretet vor dem Sauerwerden wenn möglich einen kleinen Schritt zurück und versucht, das Bedürfnis oder den Wunsch des Kindes in die Analyse mit einfließen zu lassen. Dann könnt ihr die Situation besser annehmen. Wenn das Bad unter Wasser steht, ist klar, dass die Kinder viel Spaß hatten. Sie wollen mich nicht zur Weißglut bringen, sie haben nur Freude daran, das Wasser von links nach rechts zu schieben. Sie tun etwas *für sich,* nicht *gegen mich.*

Klar ist aber auch, dass kindliches Wellenbad und elterliches Im-Fluss-Bleiben schwer in Einklang zu bringen sind. Deshalb dürfen wir Eltern sagen: »Ich möchte, dass das Wasser in der Wanne bleibt. Ich möchte das nicht alles aufwischen. Der komplette Boden ist nass. Das ärgert mich.« Und manchmal lautet der beste Ratschlag für solche Situationen (ein Ratschlag übrigens, den Eltern sehr gern annehmen): Gieß dir ein Glas Wein ein und chill 'ne Runde. Was meines Erachtens in vielen Elternratgebern fehlt, ist eine gute Weinempfehlung.

Die Wut ist ein Gefühl mit einem lauten, aber keinem guten Ruf. Sie ist verschrien, weil viel geschrien wird, häufig wird sie als negativ und schlecht abgestempelt. Aber warum? Weil dabei oft etwas aus dem Ruder läuft. Das verwirrt und gibt uns manchmal das Gefühl der Ohnmacht. Meist tritt Wut auch sehr plötzlich auf. Es ist ja nicht so, dass das Kind uns vorwarnen würde: »Mama, ich hätte gern das Schleich-Fohlen. Wenn ich es nicht bekomme, Mama, wenn du also sagst, es gibt kein Fohlen, dann kauf dir schon mal eine Packung Oropax und lass die Filialleitung des Geschäfts die Innenstadt absperren oder besser noch evakuieren, weil das Fohlen habe ich mir ganz doll gewünscht und seine Mama wartet zu Hause in meinem Zimmer. Ich würde sagen, Mama, von jetzt an haste fünf Minuten. Dann werde ich kolossal ausrasten.«

Die Wut hat ein so schlechtes Image, dabei gibt sie uns so tolle Hinweise! Solche Hinweise geben uns gute Gefühle nicht. Keine Mutter und kein Vater sagt: »Also, das mit deiner Freude. Da müssen wir jetzt mal genau hinschauen. Dass du immer aus dem Nichts so heftig lachst und dich freust. Das kann nicht normal sein! Wir müssen da zur Abklärung mal zum Psychologen oder zur Deutschen Bahn. Die werden dir helfen, deine Freude in die richtigen Bahnen zu lenken!« Das wäre mal eine tolle Überweisung zum Psychologen: Diagnose – zu gute Laune.

Wut ist uns schon deshalb unangenehm, weil wir durch die Lautstärke die Aufmerksamkeit DER LEUTE auf uns ziehen. Aber nehmen wir einmal an, die wären uns schnurz – wäre Wut dann immer noch so schlimm? Manchmal hat sie sogar Vorteile. Der nette Nachbar Herr Grünke etwa hat meinem Sohn mal ein gelbes Lamborghini-Matchbox-Auto geschenkt. Er hätte *gehört*, dass seines wohl weg wäre. Herr Grünke wohnt zwei Stockwerke über uns.

Wut ist nie »falsch« – sie ist da und sie muss raus. Sie *darf* raus. Wut muss ins Freie. Wie ein wildes Tier fühlt sie sich dort am wohlsten. Sie darf mir zeigen, wer mein Kind ist. Was es in sich trägt, wofür es steht und wofür es laut werden möchte. Durch die Wut lernen wir unsere Kinder ein Stück besser kennen. Und sie sich selbst auch.

Grundsätzlich ist natürlich, wie fast immer, unser Gehirn schuld. Da Emotionsregulation, Impulskontrolle und Kommunikationsfähigkeit noch in der Ausbildung sind und noch sehr unausgereift daherkommen, suchen sich unsere Kinder eine andere Strategie: schlagen, werfen, beißen, schreien.

Ein solches Verhalten kann auch ein Beziehungs-, ein Bindungstest des Kindes sein. Ist zum Beispiel ein kleines Geschwisterchen da oder unterwegs, checkt unser Sohn oder unsere Tochter, ob die Liebe für ihn oder sie noch ausreicht. Hier kann man die üblichen Sätze: »Nein, ich will, dass du aufhörst. Das tut mir sehr weh!« noch ergänzen durch: »Egal was du machst, ich liebe dich immer! Und jetzt lass uns lieber was Cooles spielen.«

Gebt dem Kind das Gefühl, dass seine Meinung wichtig ist, dass sein Frust ernst genommen und nicht nur negativ kommentiert wird. Außerdem darf es bei Alternativen selbst mitwählen. Dabei ist es wichtig, Alternativen zu finden, bei denen die Kinder toben und machen und tun können. Ohne allzu viele Grenzen. Denn ihr Autonomiebedürfnis ist groß.

Wasserrutschen sind beispielsweise eine großartige Alternative. Wer Wasserrutsche rutscht, kann nicht schlecht gelaunt sein oder hat zumindest nicht so oft das Bedürfnis, mit Wut auf sich aufmerksam zu machen. Die gemeinsame Zeit im Schwimmbad genießen wir mit Schwimmbad-Pommes, Vanilleeis und Wespen. (In jedem meiner Bücher müssen Schwimmbad-Pommes vorkommen. So viel Zeit und Platz muss sein.)

Wir schauen bei Wutanfällen unserer Kinder immer, ob ihnen irgendetwas fehlt. Vielleicht mehr Selbstbestimmung, denn häufig sind wir zu nah dran. Mehr Wasserrutsche. Oder das Gegenteil: mehr vorgegebene Struktur. Manchmal fordern Kinder unsere Stärke und Führung, da Führung Sicherheit gibt: Auf meine Eltern kann ich mich verlassen. Eltern halten wie in einer Touristengruppe den Schirm nach oben. Und das fordern unsere Kinder wie gesagt auch ein. Sie brauchen im Bus bei einem Stehplatz eine Stange, an der sie sich festhalten können. Sie brauchen unsere Regeln und Meinungen, um sich sicher zu fühlen, um sich an ihnen zu orientieren oder um sie mehr und mehr infrage zu stellen. Das hilft dem Kind, seine Grenzen kennenzulernen, eine innere Haltung wahrzunehmen und diese auch zu verteidigen.

Mein inzwischen pubertierender Sohn sagt gelegentlich zu mir: »Papa, du bist heute genervt!« Und ich sage: »Ja, sorry. Nicht mein Tag!« Denn trotz der Ratschläge hier bleiben wir fehlbare und unperfekte Menschen. Schön ist jedoch, dass mein Sohn mein Genervtsein nicht auf sich bezieht. Wir haben es geschafft, dass wir rummotzen können, ohne dass er Schuldgefühle entwickelt. Und auch noch nachfragt, ob es uns gut geht.

Denn es ist auch so: Egal wie viel euer Kind wütet – das ist niemals, ich wiederhole: niemals, die Schuld von Mama oder Papa. Fakt ist: Ihr macht alle einen mega Job. Die Wutausbrüche gehen vorbei, versprochen. Die Zeit ist immer auf unserer Seite. Außerdem bringen sie uns selbst etwas. Wir können zu uns sagen: »Es war schön, dich kennenzulernen! Es war hilfreich, mal in die dritte Ecke zu schauen.«

»Liebe mich, wenn ich es am wenigsten verdiene, denn dann brauche ich es am meisten!« – ein schöner Satz, wie ich finde. Er hilft nicht immer, führt aber manchmal dazu, dass man sein Kind einfach nur in den Arm nehmen will. Und in den Arm nehmen und sagen: »Ich liebe dich« ist immer gut. Gerade nach einem Wutanfall. Manchmal können Eltern nur für ihr Kind da sein und ihm den Rücken streicheln. Mehr geht in diesem Augenblick nicht. Aber manchmal ist das auch einfach das Richtige.

KAPITEL 3

Grenzen los – bis hierhin … und noch viel weiter

Kinder kommen neu in unsere Familie und sind dann da. Sie schauen nicht nur kurz mal rein, sie sind gekommen, um zu bleiben. Und irgendwann wollen sie ihre Eltern kennenlernen. Die waren für das Baby in den ersten Monaten austauschbar, danach aber stehen Bindung und Verbindung. Anders ausgedrückt: Bei der Geburt sind wir Vater geworden, durch die Liebe und Nähe sind wir nach einigen Monaten ein »Papa«. Jetzt werden sie uns nicht mehr los.

Um uns aber kennenlernen zu können, sollten wir uns auch so verhalten, wie wir sind. Wir sollten deutlich machen, was wir wollen und was nicht und wann es uns zu viel wird. Das schafft schon mal Nähe. Prima. Je authentischer wir Eltern sind, desto leichter haben es die Kinder. Schließlich können Eltern schlecht ihren Lebenslauf schicken. Wäre aber hilfreich: »Sehr geehrtes Kind, das sind meine Stärken und Schwächen. Ich spiele gern Basketball und Fußball und habe Pädagogik studiert. Nicht auf Lehramt, sondern auf ewig. Dann habe ich was mit Medien gemacht. Genau, Flyer ausgetragen. Mir ist gegenseitiger Respekt in der Familie wichtig und dass man sich unterstützt und hilft. Das also wird Sie in den nächsten 18 Jahren mit mir erwarten!« Darauf das Kind: »Gut. Wir melden uns bei Ihnen!« Don't call us, we call you.

Dafür ist erst einmal auch wichtig, dass die Eltern sich selbst gut kennen. Das heißt: Sie sollten ihre Grenzen kennen und sie sollten diesbezüglich sehr klar sein. Ein Ja ist ein Ja, und ein Nein ist ein Nein. Und wenn wir nicht wissen, ob ja oder nein, können wir sagen: »Ich weiß es nicht. Ich denke darüber nach.« Wenn ein Kumpel mich fragt, ob wir zusammen auf ein Konzert gehen, kann ich ja auch sagen: »Ich überleg's mir«.

Ich darf auch sagen: »Ich möchte nicht, dass unsere Wohnung mit Straßenschuhen betreten wird!« Das ist so. Da wird nix erklärt, und da werden auch keine Ausnahmen gemacht. Und wenn der Besuch unbedingt seine Schuhe anbehalten will, soll er sich halt Überzieher mitbringen. So einfach ist das.

Das Nein ist nicht nur ein Nein zu unserem Kind, sondern vor allem ein Ja zu uns selbst, damit wir unsere Grenzen wahren können. Wenn uns ein Verhalten an unserem Kind nicht gefällt (ja, da könnte ein bisschen was zusammenkommen), dürfen wir dies kommentieren und einordnen. Was wir nicht dürfen, ist, das Kind zu kritisieren oder gar zu demütigen. Auch Schuldzuweisungen sind hier fehl am Platz.

Unsere diesbezügliche Aussage sollte klar und authentisch sein. So lernen die Kinder ihre Eltern kennen und wissen, wer diese Eltern sind und was sie wollen. Und ja: Wir werden am Ende tausend Mal gesagt haben, was wir wollen. Ich habe da mal Buch geführt:

»Häng die Jacke auf.« (mindestens 875-mal)

»Du lässt mich bitte ausreden.« (mindestens 768-mal)

»Das heißt nicht ›ich will‹, das heißt ›ich möchte‹.« (mindestens … ach, was weiß ich …)

»Wo ist denn der zweite Handschuh?« (keine Ahnung, wie oft)

»Prima, dass du dich so schnell angezogen hast.« (nie)

Jacke aufhängen ist eben nicht so einfach. Wissen die Kinder jedoch, wo die Grenzen der Eltern sind, können sie die eigenen besser erforschen und setzen.

Man könnte das Ganze auch so ausdrücken: Kind hat Wunsch. Wenn »Ja«, Sonnenschein. Wenn »Nein«, Gewitter. Wir dürfen dennoch ohne Schuldgefühle beim »Nein« bleiben. Das Kind ist frustriert und muss sich wohl von seinem Wunsch verabschieden. Das schafft unser Kind. Es darf Frust ausdrücken. Wichtig ist, dass sich das Kind gesehen und gehört fühlt. Und Frustbewältigung ist letztlich eine lebenslange Aufgabe. Die Eltern respektieren den Wunsch des Kindes, auch wenn sie ihn gerade nicht erfüllen können oder wollen. Das Kind nimmt keinen Schaden, wenn die Eltern ihre Grenzen aufzeigen. Wirklich nicht – es kann das ab. Keinem Kind tut es gut, in einer Blase aufzuwachsen, in der es alles darf, was es will. Soll es später dann dem Vorgesetzten auf eine Anweisung hin sagen: »Nein, ich will aber nicht«? Und sich dabei auf den Boden werfen und kreischen? Was passiert, wenn das Kind erwachsen ist und von seinen Eltern nie ein Nein bekommen hat? Rennt der 33-Jährige im Anzug und mit Krawatte dann der 7-Jährigen hinterher, die gerade die letzte Kugel Stracciatella ergattert hat? Kommt es dann zu einem Handgemenge und großem Geheul auf beiden Seiten?

Ich erinnere mich in diesem Zusammenhang an eine unglaubliche Situation im Supermarkt. Eine Frau suchte im Kräuterständer nach einem Töpfchen mit frischem Thymian und fand es auch: ganz unten und ganz hinten. Es war das letzte Töpfchen. Sie wollte es gerade in ihren Einkaufswagen stellen, als sie sich plötzlich einer anderen Frau gegenübersah – einer dieser perfekt in Joop und Chanel gekleideten Hausfrauen, die man in Hessen Taunustörtchen, in Kiel Perlhühner und in Hamburg Perlen-Paulas nennt und die den ganzen Tag nichts anderes zu tun haben als zu jammern, weil die Haupt-Putzfrau krank ist, zu ihrer kranken Mutter nach Polen musste oder eine Wurzelkanalbehandlung beim Zahnarzt hat, Frechheit. Diese Frau also sagte mit herrischer Stimme: »Ist das der letzte Thymian?«

»Ja«, antwortete die – ich nenne sie mal – *normale* Frau.

»Dann brauch ich den.«

»Wie bitte?«

»Ich brauch den Thymian.« Ihre Stimme klang jetzt so, wie man sich die Stimme von Nero vorstellt, als er rief: »Brennen soll Rom!«

»Äh, aber ich habe ihn …«

»Ja, ja, ist mir egal, was Sie wollen, geben Sie her.« Sie klatschte kurz in die Hände.

»Sie spinnen wohl«, gab die Normale zurück, stellte den Thymian in ihren Einkaufswagen und spazierte von dannen.

Kurz darauf sah ich, wie sich Perlen-Paula an den Einkaufswagen der Normalen heranschlich – die sah gerade woanders hin – und ihr kalt lächelnd den Thymian aus dem Wagen klaute. In dem Augenblick wandte sich die Normale wieder ihrem Einkaufswagen zu.

Ich mache es kurz: Es gab ein Wortgefecht, das seinesgleichen sucht und damit endete, dass Perlen-Paula den Topf mit den Worten: »Wenn ich ihn nicht haben kann, soll ihn keiner haben« auf den Boden warf.

Was will ich damit eigentlich mitteilen? Dass es nicht gut ist, niemals Grenzen aufgezeigt zu bekommen. Bei manchen Menschen zieht sich das bis ins Erwachsenenalter hinein und macht diese Menschen nicht gerade sympathisch.

Kennen die Erwachsenen ihre Grenzen, bietet das den Kindern Orientierung und lädt sie dazu ein, sich die eigenen Grenzen anzusehen. Diese Grenzen sind manchmal motorischer Natur, eventuell durch fehlende Reife. Auf jeden Fall sind Grenzen nie starr, sie sind dynamisch, individuell unterschiedlich und oft tagesformabhängig. Heute kann ich eine gewisse Lautstärke vielleicht besser ab als gestern, als ich sagte: »Ich will, dass du nicht so laut Musik hörst, ich bin müde und möchte mich kurz hinlegen!« Wichtig ist jedoch, dass das elterliche Verhalten für die Kinder vorhersehbar ist, denn das gibt ihnen Sicherheit.

Es ist immer ein *Miteinander*. Das Kind ist nicht unser Feind. Und wenn wir können, bieten wir in manchen Situationen statt einem einfachen Nein Alternativen an: »Ich bin zu müde zum Vorlesen, aber du kannst dir selbst ein Buch anschauen oder ein Hörspiel anhören.« Oder: »Ich möchte nicht, dass du die Wände anmalst. Ich weiß, du magst beim Malen stehen. Hier haben wir eine kleine Wand, auf die du mit Malkreide malen kannst.«

Wenn unsere Kinder ihre Grenzen austesten, heißt das nicht automatisch, dass sie wissen, wo diese liegen. Sie sehen nach. Sie haben einen wahnsinnigen Forscherdrang und können es gar nicht glauben, dass sie Opas Brille nicht verbiegen und den Blumentopf nicht ausbuddeln dürfen. Wir haben immer eine Schublade voller Spielsachen gehabt, in der sich unser Kind austoben durfte. Der Pädagoge nennt das »eine Ja-Umgebung schaffen«. Unser Kind stößt ständig an Grenzen, aber mit ein paar Dingen können wir es ihm auch mal leicht machen. Natürlich wird unser Kind reifer, und wir dürfen irgendwann sagen: »Das ist mein Handy, das fasse nur ich an!« So etwas muss das Kind auch lernen. Wobei: Wenn wir es ans Handy ließen, könnte es seine Windeln vielleicht bald selbst bestellen.

Wir sollten unserem Kind weiter erlauben, Wutanfälle zu haben und zu weinen. Wenn wir uns zu sehr verbiegen und es unserem Kind nur recht machen wollen, tun wir uns – und nebenbei auch ihm – damit keinen Gefallen. Es lernt unsere Grenzen kennen, und da freut sich auch das Gehirn. Denn was haben unser Gehirn und Wham's »Last Christmas« gemeinsam? Beide lieben Wiederholungen! Durch Wiederholungen festigt sich das Verhalten der Kinder.

»Stopp, das möchte ich nicht. Das tut mir weh!« Diesen Satz sagen wir, wenn unser Kind uns schlagen möchte. Hier achten wir auf *unsere* Grenze. Im frühen Kindesalter wissen unsere Kinder noch nicht, dass Schlagen wehtut. Das lernen sie erst noch. Umso wichtiger ist es, hier Stopp zu sagen und es auch zu meinen! Das kann man gut über Abstand signalisieren: ein paar Meter zur Seite gehen, sich sammeln. Abstand halten ist ein Lerneffekt, der Kindern nicht wehtut. Das hat übrigens nichts mit Liebesentzug zu tun. So kann man beispielsweise ankündigen, dass man weiterspielen möchte, wenn wieder alles okay ist, wenn das Schlagen und die Wut vorbei sind.

Meine Frau hat sich neulich ungeheuer auf ein Nougatteilchen gefreut. Also habe ich ihr und den Kindern mittags ein paar Köstlichkeiten vom Bäcker mitgebracht. Meine Tochter schnappte sich ein Stück Brezel. Die isst sie meist und nie ganz auf. Die Reste esse immer ich, ich habe noch nie eine ganze Brezel gegessen. Nach dem Essen wird bei uns klar getrennt: Reste in den Biomüll oder in Papa. Aber ich schweife ab.

Meine Tochter durfte vom Nougatteilchen meiner Frau probieren und – klar – wollte es dann komplett haben. Und meine Frau hat es ihr komplett gegeben. Argh! Ich sagte: »Gib ihr doch noch ein Stück ab, aber du hast dich sooo darauf gefreut. Das darf ganz allein deins sein!«

Schauen wir uns in diesem Zusammenhang doch noch einmal den Unterschied zwischen Wunsch und Bedürfnis an. Meine Frau hatte wirklich das dringende Bedürfnis, dieses Teilchen zu essen. Es war ihre Belohnung für einen bisher sehr anstrengenden Tag. Außerdem war es ihres. Unser Kind hatte den Wunsch, es zu essen. Ich hätte mir gewünscht, dass meine Frau hier eine persönliche Grenze gezogen hätte: »Das ist mein Nougatteilchen. Du darfst probieren, aber den Rest esse ich.«

Aber kennen wir unsere Grenzen wirklich? Das liest sich immer so einfach: »Bis hierhin und nicht weiter!« Aber wie weit ist denn »bis hierhin«? Wir kennen oft nur das Zu-weit-Gehen. Ja, wir gehen oft über diese Grenzen hinaus, wenn wir abends nach dem Elternabend noch eine zweistöckige Himbeer-Sahne-Torte mit karamellisierten Pistazien und einer leicht nach Zitrone schmeckenden Buttercreme für das Sommerfest tags darauf backen. Wenn das die große Leidenschaft ist, dann bitte sehr. Wenn es jedoch eine Belastung ist, also eine Last, dann dürfen wir die auch mal ablegen und groggy auf die Couch plumpsen. Die Grenze muss vorher festgelegt sein: Keine Kraft mehr für Kuchen. Mein Tageslimit ist erreicht. Wir sollten schauen, wann unser Höhepunkt der Elternenergie erreicht ist und wir vermehrt Grenzen setzen müssen beziehungswweise auf *uns* achten sollten.

Was andere über uns denken, darf uns auch mal egal sein. Die Herren Coppenrath & Wiese backen rund um die Uhr fantastische Torten. Und wegen irgendwelcher Erwartungen oder um des lieben Friedens willen seine Grenzen zu ignorieren ist definitiv der falsche Weg. Denn letztlich geht es um *uns*. Die in der Kita können ruhig die Augen verdrehen. Eine Tiefkühltorte, wo gibt's denn so was? Bei Coppenrath & Wiese, sag ich doch!

Wo also sind die *wahren* Grenzen? Wie kann man sie frühzeitig erkennen? Ist der Blick zu sehr auf die Familie gerichtet, auf Harmonie und Frieden? Dieser »Harmoniedergang« fängt bei dir an. Betrachte dich genau, lerne dich ein wenig neu kennen und geh wie Alice mal durch den Spiegel durch.

Die meisten Glaubenssätze aus der Kindheit betreffen Erwartungen unserer Eltern, die wir erfüllen mussten, um gut genug zu sein. Ist man nicht der Beste, wird man verurteilt, beschimpft oder sogar bestraft. Die Erziehung früher war auf Gehorsam und Funktionieren des Kindes ausgelegt – das eigentlich gehört werden wollte.

Wenn wir bei unseren Kindern aus der Haut fahren, dürfen wir ihnen hinterher sagen: »Ich wurde laut, weil ich leise nicht durchgedrungen bin. Ich habe mich hilflos gefühlt und kein Gehör gefunden. Ich konnte dir das nicht anders begreiflich machen. Wenn ich dich durch meine Lautstärke erschreckt habe, tut mir das leid.« Am Abend denken wir oft, dass wir wieder zu hart zu den Kindern waren. Aber habt Mitgefühl mit euch selbst. Denn ob ihr es glaubt oder nicht: Eltern sind auch nur Menschen.

Wer als Kind eine hierarchisch dominierte Erziehung mit viel Schreien und Schimpfen »genossen« hat, hat als Erwachsener möglicherweise Probleme mit den folgenden Dingen:

- Impulskontrolle
- Selbstregulation

- Gesunde Beziehungsmuster
- Fähigkeit, die eigenen Gefühle zu spüren und zu benennen

Hier gilt es nachzuarbeiten, was natürlich nicht einfach ist. Ich zum Beispiel versuche, es jedem ständig recht zu machen, und vergesse dabei mich selbst. Ganz erstaunlich eigentlich, dass unsere Kinder oft Nein zu unseren Vorschlägen sagen. Ich würde auch gern öfter Nein sagen, aber ich sage Ja. Wichtig für mich sollte sein, dass ICH der wichtigste Mensch in meinem Leben bin. Ich bin Matthias Jung, und der ist in Ordnung. Anscheinend wirke ich auf andere extrem vertrauenerweckend, denn ich muss im Zug ständig auf Taschen aufpassen, während sich andere eine Currywurst im Bordbistro holen. Vielleicht wirke ich aber auch so blöde, dass man mir einen Diebstahl gar nicht zutraut. Meine Botschaft an euch Eltern: Gebt euer Bestes, aber die beste Mutter oder der beste Vater der Welt müsst ihr nicht sein. Ihr müsst keine Erwartungen erfüllen – besonders nicht gegenüber Menschen, die euch lieben. So, wie ihr seid, seid ihr genau richtig.

Überlegt mal: Was braucht ihr, damit es euch gut geht? Wenn ihr jetzt antwortet: »Zeit mit meinen Kindern« (das sollte in jedem Erziehungsratgeber auf jeden Fall an erster Stelle stehen) oder »Zeit mit meinem Partner« (das sollte in jedem Beziehungsratgeber auf jeden Fall an erster Stelle stehen), sage ich: »Das ist selbstverständlich! Aber jetzt geht es um euch!« Hier meine Antworten darauf:

- Einen Moment der Ruhe. Auch gern als Aussicht oder Vorfreude auf den Abend, als Licht am Horizont.
- Gesellschaft. Mit Freunden weggehen und auch mal nicht über Kinder reden. Kinder reden auch nicht so viel über uns

Eltern. Es gibt – ja, wirklich – noch genügend andere Themen.

- Manchmal ein wenig Bewegung. Ja, kann auch mal in Sport ausarten. Ich spiele gern Basketball. Fitnessstudio mag ich nicht, das stresst mich zu sehr (ist im dritten Stock und hat keinen Aufzug). Unsere Nachbarin meinte neulich, letztens wäre jemand um ihr Haus geschlichen. Darauf ich: »Das war ich. Ich war joggen!« Und habe mich rausgeredet mit dem Kommentar: »Ich wollte unbedingt noch im WLAN-Netz bleiben.«
- Ab und zu Couch und Serien-Marathon. Eigentlich zu jeder Zeit.
- Kurz auf einer Bank sitzen, Augen zumachen. Mitten am Tag. Und ein bisschen was auf die Ohren.
- Das ist meine Liste – du hast deine –, und die hat sich schon beim Lesen gut angefühlt. Oft ist es gar nicht so einfach herauszufinden, was einem guttut. Vielleicht wird die Reise zu dir selbst lang und beschwerlich, und bei Check 24 buchen kannst du sie auch nicht. Trotzdem solltest du sie antreten. Und wenn wir herausgefunden haben, was uns guttut, sollten wir unseren Partner darüber informieren. Der kann das ab.

Häufig setzen wir unseren Kindern zu wenige Grenzen oder sogar gar keine. Wir versuchen, ihnen alles zu ermöglichen. Sie wecken im Restaurant durch immense Lautstärke schlafende Babys auf, der Große läuft um die Tische der anderen Gäste und poltert gegen deren Stühle. Dann dürfen wir hier auch was sagen. In diesen Fällen ist die Grenze dort, wo die Bedürfnisse der anderen anfangen. Kinder dürfen und sollen laut sein. Aber sie brauchen unbedingt Orientierung, um einen sicheren Weg in unsere Gesellschaft zu finden. Wenn Eltern alles ermöglichen, ist irgendwann im Berufsleben für die Kinder nicht mehr alles möglich, weil sie mit den Unmöglichkeiten des Firmenalltags zu kämpfen haben, sprich: Grenzen nie kennengelernt haben.

Selbstwert, Selbstbewusstsein und Selbstwirksamkeit sind wichtig, keine Frage. Kinder brauchen aber auch Stoppschilder, weil sie sonst überfordert und frustriert sind. Unsere Kinder wollen keine Chefs sein. Sie brauchen Führung, und das ist völlig gesund und richtig so. Sie brauchen Sicherheit, einen doppelten Boden. Sie brauchen klare Eltern. Eltern sind eine Bank, idealerweise eine Bank mit einem Liebesherz, in das ihre Anfangsbuchstaben eingeritzt sind. Und ihr dürft den Kindern mitteilen, aus welchem Holz sie geschnitzt ist. Auch ein Nein ist gesund und richtig. Bitte dann aber auch beim Nein bleiben. Ja, ich weiß: Das ist manchmal schwer.

Wenn mein Bedürfnis so groß ist, dass ich das meines Kindes nicht erfüllen kann, setze ich eine Grenze oder verteidige sie. Ich setze mein Bedürfnis wie eine Pflanze in ein Blumenbeet; der andere weiß nun, dass das Beet die Grenze ist. Er darf lernen, nicht auf der Pflanze herumzutrampeln, er darf lernen aufzupassen.

Das Schöne an unseren Grenzen ist, dass sie authentisch sind. Unser Kind wird diese echten Grenzen deutlich besser verstehen und akzeptieren als wahllos gesetzte, willkürliche Grenzen. Unsere Grenzen sprühen vor Leidenschaft und Lebendigkeit oder auch vor Schlappheit, wenn wir unserem Kind sagen: »Ich bin so müde. Ich kann heute keine Geschichte mehr vorlesen. Ich mag auch nicht mehr spielen!« Und insgeheim freut sich unser Kind über so viel Klarheit und letztlich auch Verlässlichkeit. Ich wiederhole: Diese Grenzen sind nie starr, sondern dynamisch, nicht zuletzt deshalb, weil auch die Entwicklung unserer Kinder so rasant voranschreitet.

Authentizität im Umgang mit unseren Kindern ist wichtig. Wenn dein Kind dich haut, darfst du auch mal laut werden. Das ist Authentizität. Das ist das Leben. Eltern sind keine bedürfnisorientierten Vollautomaten, die ihren Kindern die ganze Zeit Milchschaum ums Maul schmieren.

Nach dem Schlagen, Spucken oder Treten unseres Kindes gilt es, Abstand zu halten, aber nicht einfach wegzugehen oder beleidigt abzuziehen. Ein solches Verhalten wäre kindisch – hier käme wieder das innere Kind ins Spiel, das beleidigt ist, weil es wohl wieder nicht gehört wurde. Sei deinem inneren Kind Leitwolf (so nennen Pädagogen das gern) oder Kängurumutter: Nimm dein inneres Kind in deinen Beutel, und auf geht's! Blick nach vorn, nicht zurück. Denn wir kennen uns nun gut genug und wir sind gut genug.

Durch Führung und konsequentes Auftreten bekommen wir ein Standing. Yeah, das liest sich gut. Verhalten wir uns hingegen kindisch, macht dies unserem Kind Angst; es fühlt sich unsicher und nicht ausreichend geschützt, weil wir dann nicht verlässlich sind.

Wenn du dich gut kennst – deine Bedürfnisse, deine Grenzen, deinen Wert – wirst du nicht nur für dein inneres Kind, sondern auch für dein Kind zum Leitwolf. Kinder lernen durch Vorleben. Und sind beeindruckt: Wenn du weißt, was du vom Leben brauchst, ist das ein hohes Gut. Dann wirst du auch für diese Grenzen einstehen wollen, da sie dir ja offensichtlich wichtig sind. Das sind lebendige Eltern. Und auf die hören Kinder wirklich gern, wenn sie auch nicht mit allen Entscheidungen von Mama und Papa einverstanden sein müssen. Wichtig ist, dass du weißt, warum etwas ist, wie es ist, und dies auch deinem Kind mitteilst. Das imponiert. Du kannst dann auch mal sagen: »Mir wird es gerade zu viel.« Das merkt sich dein Kind: »Aha, so macht das die Mama. Find ich okay. Das kann ich auch mal so machen!«

Wenn ich ständig über meine Grenzen hinausgehe, denken die Kinder: »Och, da geht noch was! Scheint für Mama noch okay zu sein. Dann mach ich mal weiter!« Wenn wir hingegen unsere Grenzen wahren, machen das die Kinder auch bald so. Und das ist für ihre Zukunft immens wichtig. So können sie in einer unguten Situation auch mal sagen: »Stopp! Das möchte ich nicht.«

Und was mache ich, wenn meine Mitmenschen hinsichtlich meiner Erziehungsmethoden zu mir sagen: »Du musst mal Grenzen setzen!«? Richtig, dann antworte ich: »Stimmt. Muss ich lernen. Ich fang mal an: Misch dich doch bitte nicht in meine Erziehung ein!« Wie setzen Grenzen, wie wir es im Zusammenleben mit unserer Familie für richtig halten. Ich muss mich nicht rechtfertigen. Die Familie ist für mich etwas Geschlossenes, eine Festung, in der es keinen Platz für Eindringlinge gibt. Doch da Ausnahmen ja immer die Regel bestätigen, muss ich sagen: Einen Eindringling gibt es doch: meine Mutter. Sie ist die ungekrönte Königin der Eindringlinge. »Na, ihr müsst ja wissen, was ihr tut.« Tun wir, danke. »Also bei mir hätte es das nicht gegeben.« Stimmt. Leider. »Das lasst ihr durchgehen?« Ja, stell dir vor. »Macht euch dieses Geschrei nichts aus?« Nein. So lernt das Kind, dass es nicht sofort alles kriegt. »Aber die tanzen euch doch auf der Nase rum!« Ist Bewegung nicht gesund? Und wer das Ausmaß meiner Nase kennt, weiß: Auf dieser Tanzfläche ist viel Platz!

Meine Mutter weiß es nicht besser, sie ist auch mit Gehorsam erzogen worden. Sie durfte nie sagen, wo es langgeht. Ob das der Grund für ihren schlechten Orientierungssinn ist, weiß ich nicht. Der kann auch daran liegen, dass sie unser beschauliches Dörfchen nie verlassen hat.

Lasst euch nicht von Außenstehenden verunsichern, denn das verunsichert auch euer Kind, weil ihr dann anders oder nicht verlässlich handelt. Unsere Kinder sollten wissen: Unser Kind hat eine Stimme, und du darfst die Welt entdecken!

Manche Kinder brauchen manchmal eine gewisse Lautstärke, eine klare und deutliche Ansprache. Der Ton macht die Musik. Aber dazu gehört nicht, unser Kind dabei abzuwerten. Wir kritisieren das Verhalten, nie die Persönlichkeit. Denn das artet meist in Schimpfen aus.

Beim Schimpfen zeigt Groß immer, dass Groß größer ist als Klein. Schimpfen hat immer etwas Richtendes: Von oben herab wird Klein von Groß klein gemacht und klein gehalten. Hier wird dem Kind vermittelt, dass es so, wie es ist, nicht in Ordnung ist. Es ist aber in Ordnung. Wenn Groß versteht, dass Klein nicht klein ist, sondern einfach ein Mensch, dem ich wie ein Mensch mit Größe begegnen und dem ich dabei helfen kann, groß zu werden, wird sich Klein niemals klein fühlen, sondern genau richtig. Schimpfen zeigt nie, wie man ein Verhalten ändern kann, es wertet das Kind lediglich ab. Es hilft uns nicht weiter: Beim Schimpfen lernen Kinder nichts.

KAPITEL 4

Konsequenzen – wir sind Schimpfgegner

Unser Sohn hüpft ständig auf dem Sofa. Das macht sehr viel Spaß, aber die Tochter schaut es sich ab und die ist in ihrem jungen Alter noch nicht so stabil gebaut wie ihr Bruder. Unsere Couch in ihrem fortgeschrittenen Alter übrigens auch nicht.

Also übernehme ich die Führung: Die Couch, liebe Kinder, ist zum Sitzen da. Sie ist kein Sportgerät. Dann würde sie nicht Couch, sondern Trampolin heißen. Eine klare Regel. Ohne Regeln haben es Kinder später sehr schwer. Sie finden keinen Halt und sind in vielen Situationen aufgeschmissen. Und mit Klarheit, Struktur und Authentizität können Regeln auch eingehalten werden. Bei Regeln, die etwas verbieten – zum Beispiel das Herumhüpfen auf der Couch –, ist es gut, eine Alternative anzubieten, über die das Kind im Idealfall sogar mitbestimmen darf. Strafen beim Brechen der Regel helfen da kaum.

Über Strafen möchte ich eigentlich kaum reden. Die sind immer Mist. Sie haben eine trennende Wirkung und schaden der intensiven Bindung. Sie lehren eigentlich nur, dass man eine Handlung aus Gehorsam ausführen muss, und verhindern damit einen stabilen Selbstwert sowie ein stabiles Selbstbewusstsein. Auch für die Zukunft begreifen unsere Kinder dann: Ich durfte nie meine Meinung sagen, dann ist die auch bestimmt schlecht. Deshalb höre ich einfach immer darauf, was andere sagen. Eine solche Lehre erfolgt von oben herab und hat nichts mit Augenhöhe zu tun. Die wahren Bedürfnisse der Eltern sind aus Strafen auch nicht zu erkennen. Strafen unterdrücken Impulse – schlecht für die spätere Impulskontrolle des Kindes – und unterwerfen Bedürfnisse. Sie bewirken letztlich keine Veränderung im Verhalten und bieten keinerlei Erkenntnisgewinn. Ist die Strafe hart, wirkt sie für eine gewisse Zeit, weil das Kind zu viel Angst vor ihr hat. Allerdings hat es keine Ahnung, warum die Regel wichtig ist. Beim Strafen oder, anders ausgedrückt, bei willkürlich gesetzten Grenzen gibt es nur Verlierer.

Meiner Meinung nach sollte sich die direkte Ansprache bei Kindern gar nicht so sehr von der Ansprache bei Erwachsenen unterscheiden. Zu einem guten Freund würde ich auf dem Spielplatz auch nicht sagen: »So! Jetzt ist Schluss hier. Wir gehen jetzt. Es gibt gleich Abendessen. Auf. Los. Sofort! Sonst gibt's kein Fernsehen heute Abend! Ich zähle bis drei.« Nun sind gute Freunde von mir seltener auf Spielplätzen unterwegs, aber wenn, würden sie diese Ansprache sicherlich bevorzugen: »Es ist Zeit, dass wir nach Hause gehen. Ich muss noch kochen und bin schon sehr müde.« Natürlich darf das Kind die laufenden Sandburgarbeiten noch zu Ende führen. Ich fände es auch blöd, wenn mir jemand mitten im Schreiben den Computer abschalten würde.

Wenn wir das so auch unseren Kindern sagen können, sind wir extrem authentisch. Durch eine solche offene Kommunikation befinden sich Erwachsene und Kind auf Augenhöhe und haben eine Verbindung. (Ich merke gerade, dass in meinen Beispielen oft steht, dass ich müde bin. Das ist sehr authentisch, denn das ist ja auch so. Ich hol mir mal eben einen Kaffee, dann schreibe ich weiter …)

So, wieder da. Unser Kind kann sich noch nicht komplett in uns hineinversetzen, aber wenn wir unsere Bedürfnisse erklären, wird es auf Dauer anders reagieren. Oft kommunizieren wir die Lage nicht, denken aber, dass unser Kind uns doch verstehen muss. Ich muss noch kochen – das versteht doch jeder! Wir haben es doch auch schon 38 446 Billionen Mal gesagt.

Häufig sind es die Papas, die gerade das nicht verstehen – man muss ja nicht alles zerreden – oder eher schnell zu Strafen greifen: »Dann nehm ich ihm halt das Tablet ab!« Deshalb liebe Mamas: Drückt ihm dieses Buch in die Hand und sagt: »Lies das mal. Ist kurzweilig und lustig geschrieben! Und es kommen sogar Bayern München, Bier und Grillen darin vor.« (Und zwar genau jetzt. Höhö.)

Prinzipiell tut es Kindern ja gut, verschiedene Charaktere und verschiedene Erziehungsstile im Haus zu haben. Strafen sollten allerdings nicht dazugehören. Ideal wäre, wenn die Partner Lösungen finden könnten, die für beide okay sind. Wenn jeder nur sein Ding durchzieht, verunsichert dies nicht nur eure Beziehung, sondern auch eure Kinder. Natürlich dürfen Eltern auch mal verschiedener Meinung sein. Wenn man als Elternteil in einer Situation die Verantwortung trägt, zum Beispiel weil die Partnerin Mädelsabend mit ihren Freundinnen hat, darf dieses Elternteil in dieser Situation auch entscheiden.

Aber prinzipiell gilt auch: Es darf auch mal ein Elternteil zum Kind halten. Meine Eltern haben immer an einem Strang gezogen. Gut so. Aber da kam ich mir an meinem zarten Schnürchen manchmal etwas allein vor. Es war ja immer zwei gegen einen (meine Hasen Hansi und Lulu nicht mitgezählt).

Und wie ist das nun mit den Konsequenzen? Sind die logisch, unlogisch oder »verkleidete« Strafen? Wie mache ich es denn nun richtig?

Das ist gar nicht so schwer. Auf diese Frage gibt dir der Alltag Antworten. Wenn zum Beispiel meine Tochter an einem Sonntag Bastelmaterialien haben will, können wir in kein Geschäft gehen. Auch wenn sie es vehement fordert. Oder ein anderes Beispiel: Wenn es regnet und man keinen Schirm hat, wird man nass. Da kann ich nichts machen. Das sind natürliche Konsequenzen, und es entstehen dadurch **natürliche Grenzen**.

Zudem ergibt sich im Familienleben des Öfteren eine Situation, in der ich eine Entscheidung treffen muss. Bei der ich ins Handeln kommen muss. Und jede Handlung hat automatisch auch Konsequenzen. Wichtig ist, nicht über jede Entscheidung endlos zu debattieren, denn dann handeln wir entweder gar nicht, zu spät oder viel zu verkopft. »Du kannst nicht ohne Helm Fahrrad fahren. Das ist verboten und auch gefährlich. Wenn du auf den Kopf fällst, geht's ins Krankenhaus!« Punkt.

Solche Situationen inklusive darauffolgenden Schmeißens des Fahrradhelms auf den doofen Papa oder die gemeine Mama ergeben sich einfach aus dem Alltag. Das braucht keinen Namen, das braucht kein Buch, das braucht Handlung, idealerweise im Einklang mit dem gesunden Menschenverstand.

Eine andere Art von Grenze ergibt sich hier. Ich hole meinen älteren Sohn dreimal die Woche vom Fußballtraining ab. Er trödelt, macht noch mit Kumpels ein paar extra Schüsse und kommt oft zwanzig bis dreißig Minuten später an den Treffpunkt. Ich teile ihm mit, dass ich das verstehen kann, gerade außerhalb des Trainings noch ein wenig kicken zu wollen, ich es aber trotzdem gern etwas pünktlicher hätte. Ich warte, bin natürlich mal wieder müde, habe Hunger und möchte nach Hause. Hier ziehe ich meine **persönliche Grenze**. Mittlerweile praktizieren wir einen Kompromiss: Manchmal hole ich ihn ab, manchmal fährt er mit dem Bus. Fürs Warten hat er mir ein Kissen geschenkt, damit ich schon etwas vorschlafen kann. Jetzt warte ich noch darauf, dass er mir im Auto einen Herd einbaut oder mit dem Zigarettenanzünder ein Würstchen grillt.

Wenn aber mein Kind keine Hausaufgaben macht und ich ihm dafür das Tablet entziehe, ist das eine Strafe, eine **willkürliche Grenze**. Was ich hingegen meinem Kind klarmachen sollte, ist, dass der Lehrer nachfragen wird. Und wenn es dann keine Hausaufgaben vorweisen kann, muss es nacharbeiten und/oder bekommt eine schlechte Note. Das wiederum ist dann eine logische Konsequenz.

Hier noch einmal das Wichtigste zum Thema Konsequenzen zusammengefasst:

- Das Drehbuch des Familienlebens steht nicht in Ratgebern, das schreiben ganz allein wir. Und der Sponsor, der die Liebe dazu ausschüttet, ist immer unser Herz.
- Macht euch nicht so viele Gedanken über irgendwelche Formulierungen. Wir blicken heute gern auf die kindliche Entwicklung, bevor wir ins Handeln kommen (kann mein Kind das überhaupt schon können, was ich da erwarte?). Fakt ist aber: Die eine Entwicklung geht schneller, die andere langsamer. Macht einfach.
- Baut Gedankenbürokratie ab. Nicht immerzu an Begrifflichkeiten, das stresst nur. Wir strafen nicht, klar. Aber jetzt kommen wir ins Handeln. Wir erziehen achtsam und empathisch.

Wir können darauf vertrauen, dass unser Kind so keinen großen Schaden nimmt. Wir sind immer in Verbindung mit unserem Kind. Das ist unsere Verantwortung.

- Und der wichtigste Punkt: Wir sehen uns rückblickend unser Verhalten, unsere Entscheidungen und die daraus resultierenden Konsequenzen an. Rückblickend zu reflektieren und analysieren (auch mit Kind) ist das Wichtigste. Wir führen Dialoge darüber auf Augenhöhe, wie mit einem Freund – der Familientherapeut Jesper Juul sagt »gleichwürdig« dazu. Das letzte Wort haben *wir.* Natürlich sind nicht all unsere Entscheidungen Gold. Das ist so, wir sind auch nur Menschen. Aber auch wenn's kacke lief, ist das noch lange keine Kackastrophe. Wir waren immer in Kontakt, immer in Verbindung – mein Kind und ich. Und das zählt.

KAPITEL 5

Kommunikation – wo ein Wille ist, ist auch ein Wort: Nein!

Mein Kind will seine dreckigen Schuhe nicht vor der Tür ausziehen. Ich erkläre, dass der Boden schmutzig wird und es viel Arbeit macht, diesen wieder zu säubern. Mein Kind sagt: »Nein!« Ich denke nicht, dass das Kind sich jetzt denkt: »Ja, geil. Jetzt mache ich meinen Eltern mal schön die Bude dreckig mit meinen Mitbringseln von der Matschwiese!« Das Thema ist unseren Kindern jetzt nur nicht wirklich wichtig. Das Kind will schnell rein, weil es schon einen neuen Spielvorgang im Kopf hat.

Ich sage: »Es stört mich, wenn es unordentlich und schmutzig ist. Ich möchte eine saubere Wohnung, sonst fühle ich mich nicht wohl!« Persönliche Grenze. Und dann schaut man gemeinsam, was zu tun ist. Wir kommen ins Handeln: Ich würde es dieses Mal wohl aufwischen und beim nächsten Mal die Haustür erst öffnen, wenn die Schuhe ausgezogen sind, begleitet von meiner erneuten Erklärung.

Das könnte länger dauern und anstrengender sein, als eine Strafe rauszuhauen. Aber meine Frau sagt glücklicherweise auch nicht zu mir: »Jetzt bring mal deinen Teller in die Küche. Sonst darfst du nicht zu deinen Freunden!« Ich werde das mit dem Teller hinbekommen und unsere Kinder das mit den Schuhen. Spätestens dann, wenn sie eine eigene Wohnung haben. Dann muss man als Eltern auf einmal vor der Tür die Schuhe ausziehen. Ja, diese Zeit wird kommen. Versprochen.

Einige meiner Bekannten und Freunde haben schon erwachsene Kinder, und was die manchmal so raushauen, ist nicht von – Achtung, super Wortwitz! – schlechten Eltern:

»Iss mal mehr Gemüse, Papa, denk an die Vitamine.«

»Setz bitte eine Mütze auf, Mutti, es ist kalt.«

»Ihr könnt noch eine Viertelstunde fernsehen, dann gibt es Essen.«

»Es ist nach acht. Solltet ihr nicht langsam mal heim- und ins Bett gehen?«

Grausame Rache können wir dann später üben, wenn die Enkel uns besucht haben:

»Opa hat gesagt, Schokolade ist gesund, davon wird man klug.«

»Guck mal, ich hab ganz viel Sand vom Spielplatz mitgebracht. Oma hat gesagt, dann kann ich zu Hause damit weiterspielen.«

»Oma und Opa sagen nie Nein. Sie sagen, das sei ungezogen.«

Bleibt man hier im Dialog, in Beziehung, profitieren beide langfristig davon. Wir müssen klar kommunizieren, wo unsere Grenzen sind, und gleichzeitig die Grenzen unserer Kinder wahren. Dafür braucht es Geduld, der Weg ist lang und manchmal steinig und schwer begehbar. Doch dafür werden wir mit Kindern belohnt, die nicht wie eine Maschine Befehle empfangen und ausführen, sondern eigenständig agieren können.

Schon der große Philosoph Roland Kaiser fragte: »Warum hast du nicht Nein gesagt?« Und die Band Fettes Brot wusste schon 1996, dass man statt Ja oder Nein häufig mit Jein antwortet. Eltern machen oft unklare Ansagen und geben ihrem Kind so zunächst einmal Raum für ein Nein. Wir fragen das Kind: »Wollen wir los?« Warum sollte das Kind darauf nicht mit Nein antworten? Wenn wir also dringend loswollen, sollten wir dies auch klar und authentisch so formulieren: »Wir müssen zum Arzt! Ich ziehe dich an. Wir MÜSSEN jetzt los. Jetzt!« Kein großes Bitten, kein Überreden.

Meine Tochter ist oft so in ihrer Fantasiewelt drin, dass ich sie berühren muss, damit sie mich überhaupt wahrnimmt. Wir haben auch einen Timer, der das Ende der Spielzeit ankündigt. Schön ist natürlich, wenn die Kinder mitentscheiden können, zum Beispiel beim Anziehen. Ich gebe meiner Tochter immer zwei Outfits zur Auswahl, zu viele Möglichkeiten überfordern Kinder in diesem Alter. Was nicht heißt, dass es mit nur zwei Auswahlmöglichkeiten immer funktioniert. Sie kann am Ende auch wieder nackig dastehen. Alles schon passiert.

Es kommt immer wieder, dieses Nein. Anziehen – »Nein!«. Schuhe an – »Nein!«. Jacke an – »Nein!«. Windeln wechseln – »Nein!«. Spielplatz gehen – »Nein!«. Oma besuchen – »Ja!« Dafür anziehen – »Nein!«. Höchster Schwierigkeitsgrad: In den Kindersitz rein – natürlich: »Nein!«. Die Kinder machen sich steif und lassen sich nicht biegen.

Da kommt bei den Eltern häufig das Gefühl auf, fremdbestimmt zu sein. Eine eigene Idee, ein eigenes Vorhaben direkt in die Tat umzusetzen und nicht immer wieder auf der Fernbedienung des Lebens auf Pause drücken zu müssen – diese Freiheit haben wir als Eltern leider nicht. Es soll Menschen geben, die sich einfach eine Jacke anziehen und die Wohnung verlassen. Unfassbar. Wir müssen warten, packen, organisieren, überreden, kreativ werden. Wir machen all das natürlich für die wunderbarsten Menschen der Welt, aber es frustriert trotzdem. Weil wir uns oft so hilflos fühlen. Eine groteske Sache: Wir fühlen uns in diesem Moment allein – und wären es auch gern.

Aber die Kinder sind da, auch wenn wir uns noch so sehr wünschen, einmal pünktlich zu einem Termin zu kommen. Einfach mal die Jacke anziehen und aus dem Haus gehen – das ist aber auch wirklich viel verlangt.

Unsere Kinder *denken* groß, *sind* es aber noch nicht. Sie üben in der Autonomiephase, eigene Entscheidungen zu treffen, haben aber keine Ahnung, was sie damit bewirken. Richtig lernen geht aber nur, wenn man es am eigenen Leib erfährt, manchmal im wahrsten Sinne des Wortes. »Keine Socken an. Mist, draußen ist es kalt. Okay, dann halt doch Socken, Mama.« Einen Tag später: »Och nö, Mama, keine Socken. Mir ist so warm!« Bis es dann irgendwann abgespeichert und erlernt ist. Mit Betonung auf irgendwann.

Wir gehen ständig auf unsere Kinder ein, lassen sie diese Erfahrungen machen, und das ist gelinde gesagt eine elterliche Meisterleistung. Es klappt nicht immer. Wir dürfen authentisch sein und auch mal offen sagen, dass es uns nervt. (Das will man eigentlich immer sagen, da man muss sich schon ein bisschen zusammenreißen.)

Mein Sohn wollte mal das Shampoo trinken, woraufhin ich es ihm direkt aus der Hand gerissen habe. Doch eigentlich fängt hier die Kommunikation an: erklären, eventuell Alternative anbieten wie: Erst muss die Seife aufgegessen werden. Scherz. Erst dann besteht die Chance zu Kooperation und Lerneffekt. Ein gefühlter (!) Moment des Abstands tut uns an dieser Stelle vielleicht auch ganz gut.

Natürlich hat sich unser Leben mit Kind verändert. Doch müssen wir dem Kind damit noch lange nicht unsere Welt zu Füßen legen. In unserer Familie sind alle gleichberechtigt. Das Kind braucht nur unsere Liebe, der Rest kommt von selbst. Manchmal sollten wir darauf und vor allem auch unserem Kind vertrauen, dass es neue Dinge kennenlernt und gute Entscheidungen trifft. Shampoo zu trinken ist keine gute Entscheidung. Aber dann sind wir da und lenken das Auto wieder zurück auf die Straße. Es wird. Eltern haben eine Verantwortung für ihre Kinder, doch seht die wie ein Kännchen Milch: Macht nicht zu viel in euren Kaffee. Dann werdet ihr zu streng, der Kaffee wird kalt und die Beziehung zu eurem Kind auch.

Oft haben Eltern auch Schuldgefühle und denken, sie seien Egoisten, wenn sie ihre Bedürfnisse geltend machten. Da geht es mir nicht anders. Mein Sohn ist 13, und ich habe das Gefühl, mich nicht gut genug um ihn zu kümmern, obwohl er das natürlich auch gar nicht mehr so will. Aber es gefällt ihm immer noch. Man holt sich in der Pubertät auch viele Körbe und viele Neins ab, aber unser Kind weiß, dass wir gefragt haben. Denn darum geht es: Unsere Kinder sollen wissen, dass wir stets im Windschatten mitlaufen, wie ein Caddy beim Golf. Am Anfang brauchen sie ständig Hilfe beim Aussuchen des Schlägers, haben keine Ahnung und besitzen in der Familie noch keine »Platzreife«. Aber es wird besser. Irgendwann brauchen sie uns nicht mehr so oft, und wir sollten akzeptieren, wenn sie sagen: »Ist okay, Papa, ich nehm den Schläger. Damit haue ich ihn ins Loch rein! Oh nein, sorry, wollte dir nicht den Arm abschlagen. Hast du jetzt ein Handicap?« (findet er lustig).

Früher sind wir bei jedem Mucks aufgesprungen, jetzt können wir uns die Zeit nehmen, einmal ganz allein aufs Klo zu gehen. Ohne Kind und ohne Schuldgefühle. Mit der Zeit bekommen wir mehr Zeit zurück.

Das ist natürlich eine schleichende Veränderung, Wir sagen ja nicht: »Jetzt bist du vier. Jetzt darfst du gern vor der Toilette warten! Papa macht das jetzt allein.« Es passiert einfach. Wir merken nicht, dass sich die Spielregeln des großen Familienspiels geändert haben. Wir bekommen nicht alle paar Monate eine neue Spielanleitung zugeschickt. Das kindzentrierte Verhalten wird weniger, aber man kann das an keinem Alter festmachen. Also schwimmen wir da durch und balancieren unsere Bedürfnisse mit denen unserer Kinder aus.

Macht euch dabei bitte klar: Wir vernachlässigen nicht, wir sind immer da, wir haben immer die Schläger dabei, aber wir achten auch auf uns. Und das dürfen wir auch, insbesondere wenn unsere Kinder allmählich älter und selbstständiger werden. Es kann nicht oft genug wiederholt werden: Erst die eigenen Bedürfnisse wahrnehmen, also auf Selbstfürsorge achten, dann die Führung übernehmen und auf Augenhöhe begleiten. Wir sollten uns niemals komplett vergessen.

Manchmal ist das Nein meines Kindes auch nur ein Kurzzeit-Nein. Dann gebe ich dem Raum, und mein Kind bekommt auch Aufmerksamkeit, doch meist hat es so schnell keine Lust mehr auf sein Nein und drückt es mir wie Bonbonpapier einfach in die Hand: »Hier ist mein Nein. Kannste wegschmeißen!«

Wie das Nein in den Wald schreit, so schallt es heraus. Will sagen: Indem ich auf das Nein meines Kindes reagiere, es nicht abtue, sondern ernst nehme und damit Kooperationswillen zeige, lernt mein Kind, dass es bei meinem Nein auch Kooperation zeigen darf und nicht unbedingt auf Widerstand gehen muss.

Es ist für unser Kind immer schön, wenn es eine Wahl hat. Wir müssen los, aber du darfst entscheiden, unter welchen Bedingungen. Damit meinen wir keinen Limousinenservice, auch Häppchen und Kaviar müssen während des Schuheanziehens nicht gereicht werden. Wir thematisieren nicht das eigentliche Vorhaben, sondern bieten Alternativen an. »Magst du in den Kinderwagen oder magst du laufen?« »Was hältst du eigentlich von der Globalisierung, und wie geht es mit dem Klimawandel weiter?« Nee, das ist zu viel. Aber ob es im Wagen etwas trinken möchte oder essen, das kann man schon fragen. Das hat viel von »in ein Gespräch verwickeln« oder, positiver ausgedrückt: in Erziehung gehen, durch Bindung und Dialog, der zum aktiven Handeln führt. Es muss etwas gemacht werden, aber das Kind darf das Wie mitentscheiden. Nebenbei erwähnt: Das Wort »nicht« verstehen Kinder oft nicht und überhören es oft. Das ist nicht böse gemeint. Formulieren wir doch einfach positiv das, was wir von den Kindern erwarten.

Hin und wieder ist auch Kreativität gefragt, zum Beispiel in Form von vom Spielplatz nach Hause gehen mit Feuerwehrsirene und mir als Feuerwehrmann Sam. Das ist etwas Besonderes. Man sollte nur nicht allzu weit mit seiner Sirene vorauseilen und sich vom Kind entfernen, sonst sind die Blicke der Passanten auch sehr besonders, und sie holen dann ein echtes Auto mit echter Sirene.

Auf dem Spielplatz kann man sich gern auch verabschieden: »Tschüs, Schaukel, tschüs, Rutsche.« Es bleibt allerdings zu hoffen, dass sich das Verabschieden von Dingen nicht ausweitet. Sonst kann sich so ein Check-out im Urlaub schon sehr lange hinziehen. Eine Spielplatzmutter hat sich mit ihrem Kind vor dem Nachhauseweg ständig von allem verabschiedet: »Tschüs, Schaukel, tschüs Rutsche, tschüs Sand, tschüs Klettergerüst.«

Himmel! Mit diesen Leuten würde ich nie in ein Möbelhaus gehen. Und trotzdem: Verabschieden ist immer wichtig. Und Abschiede müssen ja auch nicht immer traurig sein. Man kann dabei positiv Bilanz ziehen und einen positiven Ausblick schaffen: »Wir haben so eine tolle Sandburg gebaut! Wir müssen jetzt los, aber ich finde, wir sollten sehr bald wieder herkommen!« Damit vermittelt man dem Kind auch gleich: Was wir tun, ist wichtig, aber was wir dabei denken und fühlen, ist ebenso wichtig. Das bringt Stimmung in die Sprache. Auch kreative »Trailer« zum Abendprogramm kommen gut an. »Wenn wir jetzt nach Hause gehen, kannst du heute Abend mit dem Papa puzzeln. Und zwar das ›Eiskönigin-II-Puzzle‹!«.

Wichtig ist, wie gesagt, dass wir dabei nicht rumeiern. Wir verwenden klare Ich-Sätze, um den Kindern klarzumachen, was man gerade möchte. Rumeiern kann man in der Politik oder an Ostern, aber nicht in der Erziehung.

Es ist oft nicht einfach, die Sätze etwas positiver zu formulieren. Da kann man eher schon von Schwierigkeitsgrad 10 sprechen. »Bleib auf dem Bürgersteig!« statt: »Runter von der Straße!« ist noch machbar. Da ist »Bleibt mit eurem Rücken an der Lehne!« statt: »Nicht im Auto rumhampeln!« schon schwieriger. Wenn wir das jedoch schaffen, sind wir weniger im Mecker-Modus und es geht uns danach auch etwas besser. Mir fiel auf, dass ich bei positiv formulierten Sätzen auch leiser bleibe und die Kinder trotzdem wissen, was ich von ihnen erwarte.

Das kann man übrigens nicht nur in der Erziehung, sondern auch im Nachbarschaftsstreit mal ausprobieren: Statt: »Machen Sie die scheiß Musik leiser!« einfach mal sagen: »Ich habe es am Abend gern ruhiger!«. Nicht: »Ihr Hund hat in meinen Garten geschissen!«, sondern: »Mein Rasen mag keinen organischen

Dünger!«. Auf einem Sportplatz stand mal nicht: »Runter vom Rasen!«, sondern: »Der Rasen möchte lediglich beobachtet werden.« Fand ich hübsch. Am Ende geht Authentizität trotzdem vor pädagogisch wertvoll. Aber probieren geht immer.

Zudem lohnt es sich, einmal genauer hinzuschauen, was man sprachlich so vorlebt. Meine Tochter sagte mal: »Du sollst mich anschnallen!« Das klang wie ein Befehl. Fand ich doof. Aber einen Tag später sagte ich zu ihr: »Soll ich dir mit dem Anschnallen helfen?« Da war es wieder, das »Soll«. Meine Tochter hatte schlicht meine Wortwahl übernommen. Kommt vor. Zum Kacka nochmal.

Manchmal ärgern sich die Kinder auch, können das aber noch nicht so gut verbalisieren. Sie sagen dann vielleicht: »Mama, sei jetzt endlich still!«, »Mama, das sollst du nicht sagen!« oder: »Mama, du bist so doof!«, wenn sie eigentlich sagen wollen: »Lass mich bitte mal kurz in Ruhe.« Wir erkennen das und ziehen auch mal wortlos von dannen, bleiben aber natürlich in der Nähe. Manchmal ist es aber auch gar nicht so einfach, hinter die Sprache unseres Kindes zu schauen. Zumal ja auch immer sehr viel nonverbal passiert.

Seid auch nicht irritiert, wenn ihr doch einmal mit eurem Kind geschimpft habt und das Kind als Reaktion darauf grinst. Denkt nicht: Was soll denn jetzt auch noch dieses freche Grinsen? Das ist eine Beschwichtigungsgeste. Das Kind weiß gerade nicht, was abgeht, will aber, dass alles gut ist. Also lächelt es. Das Lächeln ist ein Ausdruck seiner Unsicherheit. Hier braucht das Kind mehr Informationen von uns.

Manchmal fällt unser kleines Kind hin, überlegt kurz und fängt dann an zu heulen. Und wir denken: Macht der jetzt aber ein Drama daraus! Männerschnupfen junior, oder was? Was der

Senior hier nicht bedenkt, ist, dass sich unser Kind nach dem Fallen in unserem Gesicht rückversichert, was los ist. Wenn wir entsetzt schauen, verunsichert dies das Kind und es reagiert entsprechend. Was du mit deinem Gesicht erzählst, entscheidet also mit darüber, wie dein Kind reagiert. Wir ordnen immer für unser Kind ein.

Das heißt natürlich nicht, dass man immer lächeln oder lachen sollte, egal was passiert. Unter anderem in den folgenden Situationen sollte man das auf keinen Fall tun:

- Wenn das Kind dabei ist, in ein Lagerfeuer zu fallen
- Wenn das Kind von der Raststätte auf die Autobahn zuläuft
- Wenn das Kind während eines Besuchs bei Bekannten, die im 13. Stock wohnen, auf dem Balkongeländer »nur ein bisschen rumhopsen« möchte
- Wenn das Kind während einer Tretbootfahrt auf irgendeinem Weiher ins Wasser fällt
- Wenn sich das Kind, warum auch immer, plötzlich in der Einflugschneise eines Flughafens befindet

Ja, man könnte hier noch stundenlang weiter »Wenn das Kind …« schreiben und dabei vor Freude darüber, dass das zum Glück nicht passiert ist, lächeln.

Kommen wir nun zu einem Thema, das viele Eltern beschäftigt: Was ist, wenn mein Kind mich anlügt? Erst mal: Glückwunsch! Euer Kind hat einen wichtigen Schritt in der Hirnentwicklung getan. Es weiß jetzt, dass zwei Menschen unterschiedliche Dinge wissen können. Das ist wirklich (meine ich ernst) positiv zu sehen. Und manchmal experimentieren Kinder mit dieser neuen Erkenntnis. Das ist normal.

Grundsätzlich gilt erst einmal: Im Zweifel für den Angeklagten. Ich glaube meinem Kind erst einmal, was es mir erzählt. Ich frage aber auch nach, ob das, was es mir da gerade erzählt, wahr ist oder nicht. War es nicht wahr, gibt es das meist im Nachhinein zu, und dann bedanke ich mich für die Ehrlichkeit. Wir können auch gern erklären, welche Folgen das Lügen hat und wie sich andere dabei fühlen.

Wenn bei Familien viel mit Strafen erzogen wird, lügen die Kinder oft, um etwas zu erreichen, was sie gern hätten. Mit Ehrlichkeit kommen sie hier wohl nicht weit und so lügen sie eben. Dann hat Mama sie auch weiterhin lieb.

Wir Eltern können versuchen, auf Augenhöhe zu erziehen und eine gute, ehrliche Beziehung und Bindung aufzubauen, damit das Kind aufhört zu lügen, weil es einsieht (und wir dies auch vorleben), dass es bessere Wege gibt, als zu lügen.

Übrigens, nicht vergessen: Auch wir Eltern lügen. Ja, doch, doch. Denkt mal an den Weihnachtsmann, an Zahn- und Schnullerfee, an den Osterhasen. Aber: ist es nicht schön, solche Rituale zu haben? Ohne Lügen gäbe es keine Schnullerbäume, das ist eine Tatsache. Manchmal ist der Zauber der Lüge schlicht viel schöner als die graue Realität!

Was ist, wenn mein Kind einem anderen Kind beispielsweise ein Auto kaputtgemacht hat und sich eigentlich entschuldigen sollte? Dann zwingt es bitte nicht dazu – eine solche Entschuldigung ist nicht echt, die Kinder entschuldigen sich nur, weil die Eltern das so wollen. »Kevin, entschuldige dich bitte bei Sören!« »Entschuldigung!« Kevin hätte genauso gut »Wackelpudding« oder »Wasserrutsche« sagen können, das hätte für ihn keinen Unterschied gemacht. In solchen Situationen habe ich mich immer für das Verhalten meines Kindes entschuldigt. Mein Kind durfte daraus lernen und hat auch daraus gelernt. Später wird sich unser Kind entschuldigen, obwohl keiner dies verlangt hat.

Ich stelle mir gerade zwei Bäraffen vor.

Der eine Bäraffe ist schwarz und hat zwei süße Äuglein, ist sonst aber recht schlicht gehalten. Auch der andere Bäraffe, der grau ist, kommt eher unauffällig daher. Sie sehen vielleicht gar nicht so fröhlich aus, aber haben ein total sympathisches Wesen.

Der eine Bäraffe heißt Wenn, der andere Dann. Die beiden freuen sich immer, wie viele andere Wörter auch, wenn sie von Menschen benutzt werden. Und das passiert oft. Aber in der bedürfnisorientierten Erziehung wird die Benutzung dieser Wörter infrage gestellt. Unsere Bäraffen Wenn und Dann sind sehr traurig, dass sich Pädagogen und Eltern mit ihnen so schwertun. Sie tun doch keinem was. Im Gegenteil: Sie helfen, Leben zu retten. »Wenn wir an der Straße nicht nach links und rechts gucken, dann kann uns ein Auto überfahren!«

Im Kontext bleiben ist richtig und wichtig. Und das tun wir immer. Nur bei Kindern passiert es oft, dass wir abdriften. »Wenn du jetzt nicht aufisst, dann gibt's morgen schlechtes

Wetter!« Das ist außerhalb des Kontextes, und das würden wir auch nicht zu einem Erwachsenen sagen. Und auch bei Kindern können wir uns diesen falschen Kontext gern abgewöhnen.

Manchmal braucht man unsere Bäraffen gar nicht. »Die Erde ist schmutzig. Matsch essen macht bestimmt Bauchschmerzen. Ich möchte, dass du das lässt!« Manchmal aber passen sie perfekt, und dann freuen sie sich sehr. Man muss inhaltlich korrekte Sätze auch nicht krampfhaft umformulieren, nur um Wenn und Dann zu vermeiden. Das strengt an und authentisch kommt es auch nicht rüber. Wenn man dem Kind beispielsweise etwas erklären muss, dürfen Wenn und Dann ruhig zum Einsatz kommen. An dem Satz: »Wenn du Wasserfarbenwasser trinkst, dann bekommst du Bauchschmerzen« gibt es überhaupt nichts auszusetzen. Ebenso wenig wie an dem Satz: »Wenn du keinen Fahrradhelm trägst, dann kannst du dich beim Sturz schwer verletzen.«

Dann kann es passieren, dass das Kind es trotzdem tut oder nicht tut. Notfalls muss man manchmal auch die Führung übernehmen. Den Frust muss das Kind aushalten, und den begleiten wir durch ein Gespräch zu einem späteren Zeitpunkt. So wird dein Handeln deinem Kind in all den Jahren mehr und mehr begreiflich gemacht. Und wenn es geklappt hat, dann darf man gern sagen: »Danke, dass du deinen Helm trägst. Jetzt fühle ich mich viel besser!«

Vermeiden sollte man alles, was mit Manipulation, Bestrafung und Drohung zu tun hat. Das liegt auch außerhalb des Kontextes. »Wenn du jetzt nicht zum Essen kommst, dann gibt es zwei Tage kein Fernsehen!« Unsinnig ist es bei völlig sinnlosen Strafen. Das wollen unsere Puppen auch nicht. Sie stehen für Sicherheit, Zuversicht und Nähe.

KAPITEL 6

Familie – ziemlich beste Geschwister

»Ich will vorn sitzen.« »Ich will im Aufzug drücken.« »Meine Schwester nervt – die atmet so laut!« Oder anders gesagt: Wer in seiner Wohnung den Lichtschalter fürs Klo außen anbringt, hatte nie Geschwister.

Auf einmal sind sie da! Jetzt muss man teilen lernen, ganz nach dem bekannten Motto: »Geteiltes Leid ist doppeltes Leid«. Und es gilt die Regel: Entweder ist man schnell oder man hat Pech. Dabei hätte doch alles weiter so ruhig ablaufen können, liebe Eltern. Aber jetzt wohnt plötzlich noch jemand hier. Habt ihr euch das auch gut überlegt? Zahlt dieses Baby Miete?

Als Bruder oder Schwester hat man vieles nicht mehr exklusiv für sich. Zum Beispiel den Sitz vorn im Auto. Zum Glück gibt es dafür eine Lösung: Das eine Kind sitzt auf der Hinfahrt vorn, das andere auf der Rückfahrt. Aber was macht man, wenn man drei Kinder hat? Hilfe! Als Bruder oder Schwester muss man (plötzlich) alles teilen: die Zeit mit den Eltern, die Geschenke, die Wohnung, die Kekse – es sei denn, man leckt sie alle schnell genug an (also die Kekse). Als Eltern da einen klaren Standpunkt zu vertreten und keine »Prinzenrolle« rückwärts zu machen ist gar nicht so einfach. Macht euch klar: Wir versuchen, gerecht zu sein, wissen aber, dass wir es nie ganz sein können.

Das Gute an der Sache ist, dass die Kinder Streitigkeiten und Konflikte in einem sicheren Bereich, nämlich im Rahmen der Familie, ausprobieren können. Dabei dürfen und sollen sie Konfliktfähigkeit entwickeln und sich darin üben. Anstrengend bleibt es trotzdem. Mein Sohn hat eine kleine Schwester, ich weiß also, wovon ich schreibe.

Ist das Geschwisterchen da, muss man sich als Kind erst einmal zurechtfinden. Das klingt mitunter dann sehr lustig:

»Können wir die umtauschen? Ich will einen Bruder.«

»Der schläft aber nicht in meinem Zimmer!«

»So groß ist unsere Wohnung nun auch wieder nicht.«

»Er kann ja noch nicht mal Playstation.«

»So. Das war jetzt lange genug.«

»Warum habt ihr denn nicht stattdessen ein Auto gekauft?«

»Ich will bei Oma und Opa wohnen.«

»Hab ich euch nicht gereicht?«

Natürlich legt sich das mit der Zeit, und natürlich akzeptieren die älteren Kinder irgendwann die jüngeren Geschwister. Man muss Geduld haben. Wenn zum Beispiel der große Bruder merkt, dass er von der kleinen Schwester bewundert wird, fühlt er sich, wie er ist: groß. Also bitte nicht zu verbissen an die Sache rangehen.

Wird einem klar, dass der Thron ab jetzt Platz für zwei haben muss, ist das erst mal schwer zu verkraften. Da kann es schon mal zu Wutanfällen kommen. Außerdem müssen Geschwister zwar zusammenleben, deswegen aber noch lange nicht zusammenpassen. Natürlich kommt es hin und wieder auch vor, dass ich zu meiner Frau renne und sage: »Schatz, schau mal, sie spielen gerade so schön zusammen!« Dann lächeln wir uns an und denken: »Alles richtig gemacht«. Zwei Sekunden später allerdings kann die Situation schon wieder eskalieren. Geschwister buhlen um die Gunst der Eltern. Sie sind Rivalen. Es geht um ihre Position, darum, zu wem die Eltern »halten«: »Nur dass keine Missverständnisse aufkommen: Ich habe nicht um das Baby gebeten! Das war ganz allein eure Entscheidung.« Die Ankunft des neuen Erdbewohners hat alles durcheinandergebracht, sie hat die Familie durcheinandergewirbelt. Die älteren Kinder müssen neu ankommen, obwohl sie bereits da sind. Und das ist alles andere als einfach.

Wenn die gesamte Familie erkennen muss, dass jetzt alle weniger Zeit füreinander haben werden, grenzt das schon an Trauerarbeit. Insbesondere muss verinnerlicht werden, dass sich Mama jetzt vermehrt um das Baby kümmern muss. Das nützt es auch nichts, den älteren Kindern das Baby schmackhaft machen zu wollen – schließlich sind wir hier nicht bei QVC. Es ist ihnen egal, wie unfassbar süß das Baby ist, sie sind eher genervt vom Getue der Umgebung: »Oooooh, die Augen hat sie vom Papa. Und die Nase von der Mama! Ui, war das ein Pups? Fein!« (Man stelle sich vor, Erwachsene würden das zu Erwachsenen sagen, am besten in der S-Bahn: »Ui, war das ein Pups? Fein!«)

Die älteren Kinder sind nicht nur genervt, sie dürfen das auch sein. Wenn dann beispielsweise der Vater sagt: »Ich finde es momentan gerade sehr anstrengend und bin megamüde!«, fühlt sich das ältere Kind in seinen Gefühlen gesehen. Und das wünscht es sich. Es braucht und möchte weiter Aufmerksamkeit, die es einfordert, notfalls auch auf negative Art und Weise. Gebt eurem älteren Kind Zeit. Fangt es auf, schenkt ihm Nähe, sprecht mit ihm und schimpft es nicht. Muss kritisiert werden, dann kritisiert das Verhalten, nicht die Person. Besonders schwer hat es das ältere Kind, wenn der Abstand zum Geschwisterchen nicht groß ist. Dann sind eventuell noch nicht alle eigenen Bedürfnisse befriedigt, und schon stehen die Bedürfnisse eines anderen Kindes im Mittelpunkt. Denkt immer daran: Jedes Kind ist ein Original.

Wenn es bei uns einmal eskaliert, trennen wir die Streithähne und reagieren wie ein Boxringrichter oder Bademeister: Wir schicken sie erst mal kommentarlos zum Duschen bzw. aufs Zimmer. Ins Becken springen würde ich nur im Notfall, nur wenn Gefahr im Verzug wäre, also bevor jemand brennt oder aus dem Fenster geworfen wird. Die Kinder wollen, dass man sich positioniert, dass die Eltern zu ihnen halten. Besser ist es, sich alle erst einmal etwas beruhigen zu lassen und die Parteien später bei einer Portion Schwimmbad-Pommes getrennt zu befragen. Das sollte aber kein Verhör, sondern eher ein Nachhorchen sein: »Seid ihr euch einig geworden oder braucht ihr noch Hilfe? Ich weiß, dass Niko gern mit dir spielen wollte, Nina, dass du aber lieber allein gespielt hast. Das musst du dann so akzeptieren, Niko, da fällt mir auch keine Lösung ein.« Kompetentes Keine-Ahnung-Haben – das ist Authentizität pur und letztlich das Leben. Wir geben keinem Kind die Schuld, wir schauen uns die Situation an. Keiner wird gezwungen, mit dem anderen zu spielen, allerdings dürfen wir sagen: »Ich würde gern in Ruhe das Abendessen vorbereiten. Darf der Kleine solange bei dir mitspielen?« Wenn er darf, bedanken wir uns dafür.

Bei körperlichen Auseinandersetzungen müssen wir oft schneller eingreifen. Verbal halten wir eher mal aus. Das kann auch geübt werden: 21 … 22 … sagen und dann erst hingehen. Etwas länger warten. Wir müssen auch nicht bei *jedem* Streit hinrennen. Wir dürfen auch mal *kein* Fass aufmachen. Manchmal ist ein Streit schneller zu Ende, wenn sich die Eltern nicht einmischen – eine weitere Übung für unsere Kinder, im geschützten Kreis der Familie Frustrationstoleranz zu erlernen.

Ich finde übrigens auch, dass das ältere Kind nicht per se alles teilen muss. Ich selbst habe eine Lieblingstasse, die außer mir niemand benutzen darf. Darauf ist ein Spermium abgebildet, und darunter steht: »Alles Gute zum Vatertag wünscht dir dein bester Schwimmer!« Ein Geschenk meines ältesten Sohnes. Meine Tochter nennt sie immer die Tasse mit dem Gespenst. Doch natürlich muss man auch das nicht so eng sehen. Als eines meiner Kinder krank war, habe ich zu ihm gesagt: »Ich habe noch mal drüber nachgedacht. Du liegst jetzt schon so lange im Bett, vielleicht hilft dir der Tee aus meiner Zaubertasse!« Er hat geholfen.

Alles in allem ist ein neues Geschwisterchen also keine einfache Zeit für die Familie. Während das jüngste Kind das Gefühl hat: »Alle machen alles für mich!«, denkt das ältere Kind: »Keiner macht mehr was für mich. Aber ich muss immer alles für die anderen machen und dann auch noch mit dem doofen Baby spielen, das sowieso nur brabbelt!« Erst die Autonomiephase mit dem Drang, eigene Dinge zu gestalten, und dann das Baby, das dem älteren Kind zeigt, dass es jetzt nicht mehr so läuft wie erhofft und dass es sich ständig hinten anstellen muss. Das frustriert.

Deshalb tun wir gut daran, gemeinsame Papa- oder Mamazeiten mit dem älteren Kind zu planen, ihm das Gefühl zu vermitteln, dass alle Kinder gleich wichtig für die Eltern sind. Sucht nach einer persönlichen Verbindung mit eurem älteren Kind, etwa wenn das Baby schläft. Das kann ein kleines, kurzes Ritual sein. Aber das ist nur für euch. Das ist euer Tresor, von dem nur ihr beiden die Kombination kennt. Ein Lied, ein Gebet, ein Schnick-Schnack-Schnuck-Spiel. Sagt dabei immer wieder Sätze wie: »Ich bin so froh, dass es dich gibt!«, sie tun dem ersten Kind unendlich gut. Signalisiert dem älteren Kind außerdem, dass ihr es im Blick habt: »Du bist in letzter Zeit sehr wütend und/oder traurig. Ich merke das. Bitte sag mir, wenn ich da irgendwas tun kann, sag mir Bescheid. Ich liebe dich sehr!«

Zudem ist es wichtig, keine Vergleiche anzustellen: »Du bist nun mal älter, du musst so und so handeln … deine Schwester ist ja noch so klein!« In dieser Weise sollten die Geschwister nicht in Beziehung gesetzt und gegeneinander ausgespielt werden. Überfordert das Kind auch nicht, indem ihr es zu oft mit einbindet. Das ist manchmal gut, manchmal aber auch nicht. Mein Sohn hat einmal seine Schwester wickeln dürfen. Hat super geklappt: Der Turban stand ihr sehr gut.

Sehr wichtig ist darüber hinaus, dass ihr als Eltern dem älteren Kind gegenüber keine Schuldgefühle entwickelt. Es ist schlicht und ergreifend so, dass ein Kind immer zu kurz kommt. Und am Anfang ist das nun mal meist das ältere Kind. Ihr habt euch für ein zweites Kind entschieden. Das hat sich richtig angefühlt und das ist auch richtig so. Die logische Konsequenz dieser Entscheidung ist jedoch, dass nicht alle Kinder immer gleich viel Aufmerksamkeit bekommen können. Auch das ist richtig. Steht zu eurer Entscheidung und schaut, wie ihr das als Familie stemmen könnt. So wird es allen besser gehen.

Parallel haben wir Verständnis für den neuen Lebensabschnitt mit Bruder oder Schwester. Unsere Kinder brauchen Verständnis, Liebe, Nähe und ganz viele offene Ohren. Wir müssen nicht jedem unangemessenen Verhalten eine Diagnose zuordnen. Oft braucht es einfach nur Geduld, Zeit und viel Zuhören.

Wir alle wissen: Nach der Geburt braucht das Baby sehr viel Aufmerksamkeit. Das ist ein tiefer Einschnitt für das ältere Kind. Und dass es darüber traurig ist, finde ich legitim. Ich hätte mich eher gewundert, wenn es anders gewesen wäre: »Meine Schwester ist da. Großartig. Dann könnt ihr jetzt ganz viel Zeit mit ihr verbringen. Ich komme klar. Wenn ihr Hilfe braucht, meldet euch!« Nein, mein Sohn ist ausgerastet, er hat sich seinen Schnuller zurückgeholt. Er wollte auch wieder Kind sein, klein wie das Baby. Damit wir ihm auch wieder so viel Aufmerksamkeit schenken. Traurig, nicht? Wir konnten das auch nicht mehr mit ansehen und haben ihn zur Adoption freigegeben. Kleiner Scherz.

Ich darf mir und meinem Kind Traurigkeit zumuten. Wir denken immer: Ich darf mein Kind nicht traurig machen. Doch das ist unmöglich, gerade bei der Entthronung. Das Leben findet nun einmal nicht permanent in einer Hüpfburg statt. Es wird alle Emotionen hervorrufen, die wir in uns tragen. Sein Kind nicht traurig zu machen kann kein Maßstab für die Erziehung und kein Qualitätsmerkmal fürs Elternsein sein. Mit Traurigkeit klarzukommen ist kein einfacher, aber ein wichtiger Schritt für unser Kind. Darf das Kind nicht traurig sein, lernt es, derlei Gefühle in Zukunft zu unterdrücken und zu verstecken. Doch das Leben ist Freude *und* Leid, und die Erkenntnis, aus dem Leid auch wieder rauskommen und gut weiterleben zu können, ist schlechterdings unbezahlbar. Auch negative Gefühle sind okay. Und niemand ist gleich ein schlechter Mensch, nur weil er ab und zu mal wütend ist. ODER ETWA NICHT?!

Wir können unserem älteren Kind weiter wertschätzend gegenüberstehen. Gerade wenn das Baby etwas braucht, aber noch ein paar Momente warten kann, darf man sagen: »Ich muss dem Baby gleich die Windeln wechseln. Brauchst du noch irgendwas, bevor ich das mache? Einen kleinen Snack vielleicht? Oder sollen wir das *Pixie*-Buch noch lesen?« Damit zeigt man, dass die Bedürfnisse des älteren Kindes auch einmal vorgehen dürfen. Und das wird ihm guttun.

Wie können wir als Familie mit der schwierigeren neuen Familiensituation umgehen, die ein Baby automatisch mit sich bringt?

- Im ersten halben Jahr ist es dem Baby ziemlich egal, wer ihm gerade Nähe schenkt. Das kann auch das Dorf sein, also Oma, Opa, die Patentante, der Briefträger, der Mann von den Stadtwerken, der den Gaszähler abliest, oder die Frau, die uns ein Zeitschriftenabo verkaufen will. Das Baby braucht nicht unbedingt die Nähe von Mama, sondern schlicht einen Menschen, der sich liebevoll um den kleinen Wurm kümmert. Bindet also das Dorf mit ein!
- Ein größerer zeitlicher Abstand zwischen den Geschwistern ist durchaus sinnvoll, denn dann braucht das ältere Kind schon nicht mehr die permanente Bindung zum Elternteil. Häufig denken Eltern, bei einem kürzeren zeitlichen Abstand könnten die Kinder besser miteinander spielen. Dieser Plan geht allerdings nicht immer auf, was auch die Wissenschaft belegt. Dieser zufolge liegt der ideale Abstand bei zweieinhalb bis dreieinhalb Jahren.

Zwischen meinem Bruder und mir liegen über elf Jahre. Da waren meine Eltern ganz schön clever: Mit einem solchen Altersunterschied ist man kein großer Bruder mehr, man wird direkt als Babysitter verpflichtet. Für meinen Bruder war das super. Er musste zwar meine alten Klamotten auftragen, aber die waren zu dieser Zeit dann schon wieder modern. Für mich war der riesige Abstand nicht immer einfach. Ich glaube, letztes Jahr war der erste Geburtstag, zu dem er mir kein Bild gemalt hat.

Sind die Kinder näher zusammen, versteht das ältere Kind oft nicht, warum das gemeinsame Spielen unterbrochen werden muss, da das Baby schreit. Warum gilt immer: Babies first? Daraus entstehen dann meist Rivalität und Konkurrenz, die bis ins Erwachsenenalter hinein anhalten können. Am besten ist es, das ältere Kind erst gut in der Autonomiephase ankommen zu lassen und dann ein Geschwisterchen zu bekommen.

Mein ältester Sohn vergleicht sich bis heute ständig mit seiner Schwester. Solche Geschwisterrivalitäten können die Eltern niemals ganz lösen. Das ist auch nicht ihre Aufgabe. Es wäre toll, wenn wir sagen könnten: »13. Oktober, 11 Uhr 28 … Heute war der letzte Streit unserer Kinder. Es ist vorbei. Lasst uns T-Shirts drucken!« Nein, Konflikte zwischen Geschwistern wird es bis ins hohe Alter geben. Und natürlich geben wir immer unser Senf dazu, obwohl die Kinder ihre Suppe allein werden auslöffeln müssen.

Und bei allen guten Vorsätzen zur Gleichbehandlung: Wir sollten jedes Kind in seiner Eigenständigkeit fördern und individuell auf seine Bedürfnisse eingehen. In Schubladen zu denken ist nicht immer sinnvoll, und da passen die meisten Kinder auch oft nicht rein. Wenn die Kinder sehr unterschiedliche Charaktere haben, muss man das akzeptieren.

Noch einmal zurück zur Entscheidung für ein zweites Kind. Haben oder nicht haben – das war auch bei uns die große Frage. Noch mal nicht schlafen können, noch mal Windeln wechseln, stillen, Fläschchen, Brei, Kita, das ess ich nicht, das auch nicht, alle sind doof? Ach nö, wir waren doch gerade soweit, auch mal wieder zu zweit schön essen gehen zu können. Etwas später waren wir doch wieder bereit oder zumindest bereiter. Also haben wir uns für ein Geschwisterchen entschieden, und ihr werdet es kaum glauben: Es ist alles so gekommen wie befürchtet! Es blieb anstrengend. Aber diese Liebe, dieses unglaubliche Gefühl für diesen neuen Menschen – das gebe ich nicht mehr her. Erst wenn ich irgendwann mal abtreten muss, was hoffentlich noch ein bisschen dauert.

Aber dann, und das ist wunderbar, hat unser Sohn eine richtig starke Schwester an seiner Seite. Dann haben sie sich. Auch wenn sie eigene Familien gründen, bleibt unsere kleine Familie doch irgendwie erhalten. Das ist ein schöner Gedanke.

Mein Sohn fragt immer nach seiner Schwester, wenn sie krank ist. Dann kümmert er sich trotz sonstiger konstanter Streitereien sehr liebevoll um sie. Manchmal legt er wie ein Hund seinen Kopf an ihren Körper, um ein wenig näher an ihr dran zu sein. In diesen Augenblicken wissen wir, dass unsere Entscheidung richtig war. Seine Schwester ist auch für ihn ein großes Geschenk. Die beiden werden nie wieder allein sein – ein Leben lang.

Letztlich gibt es bei der Frage, ob man ein zweites (oder drittes) Kind haben möchte, kein pauschales Richtig oder Falsch. Eine Freundin von mir sagte einmal: »Wenn ein Arzt dir sagen würde, dass du kein Kind mehr bekommen kannst – wärst du dann traurig oder erleichtert?« Das ist vielleicht eine gute Entscheidungshilfe.

Kinder in der Autonomiephase testen ihren Willen und ihre Grenzen aus und sind frustriert, wenn ihnen jemand Grenzen setzt. Dann benutzen sie auch oft Wörter, Beleidigungen, die der Mama oder dem Papa signalisieren sollen, wie es dem Kind gerade geht, beispielsweise mit dem neuen Geschwisterkind. In ihrer Schublade befinden sich noch nicht so viele Wörter, und so haben sie Probleme, ihre Gefühle in dieselben zu fassen.

Sie können noch nicht die Perspektive wechseln und analysieren, was ihre Worte bei uns anrichten. Wir können versuchen, das Bedürfnis hinter der »scheiß Mama« zu verstehen: »Es hat dich wütend gemacht, dass ich heute mit deinem Bruder die Eisenbahn aufgebaut habe.« Wir können versuchen zu verstehen, dürfen dem Kind aber auch gern mitteilen, wie die Worte »scheiß Mama« bei der Mama ankommen.

Denn dem Kind muss klar werden, dass wir so nicht beleidigt werden wollen. Auf diese Weise lernt es, seine Worte den jeweiligen Gefühlen anzupassen. Auch das gelingt ab dem dritten Lebensjahr besser.

Ältere Kinder spüren in dieser Situation ihre Not und fangen an zu wüten, meist auch mit dem Geschwisterkind. Für die Eltern ist es schwer, diese Konflikte auszuhalten, wünschen wir uns doch so sehnlichst Harmonie! Wünschen dürfen wir sie uns auch, zum Vertragen zwingen können wir die Kinder nicht. Die Beziehung zwischen ihnen baut sich nach und nach auf. Irgendwann werden sie sich mehr mögen, oft halten sie in der Not auch jetzt schon zusammen. Das wird sich verstärken, darauf können wir vertrauen. Und seien wir doch mal ganz ehrlich: Wie würde es sich anfühlen, würden wir plötzlich folgende Sätze unter den Geschwistern hören?

- Hallo Schwesterherz, ich glaube, du hast in die Hose gemacht! Ich ziehe dir eben eine frische Windel an.
- Ich liebe dich so sehr, auch wenn du meine Zinnsoldatensammlung in den Kamin geworfen hast!
- Wir brauchen nichts und niemanden, auch Papa und Mama nicht, nur uns.

Das wäre doch definitiv der Stoff für einen Gruselfilm. Auch wenn's im Kinderzimmer mal wieder kracht – wir lehnen uns zurück und sprechen unser Mantra: Wir sind gut genug.

KAPITEL 7

Lobsuchtsanfall – wie viel Lob ist gut fürs Kind?

Als ich neulich beim Bäcker war, sagte die nette, sehr hübsche Verkäuferin mit einem strahlenden Lächeln zu mir: »Guten Morgen, junger Mann!« Und ich fühlte mich aufgrund des überraschenden Kompliments sehr wertgeschätzt, beschwingt, jung und agil, so, als könnte ich Bäume ausreißen. Ich lächelte zurück und kaufte mir spontan ein Fitnessbrötchen, damit ich auch weiterhin so jung aussehen mochte. Ein wundervolles Gefühl, und ich dachte: Ja, so fängt der Tag gut an!

Doch dann betrat ein etwa achtzigjähriger Herr mit Rollator den Laden, und die nette, hübsche Verkäuferin sagte zu ihm: »Schönen guten Morgen, junger Mann! Was darf es denn sein? Wieder ein Fitnessbrötchen?« Super! Nichts gegen den älteren Herrn, aber als ich nach Hause kam, schmierte ich mir erst mal Butter *und* Nutella auf mein Fitnessbrötchen und verdrückte hinterher noch zwei Toasts mit Marmelade.

Ja, Komplimente machen oder loben will gelernt sein. Und sollte authentisch rüberkommen. Sagt man nämlich etwas einfach so daher, kann das ganz schön in die Hose gehen. Am schlimmsten ist ein Lob, das nicht ernst gemeint ist (siehe junger Mann) – das ist nur noch peinlich, da ist es besser, einfach die Klappe zu halten.

Das gilt natürlich nicht für Kinder: die wollen, die *sollen* gelobt werden, und viel Lob gibt's ja schon im Babyalter: »Ui, da hat der Joshua aber ein schönes Bäuerchen gemacht!« Häufig erfolgt das Loben automatisch, selbstverständlich übers Babyalter hinaus. Was eigentlich ganz logisch ist, denn Kinder lernen unglaublich viel, vor allem in den ersten Jahren: krabbeln, aufstehen, einen Löffel halten, aus einer Tasse trinken, in der Kloschüssel rumplantschen, mit dem sauteuren Lippenstift die Bettwäsche verzieren und/oder Fingerfarbe auf dem Perserteppich verteilen. Und wir kommen aus dem Loben dafür gar nicht mehr raus.

Nun kommt es natürlich ein wenig auf die Sache an, in welcher Intensität wir loben sollten. Bekomme ich von meinem Kind das fünfzigste Bild aus der Kita mitgebracht oder lasse ich es zum ersten Mal los, damit es allein Fahrrad fährt? Was wir uns auf jeden Fall bewahren sollten, egal wofür wir unser Kind nun loben, ist das Gefühl des Mitfreuens, des Mitausflippens.

Bei mir entstand dieses Gefühl, als ich mit meinem Sohn das Fahrradfahren übte. Als er auf einmal losfuhr, von mir fort, und nicht umkippte. Als mir bewusst wurde: Er wird in den nächsten Jahren mehr und mehr von mir weg- und schließlich ganz davonfahren, um eine eigenständige und wunderbare Persönlichkeit zu werden. Da wurde ich sehr emotional, loslassen ist oft mit Tränen verbunden. Meinem Sohn sagte ich, mir wäre eine Fruchtfliege ins Auge geflogen – ich konnte ihn ja schlecht umarmen und schreien: »Versprich mir, dass du für immer bei mir bleibst!« Dann wäre er mit Sicherheit ein Kandidat für irgendeine abgehalfterte Sendung wie *Schwiegertochter gesucht* oder so ähnlich geworden, und das wäre allein meine Schuld gewesen. Weil ich ihn nicht losgelassen hätte! Stattdessen habe ich mir die Tränen aus den Augen gewischt und meinen Sohn für seine Meisterleistung überschwänglich gelobt.

Beim Jubeln beziehungsweise Loben vertan habe ich mich leider in Sachen Trockenwerden. Als mein Sohn zum ersten Mal sein Töpfchen in die Toilette leerte, war ich sehr bewegt und konnte ob des Tränenschleiers in meinen Augen kaum etwas sehen. Dann allerdings musste ich mich schnell bewegen, denn er hatte vergessen, den Klodeckel hochzuklappen. Als er dann zum ersten Mal sein kleines Geschäft auf dem Klo machte, jubelte ich haltlos drauflos. Meine Frau sah mich nur an. Das war wohl etwas übertrieben gewesen. Wie schon gesagt: Loben will gelernt sein. Aber wenn ihr es fühlt, dann lasst das »Mega!« oder »Super!« einfach aus euch rausssprudeln.

Natürlich gibt es auch Situationen, in denen man mit lobenden Worten haushalten sollte, zum Beispiel wenn der Nachwuchs zum ersten Mal ein Kastanienmännchen gebastelt hat. Wenn man sich hier zu sehr freut, kann man sich auch gleich auf eine Hätte-ich-doch-nie-geil-gesagt-Kastanienmännchen-Schwemme freuen, und das in jedem Herbst. Jahrelang. Möglicherweise wird diese dann auch noch genetisch an die Enkelkinder weitergegeben. Hinzu kommt, dass man Generationen von Kastanienmännchen in einer Kiste aufbewahren muss, weil man es nicht übers Herz bringt, die verschrumpelten Bastelversuche zu entsorgen. Und was, wenn der Nachwuchs irgendwann mal fragt, was aus Kastanienmännchen Robbi geworden ist? Ja, genau, der mit nur einem Auge? Den Vater oder die Mutter möchte ich sehen, die dann ganz cool »Weggeschmissen« sagt, weil das Kind ja irgendwann mal lernen muss, dass nicht alles aufgehoben werden kann.

Mein Tipp dazu: den Großteil entsorgen, die schönsten behalten. In Absprache. Was übrigens für alles Selbstgebastelte und Selbstgefundene gilt.

Doch grundsätzlich ist gegen das Loben nichts einzuwenden. Eltern dürfen und sollen loben, Eltern dürfen und sollen stolz auf ihr Kind sein. Wenn mein Kind sich freut, betone ich ebenfalls, dass es stolz auf sich sein kann, und wir freuen uns gemeinsam. »Da kannst du stolz auf dich sein!« – ein wichtiger Satz, wie ich finde, auch wenn sich der Grund für das Stolzsein für den Erwachsenen vielleicht nicht auf Anhieb erschließt. Meine Tochter hat mir einmal ein Bild gemalt, auf dem ich mehrere ineinander verkeilte, kämpfende Regenwürmer mit Zähnen und tellergroßen Augen sah, auf dem tatsächlich aber ein Hamster abgebildet war, der einen anderen Hamster in einen Topf mit grauer Farbe stoßen wollte, wobei dann schließlich aber beide Hamster in den Topf fielen. So jedenfalls bekam ich das erklärt. Aha. Ich lobe das Bild, denn ich weiß: Hier geht es nicht darum, was ich sehe, hier geht es um mein Kind, das seine Interessen und Vorlieben entdeckt und diese mit mir teilt. Um mein intrinsisch motiviertes Kind, das Zufriedenheit aus sich selbst schöpft. So ist das Kind nicht abhängig von der Meinung anderer, sondern kann selbst schauen, wo seine Stärken liegen, und sich selbst reflektieren. Wenn das Kind sich freut, freuen wir uns mit; das zeigt unserem Kind, dass das Gefühl, stolz auf sich zu sein, richtig ist und dass es auf unser Lob nicht angewiesen ist.

Loben wir jedoch zu oft und zu impulsiv, kann es passieren, dass das Kind ständig überprüfen will, ob Mama oder Papa dieses oder jenes immer noch gut findet. Dann ist man auf Lob, das eigentlich gar keines mehr ist, getrimmt und macht Lobeshymnen zum permanenten, nervenden Ohrwurm.

Halten wir fest: Kinder wollen in erster Linie wahrgenommen werden. Sie brauchen uns als Spiegel, zur Einordnung ihrer Handlungen, sie brauchen unser ehrliches Interesse. Ihre Handlung wird anerkannt, aber nicht bewertet.

Nehmen wir die folgende Situation: Unser Kind steht stolz oben auf der Rutsche, weil es die Rutsche hochgeklettert ist, und ich rufe gern: »Ja, ich sehe dich!« Wenn das Kind dann nach einem erneuten waghalsigen Rutschvorgang kopfüber unten im Sand landet, frage ich: »Siehst du mich denn noch?« Ich bewerte den Rutschvorgang nicht. Da reicht auch mal ein Blick, ein Lächeln oder ein: »Du hast ja heute eine Ausdauer!« Mehr muss nicht sein.

Ich habe viel Zeit meines Lebens auf Spielplätzen verbracht und festgestellt, dass sich Eltern in ihren Lobeshymnen durchaus unterscheiden. Gerade die Väter sind mir hier besonders aufgefallen.

Da gibt es etwa den **Helikoptervater**. »Jonas, TOLL, Jonas, da bist du aber hoch geklettert, aber jetzt nicht höher, Jonas, Jonas, stopp, du hast keinen Schutzhelm auf. Geh langsam runter, Jonas, komm, laaangsam!« (Jonas befindet sich die ganze Zeit 20 Zentimeter über dem Boden.) »Achtung, jetzt langsam … noch langsamer … so ist es gut, du, das machst du aber nicht noch mal.«

Dann gibt es noch den vermutlich die Grünen wählenden **alternativen Vater**, der seine Tochter auf einem altertümlichen, verrosteten Vehikel zum Spielplatz karrt. Beide tragen bunte Fair-Trade-Alpaka-Mützen mit seitlichen Bommeln und haben Ingwertee in einer alten Thermoskanne dabei, die wahrscheinlich schon der Urgroßvater im Zweiten Weltkrieg in Stalingrad benutzt hat. Dann geht es los. Der Vater lobt mit gepresster Ökostimme: »Uuuuh, Olivia, das ist ja dufte, dass du da auf die

Rutsche klettern und rutschen willst, du musst an dich glauben, Olivia, schau nicht auf die anderen, schau in dein Innerstes, dann wirst du die Stärke spüren, die du in dir trägst, zeig sie mir und dir ...« Olivia steht währenddessen da und macht gar nichts, weil sie viel zu warm und dick angezogen ist und in ihrer Felljacke aussieht wie ein Michelin-Männchen, das sich überfressen hat und nicht bewegen kann. Sie kann sich *tatsächlich* nicht bewegen, noch nicht mal umfallen.

Dann wäre da noch der **alleinerziehende Vater**, der aussieht, wie man sich einen alleinerziehenden Vater halt so vorstellt: groß, schlank, aber nicht dünn, sportlich mit dunklen, wuscheligen Haaren und Dreitagebart, mit blitzenden braunen Augen und einem unglaublich gewinnenden Lächeln. Er trägt Levis 501 und hat natürlich einen knackigen Hintern, wie die Spielplatzmuttis entzückt und tuschelnd zur Kenntnis nehmen, während sie an ihren Latte Macchiatos aus dem Mehrwegbecher nippen. Die Kinder des alleinerziehenden Vaters sind natürlich bildhübsch und tragen wahnsinnig schöne Klamotten, das Töchterchen (nennen wir es Paulina) ein Blümchenkleid und Lackschühchen, der Sohnemann (nennen wir ihn Finn) eine Kinder-Chino und ein Polo-Shirt. Natürlich streiten die Kinder nie, sondern lächeln immerzu, was den Vater stolz und glücklich macht. Dieser hat einen Picknickkorb dabei, in dem sich gesunde, aber leckere Dinge befinden, und er erzählt gern, dass er das Brot für die Kinder selbst backt und nie Weizenmehl verwendet. Der alleinerziehende Vater kümmert er sich rührend um seinen Nachwuchs: Er schreit nie, sondern spricht stets verständnis- und liebevoll. »Paulina, ganz großartig, wie du auf die Wippe geklettert bist, und ganz allein, mein Schatz, da freu ich mich aber, das erzählen wir nachher der Oma ... Ja, sag mal, Finn, wie gelenkig du bist, klasse, das hast du von mir. So, nun schaukelt mal, ihr zwei, ich schubs euch an, eins ... zwei ... gut festhalten, jaaa! So ist es prima!« Die Spielplatzmuttis seufzen und bekommen nicht mit, dass ihre eigenen Kinder um Anerkennung bettelnd auf dem Klettergerüst stehen, straucheln und paarweise herabfallen.

Zum Abschluss stelle ich noch einen Vater vor, der immer mehr verlangt: den **Antreibvater**. Er steht da wie ein Gladiator im Circus Maximus. »Leon, du kannst höher klettern, sei kein Angsthase, ja, so ist es gut, immer weiter, höher! Hör auf zu heulen, Leon, der Marvin kann das doch auch. Der ist sogar weiter hochgeklettert, als er sich den Arm gebrochen hat. Sei kein Weichei, Leon, wie soll das denn später werden? Du wirst doch jetzt da runterrutschen können, so wie alle anderen auch, du willst doch, dass ich stolz auf dich bin. Sag mal, hast du da gerade in die Hose gemacht? Was, nur weil du in einen rostigen Nagel getreten bist?«

So viel also zu den lobenden Vätern auf Spielplätzen. Sicher gibt es noch mehr Arten, aber das würde den Rahmen dieses Buchs sprengen.

Gesehen werden wollen wir alle – außer vielleicht morgens vor dem ersten Kaffee. Auch unsere Kinder wollen gesehen werden, überschwängliche Lobeshymnen brauchen sie nicht. Sie wünschen sich meist nur ein anerkennendes Lächeln der Eltern, das natürlich auch wirklich Anerkennung ausdrücken sollte.

Ebenso wenig sollte angemessenes soziales Verhalten übermäßig gelobt werden, ein: »Deine Schwester freut sich sehr, wenn du die Brezel mit ihr teilst!« reicht völlig. Natürlich klappt so etwas selten auf Anhieb. Wer teilt schon gern eine Brezel, knackfrisch vom Bäcker? Es wäre aber zu viel des Guten, hier zu übertreiben: »Deine arme, hungrige Schwester würde sich ja so über einen Brezelkrumen freuen. Gib dir doch einen Ruck, Valentin. Teilen ist so wichtig, ich erklär dir das mal …« Auch Belohnungen würde ich nicht damit verknüpfen, bedanken dürfen wir uns aber durchaus.

Hin und wieder wird behauptet, mit Lob wollten Eltern ihre Kinder manipulieren. Das kann ich nicht so recht nachvollziehen. Ich versuche, beim Loben vor allem authentisch zu sein; ich nehme das Verhalten des Kindes wahr, erkenne es an und freue mich mit dem Kind.

Wenn unser Kind etwas zum ersten Mal macht – laufen, springen, klettern, singen, Bobbycar fahren oder auch singend mit dem Bobbycar springen und klettern –, sehen wir das und sagen: »Wow, das hast du echt toll gemacht! Du hast es geschafft!« Wichtig ist, wie bereits erwähnt, authentisch zu loben. Wenn mir meine Antworten unnatürlich und gekünstelt vorkommen, sind es nicht meine Antworten. Ein einfaches: »Mega! Super! *Das* hast *du* gemacht!« passt zu mir. Wenn ich mir schon beim Freuen überlegen muss, was ich beim Freuen sage, um mich richtig zu freuen, dann freue ich mich gar nicht mehr. Und darum geht's ja eigentlich.

Generell gibt es da keine Regeln. Wie ich lobe, ist zum Beispiel auch von meiner Stimmung abhängig. Es darf auch nonverbal gelobt werden, etwa mit einem Lächeln. Es darf aber ruhig auch mal emotional sein. Und als schöner Abschluss: »Da kannst du stolz auf dich sein!«

Wir müssen nicht alles beklatschen, was unsere Kinder machen. Zumal die sich dann nur noch anstrengen, weil sie gelobt werden wollen. Kinder müssen meist nicht motiviert werden, sie sind oft motiviert genug, um ein Klettergerüst hochzuklettern. So, wie ich oft motiviert bin, auf meine Couch zu klettern. Da brauche ich jetzt auch keine Anerkennung (wäre aber schon schön). Wir sollten in erster Linie immer selbst davon überzeugt sein, dass das Verhalten lobenswert war. Da wäre ein: »Du hast den Teller in die Spülmaschine getan. Der Wahnsinn! Du hast es geschafft!« eher befremdlich. Gut, wenn dies mein pubertierender Sohn tun würde, würde ich da schon mal *We Are the Champions* von Queen laufen lassen. Der stellt die Teller normalerweise *auf* die Spülmaschine. Aber nach allem, was ich so von Frauen höre, ist er da wohl nicht der Einzige.

Manchmal hilft auch anstatt des Lobes oder eines Tadels einfach ein positiver Zugang, eine positive Formulierung. Meine Theaterlehrerin sagte immer so Sätze wie: »Da war schon viel Gutes dabei!« oder: »Da steckt noch viel im Verborgenen!« Mein Fahrlehrer baute mich mal auf mit dem Satz: »Du kannst so parken. Kein Problem. Alles gut. Wir können den Rest zum Bürgersteig ruhig laufen!« So etwas prägt. Mich noch heute.

Jesper Juul sagt, Lob stärkt das Selbstvertrauen, Anerkennung und Wertschätzung stärken das Selbstwertgefühl, und genau das brauchen wir, um stark durchs Leben zu gehen und empathisch sein zu können. Lob kann mal wichtig sein, sollte aber nicht die Motivation für die Handlung meines Kindes darstellen. Die Kinder malen ihre Bilder für sich und nicht für uns. Wir reagieren je nach Situation mit Anerkennung, Wahrnehmung, Interesse, Fragen, komplettem Ausrasten oder einfach nur mit einem Lächeln.

KAPITEL 8

Schüchternheit und Ängstlichkeit kochen auch nur mit Wasser

»Sag Danke« sage ich nicht. Meine Tochter isst zwar gerade genüsslich ihr Stück Fleischwurst vor der Fleischtheke im Supermarkt, traut sich aber nicht, etwas zu sagen. Ich hätte auch gern ein Stück Fleischwurst, traue mich aber auch nicht, was zu sagen. Vielleicht schont meine Tochter auch nur ihre Stimmbänder, um dann zu Hause kräftig loszulegen.

Es gibt halt solche und solche Kinder und Eltern. Manche poltern drauflos und kreischen alles zu, was nicht bei drei auf den Bäumen ist, manche tun das nicht. Die sind leise und überlegen sich vorher, was sie dann mit Bedacht sagen.

Oft ist es auch ein großer Unterschied, wo man etwas sagt oder nicht sagt, ob zum Beispiel in der Kita oder zu Hause. Das kann man seinem Kind ruhig mitgeben; man kann versuchen, es zu stärken, damit es auch in der Kita für seine Meinung einsteht, gern auch in Absprache mit den Erzieherinnen und Erziehern. Dann wird es zu Hause oftmals ruhiger, denn unser

Kind kommt ausgeglichener heim, weil es sich in der Kita behaupten konnte. Eigentlich ganz einfach, nicht wahr? Zumindest auf dem Papier.

Schüchternheit ist zunächst einmal nur eine Eigenschaft, die wir deshalb auch nicht bewerten müssen. Sie ist niemals negativ. Sätze wie: »Aber du bist jetzt schon fünf. Das musst du doch können!« braucht kein Mensch und schon gar kein fünfjähriges Kind. Schüchternheit ist ein Wesenszug, der häufig genetisch bedingt ist. Schüchterne Menschen sind am liebsten unsichtbar, sie halten sich gern raus. Zu Schüchternheit kommt es eher in einer fremden Umgebung, mit unbekannten Menschen, von denen man schnell überfordert ist. Die Kinder sehen in Unbekanntem und Fremdem meist eine Gefahr oder zumindest ein Risiko, auf das sie mit Vorsicht reagieren. Sie lassen sich Zeit mit den Antworten. Sie wollen nicht zu präsent sein. Sie halten lieber Abstand. Schüchterne Kinder sind eben anders als wilde Kinder. Ganz anders. Die Wilden bringen uns auf die Palme, die Schüchternen höchstens auf einen zarten Bonsai. Sie machen keine großen Worte: Subjekt, Prädikat, Objekt, jede Woche eins … das reicht.

Wir als Erwachsene sollten behutsam mit Schüchternheit umgehen. Wir sollten auf schüchterne Kinder zugehen und nicht verlangen, dass die schüchternen Kinder auf uns zukommen. Auch Kommentare wie: »Du bekommst nur ein Stück Fleischwurst, wenn du Danke sagst« sind vollkommen überflüssig. Wir sollten mit diesen Kindern in Verbindung treten, und zwar niemals von oben herab, sondern auf Augenhöhe. Und wir sollten von Anfang an eine klare Haltung vertreten, die besagt: »Mein Kind schafft das!« Gleichzeitig sagen wir: »Mein Kind muss das jetzt nicht schaffen!«

Natürlich leben Kinder mit schüchternem Temperament unter ihren Möglichkeiten. Sie sind keine Überflieger, sie fliegen unter dem Radar. Das ist aber nicht schlimm. Das Kind muss nicht jeden Tag zehn Prüfungen ablegen, damit es in den verschiedensten Situationen nicht mehr schüchtern ist. Ganz behutsam, Schritt für Schritt, helfen wir unserem Kind. Und schubsen hin und wieder ein wenig, aber nicht so doll, dass es hinfällt. Eltern von schüchternen Kindern neigen dazu, ihrem Kind viel abzunehmen – verständlich, da wir ja denken, dass das Kind es schon schwer genug hat. Damit nehmen wir dem Kind aber auch Entwicklungschancen: Wenn das Kind ständig schwierige Situationen meidet, erkennt das Gehirn, dass das genau richtig ist, und das Kind wird in Zukunft immer wieder so handeln. Etwa im Schwimmbad: »Ich bleibe lieber auf der Wiese sitzen, dann passiert mir nichts. Das weiß ich aus Erfahrung. Ich gehe jetzt nicht ins Wasser!«

Ich habe meinen Kindern erzählt, dass ich als Kind und auch noch längere Zeit als Erwachsener schüchtern und vorsichtig war. Ich wollte ein Mofa mit Stützrädern und beim Drive-in einer bekannten Imbisskette habe ich mir schon mal überlegt, rückwärts reinzufahren, damit mein Beifahrer bestellen muss. Denn was kann da nicht alles passieren!

Diese Grundeinstellung ist mir bis heute erhalten geblieben. Ich schaue mir Situationen genau an und lasse erst mal die anderen reden. Bei einem Date bescheinigte mir mal eine Dame, ich sei ein guter Zuhörer. Ich habe fast gar nichts gesagt. Einerseits, weil ich schüchtern war, andererseits weil ich kein Spanisch spreche. Aber sie war wirklich sehr nett. Also, glaub ich.

Wichtig ist, den Fokus hier nicht auf die vermeintlichen Schwächen des Kindes zu legen, sondern vermehrt auf seine

Leidenschaften zu schauen. Meine Leidenschaft war immer das Theater. Aber auch da bin ich vorsichtig rangegangen: In der vierten Klasse war ich bei *Schneewittchen und die sieben Zwerge* der neunte Zwerg (kein Witz). Ich fand es trotzdem toll. Danach war ich der Esel im Krippenspiel und bei den Bremer Stadtmusikanten. Generell können schüchterne Kinder damit »gelockt« werden, mal in eine Rolle zu schlüpfen. Vielleicht macht ihnen das ebenso viel Spaß wie mir. Mir hat es sehr geholfen, einen leidenschaftlichen Bereich zu haben, in dem ich etwas mutiger sein konnte. Was natürlich nicht heißt, dass man nicht auch mal nervös sein darf. Lampenfieber gehört dazu und fördert gute Leistungen.

Auf diese Leidenschaften und Stärken sollten Schulen meines Erachtens mehr schauen. Schüchterne Kinder erzielen oft keine guten mündlichen Noten – wen wundert's? Die sollten dann auch nicht so stark bewertet werden. Schüchternheit ist eine Charaktereigenschaft, und die darf den Kindern in der Schule nicht zum Nachteil gereichen. Die kleinen Menschen sind einfach nur ruhiger, wissen es aber trotzdem. Hier hilft vielleicht die Gruppenarbeit, bei der sich die Kinder anders einbringen können.

Schüchterne Kinder machen sich die Welt gern, wie sie ihnen gefällt. Die Freundin meiner Tochter, Lotte, hat sich nie getraut, Freunden ihr Freundschaftsbuch mitzugeben. Sie hat dann einfach selbst die Namen ihrer Freunde in das Buch geschrieben. Wir Eltern finden das traurig, für die Kinder ist das in diesem Augenblick in Ordnung so. Mittlerweile ist das Buch gut gefüllt, bei meiner Tochter auch. Da steht sogar der Paketbote drin. Schüchterne Kinder brauchen Zeit, um neue Leute kennenzulernen, auch in der Kita. Freunde haben solche Kinder schon, meist nur einen, aber der muss immer die Initiative ergreifen.

Zudem fällt es schüchternen Kindern schwer, Nein zu sagen, wenn sie etwas nicht möchten. Hier sollten wir Vorbild sein und zum Beispiel dem Kind erklären, warum man zu Opa gesagt hat: »Ich kann dich leider nicht zur Physio fahren, ich habe einen dringenden Termin. Deshalb muss ich heute Nein sagen.« Erklärt eurem Kind, warum ein Nein wichtig ist und warum es wichtig ist, auch an die eigenen Bedürfnisse und Grenzen zu denken.

Auch Kontaktfreudigkeit kann man als Eltern vorleben. Wenn wir auf andere Menschen offen und herzlich zugehen, darf sich das Kind das gern abschauen.

Ich gebe meiner Tochter auch an der Wursttheke immer wieder das Gefühl, dass sie nichts sagen muss, wenn sie nicht möchte. Manchmal, aber wirklich nur manchmal, schlage ich etwas vor: »Magst du Danke sagen?« Oder ich nehme sie auf den Arm, damit sie noch näher bei mir ist. Aber wenn nicht, dann nicht.

Einmal bekam ich folgenden Dialog mit:

Verkäuferin: »Na, Würstchen?«

Kind: »Ich bin kein Würstchen.«

»Aber du möchtest eins?«

»Nein. Ich möchte Bierschinken.«

»Aber ...«

»Und Salamibrezeln. Und Gelbwurst.«

»Aber ...«

So ging das noch fünf Minuten weiter. Ich war beeindruckt. Das war ja nun wirklich ein sehr mutiges, extrovertiertes Kind. Aber dann:

»Tut mir leid, ich kann dir nur ein Würstchen geben.«

Das Kind fing an zu heulen und brach fast zusammen. Das will man dann ja auch nicht.

Wenn mir früher Erwachsene, vor allem ältere Menschen, zu nah kamen, habe ich für Abstand gesorgt. Wie ein cooler Securitytyp sprach ich in mein Handgelenk: »Aufdringlicher Best Ager im Anmarsch, der wird doch nicht. Er hat mir tatsächlich über die Haare gestrubbelt. Oh Mann! Wir schreiten ein!« Und wenn meine Tochter etwas gefragt wird, worauf sie, wie ich merke, niemals antworten wird, antworte ich für sie. Meinen Eltern und Tanten sage ich dann gern, dass sie schon reden wird, dass das von ganz allein kommt. Ich glaube, dass der Pressesprecher von Olaf Scholz das genauso machen würde.

Überhaupt, diese ganzen Onkels, Tanten, Großtanten und Urgroßonkel, sie gehen mir auf den Keks. Immer muss alles kommentiert werden. »Deine Kusine sagt aber immer Danke.« Ja, sicher. Die ist ja auch schon 14. »Und der Opa sagt auch immer Danke. Immer!« Klar. Der ist ja auch dement. »Och, nun lass dich doch mal herzen, mein Kind, und lach doch mal. Die Tante Irmi hat dich doch lieb.« Ja, sicher. Wenn sie mich lieb hat, soll sie doch weggehen, die Tante Irmi, die immer nach Essig riecht.

Meine Tochter hält sich gern im Hintergrund und beobachtet – sie ist eben ein Beobachter-Kind. Und sie fühlt sich wohl dabei. Sie ist nicht traurig, sie zieht sich nur gern etwas zurück, um dann genau hinzuschauen. Sie merkt und bemerkt alles. Das ist eine große Stärke, und sie ist auch eine tolle Zuhörerin. Sie sollte verstehen – und da sind wir auf einem guten Weg –, dass sie genau so, wie sie ist, richtig ist. Gib deinem Kind Zeit. Bei manchen kleinen Kindern gehen »small« und »talk« getrennte Wege. Und das ist überhaupt nicht schlimm.

Wenn wir allerdings ständig den Pressesprecher für unseren »Star« spielen, ihm also ständig eine Komfortzone bieten, kann unser Kind keine Erfolgserlebnisse sammeln. Deshalb sollten wir es in der einen oder anderen Situation sanft schubsen, damit es sich gewissen Herausforderungen stellen und daran wachsen kann. Denn es ist natürlich ein schönes Gefühl für unser Kind, wenn es verbal für sich selbst einstehen kann. Hier kann man bei »Halbfremden« üben, bei Bekannten oder den Eltern anderer Kinder, und etwa sagen: »Magst du die Frage von Nadine beantworten?«

Was wir im Beisein anderer nicht unbedingt sagen sollten, ist, dass unser Kind schüchtern ist. Wir können sagen: »Er oder sie braucht etwas Zeit, um warm zu werden«, »Er oder sie braucht Zeit, um sich an andere Menschen zu gewöhnen«. Oder, etwas direkter: »Meine Tochter mag es nicht, direkt angesprochen zu werden!« Das wäre dann auch mutig von uns. Mir fällt das nicht immer leicht. Ja, hin und wieder sind auch Erwachsene schüchtern und zurückhaltend.

Da fällt mir ein Erlebnis aus der Apotheke ein. Ich hatte ein Rezept und stellte mich brav in die Schlange. Als Nächstes war eine Frau dran, die leise etwas murmelte. Verständlich, man will ja nicht, dass alle Anwesenden mitkriegen, dass man »unten rum« an einem extrem juckenden Ausschlag leidet. Diskretion ist Trumpf. Die Apothekerin sah das leider etwas anders und rief nach hinten: »Dagmar, wo sind denn die Zäpfchen für den Vaginalpilz?« Die Frau ist fast ohnmächtig geworden und ich aus Solidarität gleich mit.

Hilfreich ist es auch, den Fokus vom schüchternen Kind wegzunehmen und ohne verbale Beteiligung des Kindes mit dem Bekannten weiterzureden. Wichtig ist es jedoch, offen zu kommunizieren und den Kindern nicht alles abzunehmen. Hier ein Beispiel vom Spielplatz:

K: »Mama, ich will den Bagger von dem Jungen mal ausprobieren!«

M: »Dann geh doch hin und frag ihn.«

K: »Ich trau mich nicht!«

M: »Was ist denn deine Sorge?«

K: »Ich darf bestimmt nicht!«

M: »Egal ob du hingehst oder ich: Der Junge wird die gleiche Antwort geben.«

K: »Und wenn er Nein sagt?«

M: »Dann hast du es probiert. Und nichts verloren. Wenn er Ja sagt, hast du den Bagger! Du kannst nur gewinnen!!!«

K: »Ich weiß nicht ...«

M: »Versuch es. Ich bin bei dir!«

Der Junge erlaubt es, nachdem das Kind (übrigens meine Tochter) gefragt hat – perfektes Anbaggern. Ach, was war meine Tochter glücklich! Selten hab ich sie so strahlen sehen. Das sind dann so Momente, in denen einem das Herz aufgeht.

Aber noch einmal: Unser Kind muss nicht selbst fragen. Er darf sich hinter meinem Bein verstecken. Ich brauche jetzt gerade keine Beinfreiheit. Es soll dort halt nur nicht festwachsen.

Menschen, die das Fragen bei meinem Kind einfordern, vergessen dabei, dass das Kind dies schon tun würde, wenn es dies könnte. Warum auch nicht? Was ich nicht mag, ist: »Er bekommt nur ein Stück Fleischwurst, wenn er fragt!« Das finde ich furchtbar. Auch weil ich jetzt Appetit auf Fleischwurst habe. Oder einen Wurstsalat. Ich schweife ab.

Wenn sich mein Nachwuchs nicht traut, ist das okay – Info an das Gegenüber. Wenn mein Kind die Wurst dann nicht bekommt, tröste ich und begleite und werfe dem Gegenüber einen Blick zu, der sagt: »Wir können die Sache auch draußen klären!« Zu meinem Kind sage ich: »Du musst nicht fragen, wenn du das gerade nicht möchtest. Du hast mich gefragt, und das genügt vollkommen. Komm, wir holen uns eine eigene Wurst.« Gras wächst auch nicht schneller, wenn man daran zieht. Mit dem Gegenüber habe ich jetzt Mitleid: Dieser Mensch ist so erzogen worden. Der wurde zum Fragen gezwungen. Traurig nur, dass er jetzt einfach so weitermacht.

Zu viel schubsen sollte man auch nicht. Das wird das Selbstbewusstsein stärken, denkt man schnell. Das mag sein. Aber auch hier ist ein Nein erst mal ein Nein. Man darf Kinder nicht in zu viele Situationen hineinwerfen, in die sie so gar nicht hineinwollen. Da gilt es, eine gute Balance zu finden. Meine Tochter wollte nicht mehr schwimmen gehen, da sie immer nach einem Ring tauchen musste. Jetzt geht sie wieder hin, aber sie muss nicht mehr tauchen, das haben wir mit dem Schwimmlehrer so besprochen. Jetzt lernt sie, die Luft anzuhalten, wenn sie das Zimmer ihres pubertierenden Bruders betritt – eine viel härtere (Tauch-)Schule. Es wäre in diesem Fall nicht gut gewesen, wenn sie gar nicht mehr hingegangen wäre oder wenn wir ihren Wunsch komplett ignoriert hätten. Wir versuchen, über alles zu sprechen und einen Mittelweg zu finden.

Natürlich dürfen wir es auch mal »schade« finden, wenn sie auf die eine oder andere Veranstaltung nicht mitmöchte. Einmal mussten wir ein tolles Kindertheater absagen, weil sie kurzfristig nicht hinwollte. Es waren ihr zu viele Leute. Wir versuchten, einen Kompromiss zu finden: als Erste oder als Letzte kommen, um dem Gedränge und dem Trubel zu entgehen. Aber sie wollte partout nicht. Da wir schon alles mit anderen Eltern geplant hatten, mussten wir diesen absagen. Das war mir unangenehm. Ich habe mich trotzdem getraut und damit mein Selbstbewusstsein gestärkt. Man lernt immer noch was dazu.

Schüchterne Kinder fühlen sich schnell überfordert. Menschenansammlungen oder viele andere Kinder sind erst einmal zu viel. Sie brauchen mehr Ruhe, um sich zu entspannen und zu erholen. Sie brauchen Zeit und Platz für sich. Schüchterne Kinder wollen nicht im Mittelpunkt stehen, sie spielen lieber mit einem Freund oder einer Freundin als mit vielen anderen in einer Gruppe. Meine Tochter liest lieber unter der Decke Bücher mit ihrer Taschenlampe. Also eher Lampensau als Rampensau. Ist doch fein.

Allerdings muss man im Leben immer mal wieder unter Menschen. Nützt ja nix. Auch junge Menschen müssen das, beispielsweise in der Kita. Dies sollten wir Eltern mit positiven Worten begleiten, bis sich die Kinder sicher und stabil fühlen. Das ist immer der erste Schritt. Oft nutzen Erzieherinnen und Erzieher nonverbale Kommunikation, um auch schüchterne Kinder zu erreichen. Sie spielen in der Spielküche und führen Selbstgespräche: »Wie belege ich denn jetzt meinen Hamburger?« Manchmal kommt dann das schüchterne Kind und hilft mit. Die direkte Ansprache mit Augenkontakt mögen schüchterne Kinder nicht, das setzt sie unter Druck. Wichtig ist, an schüchterne Kinder mit der Haltung »Mich interessiert, was du denkst« heranzugehen, egal ob nun in der Kita oder zu Hause.

In der Kita bildet das Erziehungspersonal eine Brücke zu den anderen Kindern. Diese ausgebildeten Leute und auch wir Eltern machen ab und zu Angebote, sollten dem Kind aber auch die Zeit geben, die es braucht. Unser Kind muss keiner Norm entsprechen. Nicht alle Kinder brauchen den gleichen Pegel an Selbstbewusstsein. Der darf ruhig unterschiedlich sein. Es muss nicht jeder rumbrüllen wie Tarzan. Das Kind darf so sein, wie es eben ist: einzigartig. Es ist das Kind, das den Startschuss für mehr Mehrmachen gibt, und wir sind dabei. Der Rest kommt von ganz allein. Eine schöne positive Grundaussage ist beispielsweise diese: »Macht nichts. Dann versuchen wir es morgen!«

Das Stärkenwollen zu dosieren ist eine Kunst, das hatten wir ja schon beim Thema Loben. Meiner Tochter hat neulich ihr gemaltes Bild nicht gefallen, und natürlich habe ich erst einmal gesagt, dass es doch schön ist. Den Fehler mache ich auch immer bei meiner Frau, wenn sie Zweifel hat, ob ihr ein Kleidungsstück steht oder nicht. Ein: »Ich weiß gar nicht, was du hast. Die Bluse sieht doch toll aus!« bringt uns da nicht immer weiter. Im Fall des Bildes kann man die Tochter gern vorsichtig fragen: »Was gefällt dir daran nicht? Wie soll das Bild denn aussehen? Sollen es andere Farben sein?« Wenn man die Kritik überhört oder abtut, fühlt sich das Kind (oder die Frau) nicht ernst genommen, und das nimmt Selbstvertrauen.

Man sollte sich auch nicht ständig mit den Schwächen des Kindes auseinandersetzen. Lasst einfach mal Ruhe einkehren, lasst dem Kind die Komfortzone. Lasst es Dinge ausprobieren. Gebt ihm auch mal einen Schubs und begleitet es: »Lass uns das mal zusammen machen!« Aber irgendwann ist es auch gut. Bis zur Schule tun die Kinder einen enormen Sprung, und zwar jedes Kind in seinem Tempo. Das Kind annehmen – das ist die Kunst. Und bis dahin gilt es, dem Kind unterbewusst zu vermitteln: Auch wenn ich mich das eine oder andere nicht traue, bin ich ein tolles Kind! Auch wenn ich mich jetzt nicht traue, weiß ich tief in mir drin, dass ich es irgendwann schaffen werde!

Freundschaften sollten uns guttun, wenngleich Kinder das erst noch herausfinden müssen. Manche Kinder verhalten sich meinem schüchternen Kind gegenüber extrem dominant. Sie bestimmen permanent, mein Kind ist eingeschüchtert und traut sich nicht, etwas zu entgegnen. Selbst wenn diese Kinder sich bei uns zu Hause aufhalten. Hier dürfen wir als Eltern aktiv werden und ruhig auch mal andere Freunde einladen. Denn klar muss sein: Zu Hause ist und bleibt ein sicherer Ort. Wenn man in der Kita immer mal wieder Kindern ausgesetzt ist, die einem nicht so gut passen, dann ist das eben so. Aber unser Zuhause bleibt unser Happy Place. Unsere sichere Burg. Und bei der dürfen wir auch mal die Zugbrücke runterlassen. Hier gibt es unsere Familiengrenzen, und die dürfen wir anderen Kindern mitteilen, ob ihnen das passt oder nicht.

Ich freue mich immer über diese schüchternen, leisen, gefühlvollen Menschen, die so wunderbar beobachten, die so wunderbar empathisch und feinfühlig sind. Nur die Harten kommen in 'n Garten? Na, macht doch. Dann nehme ich mir Zeit für die Zarten. Die, die erst mal schauen und nicht mit dem Kopf durch die Wand wollen. Die die Wand erst einmal wahrnehmen. Ohne Ellenbogen, dafür mit ihrer Hand, die wir für sie in schwierigen Situationen halten dürfen. Und immer wenn sie unsere Hand nehmen, füllen sie ihre Sicherheitsreserven auf. Um weiter so wunderbar beobachten zu können. Bewundernswert.

Es kann nicht sein, dass unser Kind sich ständig falsch fühlt, weil es gewisse Dinge einfach nicht tun oder sagen möchte. Es geht darum, dass dein Kind begreift, genau so richtig zu sein, wie es ist. Wir helfen beim Handeln. Wir helfen beim Anstupsen, aber immer im Miteinander. Immer in Verbindung. Wir schauen, was die Kinder in diesen Situationen brauchen, wie viel Vermittlungsarbeit gerade auch von uns möglich sein kann. Ist es ein guter Moment, ein wenig zu schubsen? Wir sind dabei. Steter Tropfen höhlt den Stein. Und alles zu seiner Zeit.

Wenn sich schüchterne Menschen in ihrer Schüchternheit nicht mehr wohlfühlen, hat das oft mit Angst zu tun. Und die

Angst hat viele Gesichter. Sie kann zum Beispiel als Trennungsangst daherkommen – »Mama, ich will nicht allein in der Kita bleiben!« –, als Phobie – »Iiiiih, eine Spinne!« –, als soziale Angst – »Ich blamiere mich« – oder als Prüfungs- oder Leistungsangst.

Wackelzahnkinder, also Kinder im Schuleintrittsalter, haben häufig Angst davor, dass uns Eltern etwas passiert. Hier geht es um Verlust, um das Alleinsein, auch um den Tod. Ihr dürft mit euren Kindern über all das sprechen und ihnen dabei klar machen, dass diese Dinge normalerweise sehr weit weg sind. Die wichtigsten Sätze in diesem Zusammenhang lauten: »Ich bin für dich da! Du bist hier sicher.«

Bei jüngeren Kindern, Kindern im Kindergartenalter, kommen oft Fantasiegestalten, Gewitter und die Dunkelheit dazu. Letztere kann Kindern schwer zu schaffen machen. Wenn es dunkel ist, sehen wir nichts, sondern hören nur, und zwar meist sehr seltsame Dinge. Das verunsichert. Was war das für ein Knarren? Und was ist das für ein Heulen? Der Wind?

Mein Sohn hatte als kleiner Junge immer Angst vor einem Monster unter dem Bett. Nun ist er in der Pubertät, und unter seinem Bett liegen Plastikflaschen. Also ist entweder kein Monster mehr da oder es hat einen Getränkemarkt aufgemacht. Angst hat unser Sohn immer noch, denn die Plastikflaschen knacken, wann immer sie Lust dazu haben. Manchmal wird er aus dem Tiefschlaf gerissen, weil es »knack, knack« macht, aber auf die Idee, die Flaschen mal wegzubringen ... na ja.

Wir haben die Monster damals mit einem Monsterspray nach draußen befördert. Monster mögen kein Deo, wobei ich zugeben muss, dass diese Theorie wissenschaftlich nicht belegt ist. Man kann die Monster aber auch einfangen oder eine Zauber-Schutzlinie aus Socken oder Legosteinen errichten. Da können die auf keinen Fall drüber.

Unser Nachbarskind hatte immer Angst vor einem Wolf. Das hatte gerade, wenn man im sechsten Stock wohnt, wenig Logik. Aber auch hier heißt es: ernst nehmen, eventuell schauen, dass die Fenster zu sind, gemeinsam ein Video über den natürlichen Lebensraum des Wolfs ansehen und »Flugwolf« googeln. Da findet man mitunter ganz süße Exemplare. Und die tun nix.

Wichtig ist es, bei den Ängsten kreativ zu bleiben, sie ernst zu nehmen und sich flexibel zu zeigen, denn oft kommen die Kinder, wenn sie Angst haben, gern wieder zu uns ins Bett. Versteh ich sehr gut: Ich schlafe auch besser und durch, wenn meine Frau neben mir liegt. Und solange sie mich nicht mit Deo einsprüht, wenn ich laut schnarche, ist doch alles in Ordnung.

Ängste sind übrigens nicht an ein bestimmtes Alter gebunden, häufiger treten sie jedoch um das zweite Lebensjahr des Kindes herum auf. Der aufsteigende Drang nach Autonomie geht mit einer wachsenden Sorge einher, vor wirklich allem Möglichen – nicht nur vor Monstern und Riesenelefanten, auch zum Beispiel vor Ameisen. Die Kinder treten mehr aus dem Schutz der Eltern hervor, sie erleben und sehen dann einfach auch mehr furchteinflößende Dinge. Es gibt sehr merkwürdige Ängste, die man als Eltern nicht nachvollziehen kann, aber man sollte sich auch hierüber nicht lustig machen.

Wie die Schüchternheit hat auch die Angst kein gutes Image. Dabei ist sie so wichtig. In der Steinzeit rettete sie die Menschen vor dem Säbelzahntiger. Der Mensch hat nur die Angst als Waffe, da sind Tiere deutlich besser aufgestellt. Ich hätte ab und zu auch gern mal Reißzähne wie ein Tiger, zum Beispiel wenn sich jemand an der Supermarktkasse vordrängeln möchte, wenn am Elternabend kritisch über das Sozialverhalten meines Kindes gesprochen wird oder wenn mir ein Fremder die Schokolade aus der Hand reißt und damit davonrennt (okay, Letzteres ist tatsächlich noch nie vorgekommen).

Angst rettet uns auch heute noch oft vor Gefahren: im Straßenverkehr, bei merkwürdigen Gestalten in der Dunkelheit oder wenn wir Rosinen im Brötchen finden. Angst ist überlebenswichtig. Sie hat einen anstrengenden Job, denn sie hat immer Bereitschaftsdienst. Und manchmal kommt sie sogar, wenn wir nicht in Gefahr sind. Wollen wir Angst überwinden, müssen wir sie uns erst einmal eingestehen.

Ein befreundeter Journalist hatte furchtbare Flugangst. Um sie zu überwinden, fragte er bei der Pressestelle einer Fluggesellschaft nach, ob er mal im Cockpit bei den Piloten mitfliegen dürfte. Es klappte. Eines Mittwochabends flog er also von Frankfurt nach Mallorca und wieder zurück. Am Ende war allerdings nicht er schweißgebadet, sondern die Piloten.

»Was ist das für ein Geräusch?«

»Ich habe das Flugzeug gestartet.«

»Warum bewegt sich das Flugzeug?«

»Weil wir nach Mallorca wollen.«

»Das Geräusch wird lauter.«

»Wir beschleunigen ja auch gerade.«

»Wieso gucken Sie so böse?«

»WEIL SIE MIR AUF DEN SACK GEHEN!«

»Das Geräusch ist jetzt sehr laut!«

»Wir heben ja auch gerade ab, Mann!«

Am liebsten hätten die Piloten ihn in Palma auf dem Rollfeld zurückgelassen, aber das ging aus versicherungstechnischen Gründen nicht. Flugangst hat er immer noch.

Angst ist nichts Schlimmes, sie ist niemals unser Gegner, sondern stets unser Freund, Helfer und letztlich Partner. Das sollte man sich bewusst machen. Man ist auch kein Feigling, wenn man Angst hat. Man ist einfach anders gestrickt als ein Mensch, der eben keine Angst hat, oder der Angst vor etwas ganz anderem hat. Es gibt nebenbei gesagt recht merkwürdige Ängste, etwa die Anemophobie (Angst vor Wind), die Cherophobie (Angst vor dem Glücklichsein), die Kopophobie (Angst vor Müdigkeit, haben ich und meine Frau ständig), die Vaccinophobie (Angst vor Impfungen) oder die Chionophobie (Angst vor Schnee). Und auch wenn man diverse Ängste nicht nachvollziehen kann, sollte man sich nie darüber lustig machen. Denn dauerhaft Angst vor etwas zu haben ist nicht gerade schön.

Nicht zu verstehen, warum jemand Angst hat, geht übrigens nicht nur Erwachsenen so. Ich stand mal ziemlich lang vor der Wasserrutsche im Hallenbad, während mich die Grundschüler, die hinter mir standen, ungläubig anschauten. In der Rutsche war ich dann so langsam, dass ich die halbe 3a im Rücken hatte. Hier können Kinder nicht verstehen, warum man Angst hat.

Wir Erwachsene sollten die Angst der Kinder immer ernst nehmen und nie mit: »Du brauchst keine Angst zu haben!« abtun. Die Angst sollte niemals klein geredet werden, denn damit hilft man dem Kind nicht, wenn es beispielsweise gerade aus einem Albtraum aufgeschreckt ist. Hier könnte vielleicht ein Traumfänger Abhilfe schaffen, in dem die schlimmen Träume hängen bleiben. Manchmal kann man Ängste auch mit einem bestimmten Ritual verscheuchen, etwa mit einem Lied. Man sollte dazu natürlich wenigstens halbwegs singen können, sonst ist das Ganze kontraproduktiv. Manche Kinder nehmen den Angsthasen als Kuscheltier mit in die Kita, was ich auch immer eine schöne Idee finde. Bleibt kreativ!

Nach wie vor gilt: Alle Gefühle sind okay. Auch die Angst unserer Kinder ist in Ordnung. Wir dürfen sie annehmen, wir dürfen uns um sie kümmern und wir dürfen unserem Kind das Gefühl vermitteln, dass es sicher ist. Sagen wir ihm hingegen: »Du darfst keine Angst haben«, vermitteln wir, dass das Gefühl nicht in Ordnung ist. Kinder denken so: »Wenn mein Papa etwas nicht schlimm findet, was ich schlimm finde, heißt das, dass mit mir etwas nicht stimmt!« Eine ganz einfache Rechnung. Unser Kind darf die Angst erfühlen und erleben. Wir nehmen unser Kind in den Arm, halten aus und suchen nach Möglichkeiten, es besser zu machen.

Meine Tochter hat Angst vor Gewittern. Sie legt sich dann immer aufs Bett. Ich habe ihr Infovideos über das Thema gezeigt, und wir haben darüber gesprochen, was da so alles passiert. Das gibt Sicherheit in der Angst. Hier ist der Weg das Ziel. Aber es kann dauern, bis es besser wird. Bei meiner Tochter ist es mittlerweile etwas besser geworden. Sie lenkt sich aktiv ab.

Fühlt euch in die jeweiligen Situationen hinein und versucht, im mulmigsten Moment den Anker zu werfen und daran zu arbeiten. Wenn wir die Angst unseres Kindes besser verstehen, wird es das Kind auch tun. Und wir entwickeln zusammen mit dem Kind Bewältigungsstrategien. Mein Kind muss sich bei der Bewältigung der Angst wohlfühlen – nicht ich. Aber wir können natürlich sagen: »Das ist eine gute Idee: Wir springen immer ein paar Mal in die Luft, wenn es donnert. Durch die Bewegung kann die Angst weggehen. Wollen wir das zusammen probieren? Oder magst du es allein versuchen?« Und am Ende folgt dann die Anerkennung: »Schön, dass du mir das so gut erklärt hast. Jetzt kann ich mir das besser vorstellen.« Unser Kind darf gern stolz auf sich sein.

Wichtig ist auch die Prophylaxe vor einer schwierigen, angstbehafteten Situation, also das vorherige Durchspielen des Angstszenarios. Das Spiel »Was passiert, wenn das und das eintritt?« kann Sicherheit erzeugen und Angst nehmen. Es kann unseren Kindern vermitteln: Ich bin in Sicherheit. Meine Eltern lieben mich. Sie sind auch da, wenn ich sie nicht sehen kann. Sie helfen mir immer.

Mein Sohn hat Angst vor Hunden. Hier sind Hundebesitzer mit dem Satz: »Der hat auch Angst vor dir!« nicht wirklich hilfreich. Als mich mal so ein zähnefletschender Rottweiler mit Maulkorb ansprang, dachte ich auch: Mit welchen Ängsten dieser Hund wohl leben muss? Aber sei's drum. Der wollte bestimmt nur spielen.

Richtig lustig wird es allerdings, wenn die Hundebesitzer nicht einsehen, dass sie ihre Tiere bitte zurückrufen mögen. Hier einige Sätze, die ich in dieser Situation schon gehört habe:

»Jetzt lassen Sie den Wotan doch knurren, das ist ein Zeichen dafür, dass er Sie mag.«

»Don Corleone hat nur Hunger. Geben Sie ihm halt einfach was von Ihrer Bratwurst ab.«

»Du musst keine Angst vor Elfchen haben. Sie ist ein Rhodesian Ridgeback. Diese Rasse wird in Afrika zur Löwenjagd eingesetzt.«

»Einmal musste Toto fast erschossen werden, weil er einen Dreijährigen fressen wollte. Mit einem guten Anwalt haben wir ihn aber rausgeboxt. Möchtest du ihn mal streicheln?«

Bei akuter Angst deines Kindes solltest du Körperkontakt suchen, denn Sicherheit und Nähe helfen schnell. Die Angst als Gefühl ist stark und kann unser logisches Denken schnell mal außer Kraft setzen. Der körperliche Kontakt bringt das Kind dann wieder in die »Gegenwart« zurück. Gern kann man auch nachfragen: »Hast du gerade ein Angstgefühl?« So hilft man dem Kind etwas auf die Sprünge, da gerade kleinere Kinder die Angst noch nicht genau benennen können und dieses innere, komische Gefühl merkwürdig finden. Das geht auch im Nachhinein: »Hattest du eben Angst vor dem Hund? Da hast du dich unwohl gefühlt.« Wir benennen Gefühle, um sie kennenzulernen.

Manchmal hilft es auch, von den doofen Gedanken abzulenken, indem man Fragen stellt: »Was macht ihr morgen beim Sport in der Kita?« Oder: »Welche fünf Menschen magst du am liebsten?« Gerade diese Ranglisten mit viel Überlegen und Schmunzeln sorgen dafür, dass die Rollläden der logisch denkenden Gehirnregion langsam wieder hochgezogen werden.

Wir dürfen gern auch bei uns selbst schauen. Denn auch wir haben innere Kinder, die schreien. Die in der Kindheit viele Ängste hatten, die nicht begleitet und somit abgearbeitet wurden. Mein Vater ist in meiner späten Kindheit sehr krank geworden. Diese schwere Zeit wurde nie begleitet, und da darf ich mich nicht über meine hypochondrischen Züge wundern. Da liegen immer noch diverse Akten voller Angst auf dem Schreibtisch meiner Seele. Und die haben auch Einfluss auf meine Kinder. Deshalb sollten wir die Akten möglichst abarbeiten.

Ein Satz, der eher den Eltern Angst bereitet, lautet: »Ich kann das nicht!« Wenn unser Kind das sagt, sollten wir zuerst kurz hinterfragen: »Kann es das Kind denn schon können?«

Oft sind Mamas besorgt, dass das Kind nicht altersgerecht reif ist, es angeblich noch zu wenig kann. Es leistet sich, noch nichts zu leisten. Und das ist vollkommen gut so. Nimm dein Kind an, wie es ist. Und wünsch dir nicht, es wäre ganz anders. So, wie es vor dir steht, in deine Augen sieht, sich nach Nähe, Verbundenheit und Vertrauen sehnt, ist es dein wunderbares

Kind. Wenn du das verstehst, wirst du sehen, wie dein Kind auf dieser Basis aufblüht und sich immer mehr traut: etwa das Seepferdchen zu machen oder aufs Fahrrad zu steigen. Vertrau dem Kind, damit es sich trauen kann.

Ich habe meine Schwimmabzeichen erst nach dem fünften Anlauf geschafft. Ich war sehr langsam. Bei mir was das kein Kampf gegen die Uhr, es war ein Kampf gegen die Öffnungszeiten.

Oft haben wir in unserer Kindheit Liebe mit Leistung gleichsetzen müssen. Liefere eine gute Note, dann sind wir stolz auf dich. Und schnell dreht es sich auch bei unseren Kindern um Erwartungen, wie unser Kind sein sollte. Das Kind bremst irgendwann, und das ist gut so. Es mag eine Leistungsgesellschaft geben, eine Leistungskindheit gibt es nicht.

Wenn ein Kind also sagt: »Ich kann das nicht!«, darf man das auch mal so stehen lassen. Ist ja auch wertvoll, als Mensch zu lernen, was man kann und was man nicht kann. Man braucht keinen Lifestyle-Coach, der ständig sagt: »Du schaffst das. Auf geht's! Yeah! Vollgas!« Ansonsten gehen wir es gelassen an: »Du kannst das NOCH nicht. Das ist vollkommen in Ordnung, dann probieren wir es doch erst mal gemeinsam!«

Das kann man sich später gern auch in der Rückschau ansehen. Man kann sich beispielsweise Fotos anschauen, auf denen das das Kind das Fahrradfahren geübt hat: »Du konntest dich da noch nicht auf einem Fahrrad halten. Jetzt gelingt es dir ganz leicht. Damals warst du ganz schön wütend, weil es nicht geklappt hat. Und jetzt kannst du es! Toll, oder?« Etwas Ähnliches bietet sich als kleines Ritual auch für den Abend an, bei dem man dem Kind noch einmal sagt, dass es heute dieses oder jenes wirklich gut gemacht hat. So kann das Kind mit einem positiven Gefühl einschlafen.

Alles in allem ist es die Aufgabe der Eltern, es dem Kind zu ermöglichen, selbstbewusst mit Schüchternheit und Ängstlichkeit umzugehen. Wir stärken den Selbstwert des Kindes: Unsere Kinder können viel allein hinbekommen, bei Problemen aber wissen sie, dass sie uns fragen dürfen, weil sie wissen, dass wir sie anhören und zuhören. Sie sollen verinnerlichen: Meinen Eltern ist es wichtig, dass sie mich verstehen. Dass wir ein Leben lang für sie da sind.

Ängstlichkeit und Schüchternheit abzubauen hat immer etwas mit Wertschätzung zu tun. Und dies kann man im Alltag gern mit seinem Kind üben. Wenn das Kind spricht, schauen wir beispielsweise nicht parallel aufs Handy. Das würden wir bei unseren Freunden auch nicht machen. Außerdem lassen wir das Kind ausreden.

Wir Eltern entwickeln Verständnis für die Gefühle unserer Kinder, wir begleiten sie und sehen uns im Nachhinein an, was da los war. Wir helfen und geben Sicherheit. Wir ermutigen unser Kind, sich mit seinen Angst auseinanderzusetzen, statt sie zu meiden. Immer mit dem Gefühl: Unsere Kinder schaffen das! Und immer in Verbindung, immer auf einer Beziehungsebene. Wir sortieren ein, wir analysieren und wir schauen, wie wir mit Wut, Angst oder Schüchternheit weiter vorgehen.

KAPITEL 9

Essen – manche mögen's … kalt!

Am Anfang war ich schon sehr verunsichert. Ist das Abenteuer Kind machbar? Habe ich mir da zu viel vorgenommen? Und dann: Die Natur ist nett zu uns, stellte ich schnell fest. Unser Kind atmet von allein. Sehr gut. Es wächst von allein. Super. Es entwickelt sich von allein. Alles nach eigenem Bauplan. Prima. So kann das Kind überleben. In seinem eigenen Tempo. Ich mag die Natur!

Aber da wäre noch was: die Nahrungsaufnahme. Dafür bin tatsächlich ich zuständig. Zumindest für die Bereitstellung der Nahrung. Und die sollte einigermaßen regelmäßig und ausgewogen daherkommen, gesund und mit wenig Süßigkeiten. Also so, wie ich mir das auch oft mantraartig an Neujahr in den Spiegel sage, um dann doch wieder Karteileiche in irgendeinem Fitnessstudio zu werden. Dazu noch gutes Essverhalten, Manieren und ein Essen pro Tag zusammen als Familie, das bitte wahnsinnig harmonisch ablaufen soll.

Das wird man doch noch schaffen können – gutes Essen fürs Kind! Wobei: Ich bin jetzt kein erfahrener Koch. Ich koche nach

Gefühl. Und dieses Gefühl sagt mir manchmal auch: Lass es! Trotzdem habe ich mir vorgenommen, mit Liebe für meine Kinder zu kochen. Das ist nicht immer einfach, denn Kinder legen häufig ein sehr eigenes Essverhalten an den Tag. Da ist es schwierig zu planen und noch schwieriger zu handeln. Da hat der Mund seinen eigenen Kopf. Mein Sohn hing süchtig fast komplett an der Nudel, sein Speiseplan beschränkte sich auf »Iiiih«, »Bääääh« und »Aber mit ohne Sauce!«

Am Anfang dachte ich, dass mir mein Kind einfach nicht viel zutraut und lieber auf Nummer sicher gehen möchte. Aber nein, Fakt ist: Kinder mögen es beim Essen gern schlicht. Ich muss kein Rinderfilet mit Kartoffelpüree und getrüffeltem Blattspinat kochen. Na, passt doch. Die Tochter einer Freundin hat sich bis zu ihrem Schuleintritt fast ausschließlich von Milch und rohen Nudeln ernährt. Sie hat trotzdem überlebt und mittlerweile ihren Master in Ernährungswissenschaften. Noch Fragen? Daraus können wir vor allem eins lernen: Eltern machen sich in puncto Ernährung der Kinder viel zu viele Gedanken!

Ich fasse mal zusammen, und das man kann sich gern auf der Zunge zergehen lassen: Viele Kinder essen keine Saucen und Suppen, manche essen nur einen bestimmten Reis oder ein ganz bestimmtes Brot (richtig geschnitten natürlich). Pommes und Chicken Nuggets stehen hoch im Kurs, wenn auch nicht im Kochkurs. Pizza ist laut meinem Sohn »zu durchgemischt«, da muss viel rausgepickt werden. Er wollte sich einmal selbst zur Adoption freigeben, als er versehentlich auf eine Sardelle gebissen hat. Natürlich war das meine Schuld, ich hätte ja riechen können, dass er Sardellen nicht mag.

Neulich ist eine Nudel auf den Boden gefallen und hat die Drei-Sekunden-Regel nicht überstanden. Diese Regel kennen vor allem Eltern: Fällt etwas herunter, kann man es durchaus noch essen, wenn man es binnen drei Sekunden wieder aufhebt. Ob das wissenschaftlich so tragbar ist, weiß ich allerdings nicht. Wir schafften es nicht binnen drei Sekunden und haben die Nudel weggeschmissen, was zu einem Schreianfall meiner Tochter führte. Sie verlangte von mir, genau diese Nudel nachzukochen. So etwas bekomme ich hin. Wofür habe ich denn studiert? Wofür?

Die Geschmacksnerven unserer Kinder entwickeln sich zwischen dem zweiten und fünften Lebensjahr sehr stark. Da können nackige Nudeln (gekocht oder roh) eine Köstlichkeit sein. Meine Tochter isst keine Paprika. Wir allerdings sehr gern. Wenn wir ein Paprikagericht zubereiten, achte ich darauf, für meine Tochter einen exklusiven Teller ohne Paprika zu machen oder die Paprika vorher rauszufischen. Letzteres ist auch schon grenzwertig, denn der Geschmack der Paprika ist ja bereits im Gericht drin. Das kann zu großen Dramen führen. Obst kann für Kinder ebenfalls schwierig sein.

Was alle Beteiligten lieben, ist der Snack. Während meine Eltern noch betonten: »Iss nicht so viel zwischendurch!«, ist dies heute kein Problem mehr. Ich persönlich liebe den Snack. Er geht immer, daher »to go«. Zudem bin ich ein Fan von nicht allzu starren Essenszeiten. Den eigenen Hunger und Durst zu spüren und entsprechend darauf zu reagieren sollte das Ziel sein. Und passt es mal gar nicht, kann man zwischendurch immer noch einen Snack geben.

Wichtig ist es, ein ungezwungenes Verhältnis zum Essen aufzubauen. Wir sitzen gemeinsam am Tisch, ohne Handys, und jeder bekommt, was er mag. Brisantere Themen wie Schule vermeiden wir nach Möglichkeit. Essen sollte immer mit etwas Positivem verbunden sein, unter Zwang zu essen ist nie eine gute Idee. Das kann ähnlich wie eine Fischvergiftung zu einer lebenslangen Abneigung führen. Kleinere Kinder lehnen Gemüse eher ab: 20 bis 25 Prozent aller Vierjährigen machen um Gemüse einen großen Bogen.

Wie war das früher bei uns? Ich musste immer an den Kindertisch (keine Sorge: nur wenn Besuch da war). Dahin wünsche ich mich heute zurück, wenn die komplette Verwandtschaft anrollt, mein Redeanteil auf zwei Prozent schrumpft und anstrengendes Zuhören angesagt ist. Mein Vater hat immer Flieger gespielt, wenn ich etwas nicht essen wollte. Und wenn ich etwas nicht mochte, wurde es als Verwöhntheit oder Trotz abgetan. Ich musste auch immer aufessen. Als mein Sohn einmal bei Oma den Teller nicht leer essen wollte, sagte sie: »Iss auf, sonst ist deine Oma traurig!« Darauf mein Sohn: »Es ist okay, wenn man mal traurig ist!« Meine Kinder müssen nicht aufessen, für sie gilt das Du-darfst-Motto: Sie dürfen essen, was sie wollen und wie viel sie wollen. Gerade kleinere Kinder können noch nicht abschätzen, was viel und was wenig ist. Das lernen sie erst. Lasst sie ruhig etwas experimentieren – Kinder haben (noch) ein gut funktionierendes Sättigungsgefühl.

Kleinere Kinder mögen oft kein bitteres oder saures Gemüse. Das ist von der Natur so vorgesehen, denn das, wussten unsere Vorfahren, könnte giftig sein. Also lieber Finger weg. Da sind Süßes und Salziges schon viel vertrauenswürdiger. Auch Eiweißhaltiges und Fettes weist auf eine problemfreie Überlebensnahrung hin. Kurz gesagt: Nutella und Pommes gewinnen immer gegen Sellerie und Schwarzwurzeln. Und dafür könnt ihr, liebe Eltern, gar nichts. Das ist ein Teil Menschheitsgeschichte. Und kein Trotz, sondern Schutz vor giftigen Pflanzen. Man darf das den Kindern bloß nicht sagen, sonst hat man den Salat beziehungsweise eben nicht.

Tiere haben hier klar einen Vorteil, ihnen wird der Speiseplan in die Wiege oder ins Nest gelegt. Sie wissen instinktiv, was gut für sie ist. Der Mensch muss erst lernen, welche Nahrungsquellen er nutzen kann. Und die sind am Nordpol dann auch noch anders als in der Sahara.

Ab dem zweiten Lebensjahr wird das Essen immer kritischer betrachtet, es wird immer spezifischer, was man mag und was nicht. Früher in der Steinzeit wurde nach zwei Jahren das nächste Kind geboren, und das zweitjüngste Kind war etwas mehr sich selbst überlassen. Deshalb hat es erst einmal vieles von dem, was es in der Natur gab, abgelehnt. Denn, richtig: Es hätte ja giftig sein können. Diese Phase erreicht gegen Ende der Kita-Zeit ihren Höhepunkt. Ab der Grundschule werden die Kinder in puncto Essen mutiger und haben sich schon viel von uns abgeschaut.

Wie schaffe ich es nun, meine Kinder zu »besseren Essern« zu machen? Hier die ersten Ideen:

- Schafft zuckerfreie Momente. Und nicht vergessen: Wir sind die Vorbilder und sollten mit gutem Beispiel vorangehen. Wir erklären und begleiten den Frust, wenn nichts Süßes mehr da ist.
- Schubst eure Kinder in Richtung Probieren von Neuem, aber zwingt sie nicht dazu. Fragt immer mal wieder nach, bietet immer wieder etwas Neues an. Manchmal ändert sich das Essensverhalten, oder das Kind hat gerade an diesem Tag keine Lust auf eine bestimmte Sache. Das geht uns Erwachsenen doch nicht anders.

- Lasst die Kinder ab und zu mit auswählen. Gekocht wird von den Erwachsenen: Es gibt eine kleine Auswahl, kein Büfett. Wenn jemand keine Lust auf das Hauptessen hat, ist ein belegtes Brot immer machbar. Das ist der Basistarif. Aber grundsätzlich wird nicht extra gekocht.
- Lasst eure Kinder mitkochen, das macht Spaß und die Kinder haben einen stärkeren Bezug zu den Zutaten. Ganz nach dem Motto: Dich Tomate habe ich doch vorhin schon mal bei der Zubereitung gesehen.
- Lasst euch nicht aus der Fassung bringen. Als meine Tochter einmal ein halbes Hipp-Gläschen »Gemüse-Allerlei« im Mund hatte, musste sie plötzlich niesen. Ich überlegte daraufhin kurz, die Elternzeit sofort zu beenden, habe mich dann aber doch dagegen entschieden. Sie musste übrigens zweimal niesen. Das Nachbeben war zwar nicht mehr ganz so stark, aber eine Sechs bis Acht auf der Allerlei-Skala hat sie noch hinbekommen.
- Kocht möglichst selbst und greift nicht auf Fertigkost zurück. Das ist tatsächlich auch preislich oft attraktiver und gesünder ist es allemal. Macht den Pizzateig statt mit Weizenmehl mit Dinkel- oder Roggenvollkornmehl und packt dann alles Frische drauf, was die Saison gerade hergibt. Man kann Smoothies und Eis selbst machen, gesundes Mehl wie Erbsenmehl für Pfannkuchen verwenden und auf Zuckeralternativen wie Kokosblüten- oder Birkenzucker oder Agavendicksaft setzen.

Es gibt selbstverständlich auch Eltern, die perfekt frisiert und gekleidet Freude daran haben, jeden Tag ein Fünf-Sterne-Menü für ihre Kinder zuzubereiten, ohne dabei die Jil-Sander-Bluse mit Tomatensugo (natürlich aus frischen Tomaten aus biologischem Anbau und glücklicher Erde) vollzukleckern. Und das allein für den Pausensnack oder einen Besuch auf dem Spielplatz. Ich finde das prima, mache das aber nicht oder ganz selten. Schon weil ich keine Jil-Sander-Bluse habe.

Ich finde das aber auch vollkommen in Ordnung so. Es darf ruhig auch das »unperfekte Dinner« sein. Und wetten, dass auch Kinder angesichts eines Fünf-Sterne-Menüs hin und wieder sagen: »Ich will nur Nudeln!«?

Macht es, wie es für euch passt. Das oberste Gebot lautet: chillen. Wenn die Kinder jetzt gerade etwas Gesundes essen wollen, ist das toll. Dann gibt's beim nächsten Mal halt wieder nur nackte Nudeln. Essen kann und sollte Genuss sein.

Wichtig ist auch, dass es keine Blicke zwischen euch Eltern gibt, kein Augenrollen, kein Seufzen, kein Stöhnen. Sätze wie: »Aber das hast du neulich bei Oma gegessen!« könnt ihr euch sparen. Keine Vorwürfe, Essen mit Freude.

Es gibt Kinder, bei denen ist weder das Frühstück noch das Mittagessen noch das Abendessen die wichtigste Mahlzeit des Tages, sondern der Snack, der beim Spielen untergejubelt wird. Es gibt auch immer wieder Phasen: Nudelphase, Brotphase, Cornflakesphase und Nix-Phase. In Letzterer suchen besorgte Eltern mit dem Nachwuchs auch häufiger mal den Kinderarzt auf. Wenn ihr unsicher seid, lasst die Blutwerte checken. Eisenmangel sorgt oft für Appetitlosigkeit. Sind die Schilddrüsenwerte okay? Behaltet Diabetes und die gesamte Darmarchitektur im Auge. Aber grundsätzlich isst ein Kind nicht, wenn es entweder krank ist oder bereits genug gegessen hat. Der Arzt geht hier auch nach dem Gewicht. Kinder benötigen viel weniger Nahrung, als man denkt. Und egal was Kinder bis zur Grundschule zu sich nehmen: Es entstehen dadurch keine gesundheitlichen Probleme wie Bulimie oder Magersucht. Die tauchen frühstens in der Pubertät auf, also dann, wenn der eigene Körper interessant wird. Denkt immer daran: Auch schlechte Esser suchen sich das, was sie brauchen. Macht euch nicht verrückt.

Wir können nicht steuern, was unsere Kinder essen oder nicht. Wir können auch nicht für unsere Kinder essen. Aber wir können unseren Kindern vertrauen. Sie werden nicht mehr essen, nur weil du es willst. Wir müssen lernen, bestimmte Dinge zu akzeptieren.

Wir sollten die Teller unserer Kinder nicht überladen. Wenn das Kind keine Erbsen mag, bietet man ihm zwei oder drei an. Man kann sich auch mal einen Spaß daraus machen und ein grünes M&M daruntermischen. Beim Essen darf es auch humorvoll zugehen. Und wenn das Kind die echten Erbsen ablehnt oder nur die Kartoffel mag? Dann ist das so. Meine Tochter beispielsweise isst vom gekochten Ei nur das Weiße. Das ist dann eine Aufgabe für meine Feinmotorik. Bringt die Essensangebote liebevoll rüber, nicht mit dem Gedanken: Jetzt isst er das schon wieder nicht, ich hatte mir so viel Mühe gegeben. Nach mehrmaligem Hinschauen probieren sie vielleicht doch mal. Denn sie vertrauen uns.

Natürlich ist es schade für den Koch, denn dieser hat sich tatsächlich oft viel Mühe gegeben. Aber nur, weil man mit Liebe kocht, heißt das nicht, dass der andere es essen muss. Unser Kind traut sich zu sagen, dass es ihm nicht schmeckt. Das sagt doch viel über die Beziehung aus: Es lehnt aus Liebe ab.

Nur bei den Süßigkeiten tragen wir Verantwortung. Gar keine Süßigkeiten zu Hause ist schwierig, dann holen sich die Kinder die mit Sicherheit woanders. Eine Freundin meiner Tochter geht bei uns immer auf Süßigkeiten-Schatzsuche. Wir sollten jedoch den Überblick über die Menge der Süßigkeiten behalten. So kann man zum Beispiel auch etwas in eine kleine Schüssel tun und sagen, dass das für den ganzen Tag reichen muss. Auf diese Weise lernt das Kind, sich die Süßigkeiten einzuteilen.

Auch beim Thema Besteck sollten sich die Eltern entspannen. Meine Tochter hat sehr lange gebraucht, bis sie das Besteck ordentlich benutzte. Sie nahm das Essen noch sehr lange in die Hand, dann pickte sie es mit der Gabel auf und ließ es wieder runterrutschen. Das ging eine gefühlte Ewigkeit so weiter. Man sagt ja, Menschen würden mit den Fingern essen, um zu prüfen, ob das Essen noch zu heiß ist. Wieder eine nützliche Info!

Manchmal hantieren kleinere Kinder auch mit dem Essen herum, weil sie müde sind oder mehr beachtet werden wollen. Sie essen oft noch sehr spielerisch, das heißt, das Essen wird in erster Linie erforscht und nicht gegessen. Lasst euch davon nicht stressen. Irgendwann wird es passen. Es ist auch schwierig, dem Kind zu sagen: »Bitte nicht mit dem Essen spielen«, während man selbst gerade mit der Pfanne den Pfannkuchen in die Luft schmeißt.

Dass sie sich bei euch austoben, ist auch ein Zeichen ihres Vertrauens. Schön formuliert, aber der Reis liegt trotzdem unterm Tisch, als hätte eine Hochzeit stattgefunden. Oder ein Teller fliegt durch die Wohnung, und das ohne Streit der Ehepartner. Meine Tochter isst sehr ausgewogen: Mal liegt das Essen unterm Tisch, mal auf ihrer Hose, mal auf meiner. Bei vielen Familien kann man im wahrsten Sinne des Wortes vom Boden essen, denn da liegt genug rum.

Sobald sie merkt, dass ihr etwas nicht schmeckt, wird mir klar: Jetzt gehen »Happy« und »Meal« getrennte Wege. Das mit Herzblut gekochte Essen fliegt durch die Gegend, wieder und wieder. Der Saugroboter ist ständig in Alarmbereitschaft. Doch auch dem »Essen to throw« sollte ihr nicht mehr Aufmerksamkeit schenken als nötig; beendet die Mahlzeit oder unterbrecht sie kurz und stellt den Teller dann wieder hin. Ihr könnt auch einen Resteteller bereitstellen, dann landet bei meiner Tochter die Paprika wenigstens nicht auf dem Boden. Ich sage meiner Tochter immer: »Du kannst mir sagen, was du nicht magst. Stell den Teller weg oder leg das, was du nicht magst, auf den Resteteller. Es wird nicht geworfen. Bitte füttere mich mit mehr Infos, damit es dir schmeckt!«

Am besten sollte man die Mahlzeit vorher besprechen. Dann sind es eben wieder Nudeln. Aber wir wissen, dass es sich eines Tages ändern wird – wir wissen nur nicht, wann. Bindet die Kinder auch bei der Zubereitung des Essens mit ein: Wenn man die Zutaten schon beim Kochen in der Hand hatte, muss man sie vielleicht nicht mehr in die Hand nehmen, wenn sie auf dem Teller liegen. Außerdem gilt: Wer noch Hunger hat, bleibt am Tisch sitzen, wer satt ist, darf aufstehen. Und wer aufsteht, ist mit dem Essen fertig.

Zwischen drei und sechs Jahren machen Kinder 2000 teilweise unkontrollierte Arm- und Beinbewegungen. Ihnen fällt es nicht leicht, lange sitzen zu bleiben. Bei diesem Bewegungsdrang sollte man sich Besuche auf Auktionen gut überlegen – ruckzuck hat man einen echten Chagall oder eine Skulptur von Rodin ersteigert, nur kann man sich leider keine Wohnung mehr leisten, in der man die Kunst aufhängen oder aufstellen könnte.

Die Kinder probieren gern etwas vom Essen, wenn man oft genug fragt und wenn dies in fröhlicher Atmosphäre passiert. Sie werden nicht immer nur Nudeln essen. Wenn sie zum Essen nicht gezwungen werden, kosten sie irgendwann auch andere Speisen.

Manche Kinder spielen mit dem Essen im Mund, sie wollen es erfühlen und spucken es anschließend wieder aus. Bei diesem Verhalten geht es nicht um Hunger, was man dem Kind gern so erklären darf. Wir essen, wenn der Bauch noch etwas haben will. Nur dann. Nicht einfach so. Punkt.

Anders ausgedrückt: Das unerwünschte Verhalten verwächst sich. Und je gechillter ihr Eltern damit umgeht, desto kürzer wird dieses unerwünschte Verhalten anhalten. Hier noch einige Ideen dazu: draußen essen im Sommer, die Malunterlage als Auffangbecken oder der Hund als Krümelsauger. (Nächstes Problem: zu dicker Hund.)

Kocht für eure Kinder keine Sondergerichte, dadurch entsteht nur Frust. Facebook und Insta sind voll mit den tollen Essenskreationen, mit geschnitztem Obst und lustigen Figuren. Dass auch hier manche Kinder einfach nur »Bäh« machen, wird nicht gezeigt. Nein, da schnippelt Supermom Süßkartoffeln für total gesunde, hippe Süßkartoffelpommes, da backt Heldenmutti zum sechsten Geburtstag eine sechsstöckige Torte, die selbstredend nicht umkippt, und gut gelaunte Väter tragen »Heute ist Papi der Meisterkoch«-Schürzen und schnitzen aus Tofu kleine Kälbchen, die dann gegrillt werden. Aaaah!

Merke (und das ist die tragische Wahrheit): Selbst wenn die Melone einen Hasen darstellt, heißt das noch nicht, dass der Melonenhase auch gegessen wird. Lasst euch nicht durch Instagram & Co. verunsichern. Da wird auch nur mit Wasser gekocht.

Wichtig ist, dass wir das Thema Essen positiv besetzen. Denn Essen ist nicht nur Nahrungsaufnahme, sondern auch mit Genuss, Geselligkeit und Freude verbunden – oder sollte das zumindest sein. Das nehmen unsere Kinder mit, fürs Leben. Wenn dein Kind nur trockene Reiskörner isst, ist das auch eine erlesene Auswahl. Wir zollen ihm Anerkennung dafür, dass es genau weiß, was es will und was es nicht will. Was prinzipiell immer gut ist im Leben. Wir zwingen unser Kind nicht zum Essen: Es wird ab und zu gefragt, ob es etwas probieren möchte. Und das war's auch schon.

Und vergesst nicht: Ihr könnt sicher sein, dass Kinder, die jahrelange Gemüse ablehnen, genauso gedeihen wie die, die dies nicht tun. Wer mit Spaß und Freude isst, wird so schnell keine Essstörung entwickeln. Warum auch? Wenn das Kind abends oder nachts noch etwas essen will, könnt ihr einen kleinen Snack ans Bett stellen. Vielleicht denkt das Kind noch an die Flaschenzeit zurück.

Kurzum: Keine Spielsachen am Tisch, keine Tonie-Box, gegessen wird am Tisch, man isst. Auch Wurst, aber keine Extrawurst. Brot und Obst sind immer da. Und kurz vorm Schlafengehen? Da gibt es für meine Tochter ein Glas Milch. Das reicht ihr.

Als Koch finde ich es immer schwierig, alle Familienmitglieder gleichzeitig an den Tisch zu kriegen. Natürlich möchte ich, dass das Essen auch noch eine akzeptable Temperatur hat. Bei meinem pubertierenden Sohn ist das besonders schwierig: Er ist immer gerade »in einer Runde«, und seine Fortnite-Gegner warten nicht. Er kann nicht sagen: »So, liebe 76 Kämpfer. Wir machen jetzt mal eine Pause. Es gibt nämlich Fischstäbchen bei uns!« Sehe ich ein, macht es aber nicht einfacher. Was macht man nicht alles für schöne Rituale.

Hier ein paar kleine Regeln zu unserem Ritual. Bei Tisch lassen wir der netten Atmosphäre wegen die anderen ausreden – es sei denn, sie sprechen mit vollem Mund. Die Kinder sitzen nicht nebeneinander. Kinder finden es langweilig, mit Erwachsenen am Tisch zu sitzen und ihnen beim Essen zuzugucken. Das finde ich auch als Erwachsener manchmal schon schwierig. Meine Ex-Freundin hat in Zeitlupe gegessen, ein einzelnes M&M abgebissen und auf den Tisch zurückgelegt. Das hat mich wahnsinnig gemacht. Warum sollen Kinder also auf Erwachsene warten, die unendlich lange am Tisch sitzen? Dennoch ein kurzes Plädoyer für die »Schnecken-Esser«: Die freuen sich natürlich trotzdem, wenn die anderen sitzen bleiben. Und die letzte Regel: Die Erwachsenen müssen nicht zum Spielen mitkommen, wenn sie mit dem Essen noch nicht fertig sind. Diese Regeln sind sinnvoll und sollten sich deshalb auch einfach erklären lassen.

Überhaupt hat Erziehung für mich viel mit erklären zu tun, mit Alternativen aufzeigen und Angebote machen. Mit begleiten, nicht mit Kämpfen. Insbesondere das Essen sollte kein Kampf sein, keine weitere Baustelle. Ein gesundes Kind verhungert nicht am gedeckten Tisch. Allerdings sollten wir beim Essen auch nicht zu viele Angebote machen, also kein Büfett aufbauen. Das kann auch überfordern.

Wenn wir im Ausland sind, stehen dort fremde Gerichte, Gewürze und Speisen auf dem Tisch. Da werden auch wir wieder zu Kindern: Wir sind skeptisch, probieren, nehmen das Essen vorsichtig in den Mund und vielleicht auch diskret wieder heraus. Ähnlich fremd ist Essen auch für kleinere Kinder – sie sind ja noch neu auf der Welt und kennen vieles nicht. Helfen wir ihnen dabei, Unbekanntes zu entdecken.

Grundsätzlich dürfen Kinder essen, was sie wollen. Es liegt in der Verantwortung der Eltern, den Kindern gesunde und nahrhafte, dem Alter entsprechende Lebensmittel anzubieten (einmal haben meine Kinder mit Begeisterung Brokkoli gegessen. Es war sogar zu wenig, ich habe dann einen Wochenvorrat gekauft. Am nächsten Tag schmeckte Brokkoli auf einmal furchtbar. Ich freue mich schon sehr auf die nächsten 36 Portionen), und nein, diese müssen nicht immer frisch zubereitet sein. Es gibt anstrengende Tage, da reicht auch mal die Sternchensuppe. Davon gibt keiner den Löffel ab. Und ich bin endlich Sternchenkoch geworden. Hauptsache, die Atmosphäre bei Tisch ist positiv; durch sie entwickeln Kinder nämlich eine gute Beziehung zum Essen, die ein Leben lang anhält.

Letztlich isst unser Kind dann doch von ganz allein. Genau so wie es atmet, läuft und sich entwickelt. Ist doch einfach klasse, diese Natur.

KAPITEL 10

Ich seh so friedlich aus, wenn die Kinder schlafen

»I don't wanna close my eyes« heißt es in einem Aerosmith-Song, und anscheinend ist mein Kind ein Fan dieser Zeile. Als mich letztens mein kinderloser Freund Steffen fragte: »Na, was habt ihr gestern Abend gemacht?«, verstand ich die Frage gar nicht. Wir haben die Kinder ins Bett gebracht. Wie immer.

Man wusste es ja, nicht kinderlose Paare haben es einem vor der Geburt prophezeit: »Alles wird anders. Schlaf, schlaf um dein Leben, schlaf, solange du noch kannst.« Aber Schlaf ist kein Karotteneintopf meiner Mutter. Man kann ihn nicht einfrieren und irgendwann, wenn man ihn braucht, wieder auftauen.

Es ist so, gerade am Anfang: Wir bekommen wenig Schlaf. Selbst das Einschlafen ist schwierig. Die Schafe stehen Schlange, weil wir sie einfach nicht gezählt bekommen. Alles rund ums Thema Schlaf bewegt uns. Wir blicken neidisch auf Siebenschläfer, deren Name Programm ist und die monatelang Winterschlaf halten. Eine Fettschicht habe ich mir schon angefressen – ich wäre bereit.

Auch wäre ich gern eine Schildkröte oder eine Fledermaus, denn auch diese Tiere schlafen mehrere Monate am Stück. Ich darf darüber gar nicht weiter nachdenken, sonst drehe ich nämlich durch. Mittlerweile weiß ich, dass Schlafentzug (nein, nicht Schlaf*anzug* … obwohl: der manchmal auch) der blanke Horror ist.

Ebenso neidisch blicken wir auf Dornröschen, die hundert Jahre schlafen durfte. Wenn mich ein Prinz wach küssen würde, würde ich sagen: »Ich drück lieber noch mal die Schlummertaste!« Zu wenig Schlaf macht mich zum Zornröschen.

Abgesehen davon, dass Eltern an chronischem Schlafmangel leiden, verändert sich auch der Schlafrhythmus dieser leidgeprüften Menschen. Meine Tochter ist nach einer harten »Juhu, ich bekomme einen Zahn«-Nacht mal um sieben Uhr morgens eingeschlafen und ich gleich mit. Ich war gerade in Elternzeit und hatte schon so fröhlich in mich reingelächelt, die ersten Schafe nahmen schon Anlauf, der erste Traum begann gerade, als mein Sohn mich plötzlich an der Schulter rüttelte: »Papa, du musst mich in die Schule fahren!« Stimmt, da gab es ja noch andere Kinder. Einmal war ich so übermüdet, dass ich mich um neun Uhr morgens an die Tankstelle am Nachtschalter anstellte.

Es ist schwierig: Man freut sich schon, wenn ein Bein einschläft. Juhu, zehn Prozent meines Körpers schlafen! Ich sehe mir Fotos von New York an. Wir verbrüdern uns – ich und die Stadt, die niemals schläft. Früher habe ich wie ein Baby geschlafen und jetzt mit Baby. Ein Unterschied wie Nacht und Nacht.

Manchmal schaue ich mein Bett an und lüge nicht, wenn ich sage, dass ich Geld dafür zahlen würde, könnte ich mich doch jetzt nur in dieses gemütliche Kissen kuscheln. Um dann einfach so wegzudusseln. Einfach so. Kein Kind, das:

- heult, weil es etwas hat, das es mir aber nicht sagen kann, weil es schlicht und ergreifend noch nicht sprechen kann.
- Hunger hat oder keinen Hunger hat oder vielleicht Hunger hat oder nur ein bisschen Hunger hat oder so.
- die Windel voll hat, obwohl wir es gerade trockengelegt und zum Schlafen hingelegt haben, um vielleicht selbst ein paar Minuten ... nein, vergiss es.

Und dann kommt nach dem frühen Morgen noch der eigentliche Tag. Der mit bleierner Müdigkeit angegangen werden muss. Mit dem Gefühl, als habe man Zement in den Knochen. Dem Kind ist das egal. Erwähnte ich schon, dass Babys und Kleinkinder gnadenlose Egoisten sind? Es ist ihnen VÖLLIG WURSCHT, wie es ihren Eltern geht. Aber so ist es eben: Ich habe ein Kind, 24/7. Das ist die Ausgangslage.

Es wird mit den Monaten für eine gewisse Zeit etwas besser, denn die ersten Zähne sind da. Heute weiß ich, dass diese Ruhe trügerisch ist. Trotzdem heißt es jetzt: Wie machen wir es uns so angenehm wie möglich? Kinder geben einem doch so viel zurück – da würde ich gern mit meinem Bett anfangen. Denn davon hat der Nachwuchs mittlerweile Besitz ergriffen.

Ich habe mal einen Film namens *Die Croods* gesehen, in dem die Steinzeitfamilie in einem Schlafhaufen geschlafen hat. So ungefähr war es bei uns auch. In der Steinzeit hatte diese besondere Einschlafbegleitung eine gewisse Logik, heute ist es eher unwahrscheinlich, dass der Säbelzahntiger oder ein Mammut vorbeikommt und sich eins unserer Kinder schnappt. Aber wir haben ja schon gelernt, dass vieles einfach in uns Menschen drinsteckt und selbst Jahrtausende daran nichts ändern können. Noch nicht mal ein tolles Hochbett mit einer Rutsche. Also mögen es Kinder sehr, im Schutz der Familie zu schlafen.

Oft hilft hier nur Geduld, denn ähnlich wie beim Toilettengang oder Laufenlernen kann man Kindern das Schlafen nicht *beibringen.* Man kann den Prozess nicht beschleunigen, das Kind bestimmt selbst, ab welchem Lebensjahr es allein schlafen möchte. Ein bestimmtes Schlafverhalten in Form von Trainings zu erlernen reicht nicht aus und führt meist auch auf den völlig falschen Weg. Kinder *können* schlafen, das muss nicht gelernt werden.

Es ist also keine Zeitfrage, ab wann Kinder allein schlafen – es ist eine Kinderfrage. Die Natur hat sie mit ihrem persönlichen, auf sie abgestimmten Schlafprogramm ausgestattet, sie schlafen, wie die Entwicklung das vorsieht.

Und das kann gerade in der Autonomiephase noch einmal erschwert werden. 20 Prozent der Kinder im Alter von etwa zwei Jahren haben Einschlafprobleme. Die gute Nachricht hinterher: Je älter die Kinder werden, desto besser und fester schlafen sie. Dabei kann ihnen eine immer ähnlich ablaufende Abendroutine helfen.

Wir geben in unserer Einschlafbegleitung wirklich alles mit, damit die Kinder gut und irgendwann allein einschlafen können. Das Beste, was wir unseren Kindern beim Einschlafen vermitteln können, sind Geborgenheit, Nähe und Sicherheit. Und das ist nicht unbedingt eine Erziehungsfrage, sondern eine Frage der Zusammenarbeit. Schlafen begleiten ist oft wie ein Computerspiel: Du probierst etwas aus, das klappt nicht, du fängst wieder von vorn an. Im eigenen Bett schlafen ist noch nicht so dein Ding? Dann probieren wir es mal mit der Tragehilfe auf dem laufenden Trockner. Nach meinen Vorträgen erzählen mir die Leute oft, wo ihre Kinder am besten schlafen. Hier meine persönlichen Top Five:

- Auf dem Hund
- In der Waschmaschine (Grundgütiger! Was da alles passieren kann!)
- Auf dem Boden im Supermarkt
- Bei laufendem Fön
- Auf einem Misthaufen neben dem Pferdestall

Als Erwachsene sollten wir den Kindern stets das Signal geben, dass wir an ihrer Seite sind. Wir finden gemeinsam heraus, welches Schlafprogramm das beste für dich ist. Und wenn du den Misthaufen liebst – warum nicht?

Aber warum ist das Einschlafen für Kinder generell so schwierig? Ich denke, sobald wir Eltern aus dem Zimmer sind, füllt sich der Kopf unserer Kinder mit lauter Fragezeichen: Wo sind die Eltern hin? Es ist so dunkel! Habe ich ein Licht? Höre ich die Stimmen meiner Eltern, die mich beruhigen? Habe ich meinen Teddy? Wo ist das Hörspiel? Was war das für ein Knarren? Mamaaaaa!

Wir sind hier für alle Fragen offen und wollen die Fragezeichen in Ausrufezeichen verwandeln. Wir bekommen jeden Samstag eine Zeitung für Kinder mit einem Steckbrief zum Ausfüllen darin. Bei der Frage: »Was macht dir Angst?« schreibt jedes Kind: »Dunkelheit!« Da spielt das Alter keine Rolle.

Und ich kann die Kinder verstehen. Die Nacht hat einfach etwas Düsteres. Viele Horror- und Gruselfilme spielen nicht am frühen Nachmittag, nach dem Motto: »Der Mörder kam zwischen Kaffee und Kuchen!«, sondern nachts. Wenn ich bei Tageslicht zu Vorträgen fahre, kommen mir verlassene Wälder sehr schön und idyllisch vor. Wenn ich dann nachts wieder zurückfahre, empfinde ich die Umgebung eher als unangenehm und unheimlich.

Als Kind hatte ich Probleme damit, dass unser Wohnzimmer am anderen Ende des Hauses lag. Das hat mir sehr große Angst gemacht, ich habe oft darauf gewartet, dass meine Eltern endlich zu Bett gingen. Denn ihr Schlafzimmer lag neben meinem Zimmer – in Hörweite.

Die Nacht ist einfach ein spezieller Tagesabschnitt, gerade für Kinder. Deshalb besorgen wir uns schnell Nachtlichter wie zum Beispiel leuchtende Sterne, die wir an die Zimmerdecke kleben, um ein wenig Licht ins Dunkel zu bringen. Mit drei Jahren sehnt man sich einfach noch nach der Familie oder dem Familienbett. Dafür habe ich vollstes Verständnis – wenn auch nicht immer. Etwa dann nicht, wenn mir meine Fünfjährige nachts mit dem Knie ins Gesicht tritt und mir meine Schlaf-App am nächsten Morgen mitteilt, dass ich sehr tief geschlafen habe (genau genommen war ich zwei Stunden ohnmächtig).

Werden die Kinder älter, kann man Alternativen anbieten, beispielsweise eine Matratze, die man neben das elterliche Bett legt. Darauf können sich die Kids dann austoben, sie können meinetwegen Purzelbäume schlagen oder einen doppelten Rittberger machen. Auf dem Bett springen ist bei uns erlaubt, schließlich ist es ein Boxspringbett. Meine Güte, hätten die das nicht anders nennen können!

Als Eltern merkt man schnell: Die Paarzeit kommt zu kurz oder ist im Gegensatz zu den Eltern eingeschlafen. Ebenso wie das Kind im Elternbett. Hier gilt es, die Situation eine Zeit lang zu akzeptieren. Es finden sich schon Möglichkeiten für die Paarzeit, sonst würden die Kinder ja oft nicht so kurz hintereinander kommen.

Nun zum Alltag. Wir alle kennen diese Problematik bei kleineren Kindern: »Oh nein, er hat eine Stunde in der Kita geschlafen! Jetzt haben wir heute Abend open end!« Und wir alle kennen diesen Moment, wenn er sie aus dem Auto anruft und sagt: »Schatz, es ist passiert! Er ist mir eingeschlafen! Um 17 Uhr 12!« Das ist ein Scheidungsgrund, das ist schlicht und ergreifend eine Katastrophe.

»Wieso hast du das zugelassen? Warum hast du ihn denn nicht mit Singen wachgehalten?« Hab ich ja versucht, aber er ist vom Singen eingeschlafen. »Du hättest anhalten müssen!« Auf der Autobahn? So. Man kann nix machen. Dann schläft unser Kind eben ab 17 Uhr 12 und wir freuen uns schon auf das gemeinsame Frühstück um 1 Uhr 30. Das wird schön.

Es gibt, das wissen wir mittlerweile aus der Schlafforschung, solche Schlaf-Zeitfenster, in denen unser Kind prima einschlafen kann. Ist dieser Punkt verstrichen, muss man auf den Bus mit dem Sandmännchen an Bord warten, auf den E-Bus, den Einschlafbus.

Das Tragetuch oder die Trage hilft schon sehr über den Tag, aber irgendwann werden sie dafür zu schwer. Jetzt geht es ums Ab- und Hinlegen. Wie machen wir es also am Abend?

Wir haben unseren vollen Sack mit Einschlafritualen dabei. Wiederkehrende Einschlafrituale und die Erkenntnis, dass die sich im Laufe der Kindheit auch ändern können, helfen. Sehr beliebt sind das Geschichtenerzählen und das Vorlesen. Hierbei sollte man sich auf eine Geschichte beschränken. Beim Abendritual muss es keine Zugaben geben. Es kann auch durchaus immer dieselbe Geschichte sein. Wir denken: Nicht schon wieder Leo Lausemaus mit dieser merkwürdigen, strengen Mutter, aber unser Kind findet da immer wieder etwas Neues und kann die Geschichte endlos oft hören.

Wenn man dann denkt, das Kind sei eingeschlafen, und man hat gedanklich schon das Badewasser eingelassen, kommt noch eine Hürde: sich lautlos aus dem Zimmer zu schleichen. Während wir behände über Berge aus Einhörnern und Legosteinen hinwegklettern, kommt uns plötzlich eins unserer Knie in die Quere. Dass dieses Knie Geräusche macht, weiß ich erst, seitdem ich Kinder habe. Es knackt. Und zwar richtig laut, dieser Krawallmacher.

Bitte nie rausschleichen, wenn das Kind noch wach ist. Dann darf man gern sagen: »Ich bin kurz bei der Wäsche, ich schaue gleich noch mal nach dir!« Was dann natürlich auch getan werden sollte. Nur so fühlt sich das Kind sicher und kann entspannt einschlafen.

Und ich habe noch eine Bitte an euch: Lasst euch auch bei diesem Thema nicht von anderen verrückt machen. Gerade ältere Leute sind früher ganz anders erzogen worden und haben selbst auch ganz anders erzogen. Es gibt Sätze, die möchte man nehmen und den Menschen, der sie von sich gegeben hat, damit windelweich prügeln:

»Also zu meiner Zeit hat man nicht so ein Geschiss gemacht.«

»Ruhig mal weinen lassen.«

»Bei mir würde sie schon längst schlafen.«

»Kein Wunder, dass sie euch auf der Nase herumtanzt.«

Bei meinem Freund Jochen war es übrigens die Bandscheibe, die ihn immer wieder ärgerte. Sein Sohn wollte beim Einschlafen immer seinen Finger halten, doch das Sitzen in dieser Haltung bereitete Jochen große Schmerzen. Irgendwann wusste er sich nicht mehr anders zu helfen, als seinem Sohn ein kleines Wiener Würstchen als Fingerersatz in die Hand zu drücken. Was will man machen.

Fakt ist: Wir hatten oft einen harten Tag und sind manchmal einfach energielos und fertig. Wir wissen nicht, was wir noch tun können, damit unser Kind einschläft. Wir wollen doch nur Feierabend haben – ein Gedanke, bei dem Pädagogen immer böse gucken, der menschlich aber vollkommen verständlich ist.

Ich finde, der Gedanke darf auch sein. Das geht jedem mal so. Trotzdem wollen wir unserem Kind vermitteln, dass wir da sind, dass wir nicht weggehen und dass es gerade im Dunkeln, gerade beim Einschlafen, immer auf uns zählen kann. Denn das Kind kooperiert letztlich nur, wenn es sich wertgeschätzt fühlt, wenn es ernst genommen wird und kein erzwungenes Verhalten zeigen muss, nur um den Eltern zu gehorchen. Es geht auch hier um Verbindung. Die ist immer da.

Die gute Nachricht ist: Es gibt vieles, das wir in der Zeit, in der wir bei unserem Kind liegen, machen und ausprobieren können. Ja, da gibt es Möglichkeiten!

Rasenmähen gehört nicht dazu, aber einfach ruhig daliegen, vielleicht einen Podcast hören oder ein eBook lesen, das Kind streicheln, mit ihm kuscheln, es im Arm halten oder auch etwas singen. Mein Gesang hilft beim Einschlafen leider nicht.

Auch ein Hörspiel finden viele Kinder zum Einschlafen toll. Ich bin jahrelang mit TKKG eingeschlafen. Es gibt mittlerweile auch nette Apps, etwa »7mind«, bei denen das Kind entspannte Geschichten zum Einschlafen hören kann. Auch Yogamusik und Meeresrauschen sind möglich, wobei ich da ständig auf Klo muss. Man kann auch wunderbare Traumreisen-Geschichten vorlesen, das hat vielen Eltern sehr geholfen. Auch wenn meine Traumreise vom Bett des Kindes auf meine Couch nie wirklich gut ankam.

Normalerweise gilt: Keine Spiele in die Abendroutine einbauen. Schlafanzug, Zähne putzen, kuscheln, vorlesen, Hörspiel hören, fertig. Das Spielen versetzt die Kinder noch einmal in einen anderen Modus. In einen wacheren Modus.

Was ist, wenn sich Geschwister gegenseitig wachhalten oder sogar streiten – sollen wir die Kinder dann getrennt ins Bett bringen? In diesem Fall sollte man dem einen Kind mitteilen, dass man noch ein paar Minuten beim anderen Kind bleibt und dann wieder zurückkommt. Häufig kann das in einem Halbmarathon enden, der Ewigkeiten dauert. Ich habe meiner Tochter für diese Zeit eine Geschichte auf ein Kreativ-Tonie gesprochen, sodass sie meine Stimme hört. Das findet sie sehr gut, denn so bleiben wir in Verbindung.

Meine Haltung war immer: Ich bin hier, um dir beim Einschlafen zu helfen, und ich bleibe auch so lange bei dir. Ich liege dabei, du bist leise und schließt deine Augen. Oft habe ich das Köpfchen oder unruhige Körperteile gestreichelt. Das hilft dem Kind, sich zu spüren und in seinen Körper hineinzukommen. Es hilft beim Einschlafen. Und was soll ich sagen? Ich war tatsächlich ruckzuck eingeschlafen. Also manchmal. Auch nicht gerade der Sinn der Sache.

Eines muss euch klar sein: Wenn ihr dringend weg möchtet oder noch etwas Dringendes zu erledigen habt, schläft euer Kind viel schlechter ein. Und wenn ihr vorher schon denkt, dass das mit dem Einschlafen wieder der Horror wird, wird das Kind das ebenfalls spüren. Kinder sind Seelenleser. Sie spüren kleinste Schwingungen.

Die Haltung ist also mit entscheidend. Denkt euch: Ich bin jetzt bei meinem Kind. Ich bin verbunden. Mein Kind macht das mega glücklich. Unfassbar froh. Es schläft ein, als hätte es ständig Hundewelpen vor Augen. Es lächelt wie ein Student, der nach einem halben Jahr Mensa wieder von seiner Mutter bekocht wird. Es lächelt wie ich, wenn das Ablaufdatum meines Joghurts mein Geburtstag ist. Unser Kind ist happy und dankbar, dass es jetzt beruhigt wird und sicher einschlafen kann. In dem Moment bist du mehr denn je der allerwichtigste Mensch in seinem Leben. Ist das nicht wunderbar?

Nur mit gestillten Bedürfnissen kann man gut einschlafen. Entspannte Eltern plus entspannte Kinder ist gleich entspannter Schlaf.

Ebenso wird das Kind es spüren, wenn wir wirklich nicht mehr können und Ich- sowie Schlaf-Zeit brauchen. Dringend. Wenn unser Kind beispielsweise die Nacht zum Tage macht und denkt: Vier Uhr! Zeit, dass wir mal die Kuscheltiere füttern und die Einhörner verarzten, auf denen Papa rumgetrampelt ist, außerdem das 1000-Teile-Puzzle anfangen und die Matchbox-Autos durch die Gegend schmeißen! – dann dürfen wir das gern klar kommunizieren: »Ich muss jetzt ruhig daliegen, ich bin sehr müde. Ich möchte jetzt schlafen!« Man kann einfach nicht mehr. Es geht nicht anders.

An dieser Stelle muss ich noch auf den sogenannten Nachtschreck hinweisen, der bei Zwei- bis Sechsjährigen auftreten kann. Dabei schreckt das Kind in der ersten Nachthälfte, also nach zwei bis drei Stunden Schlaf, schweißgebadet auf und weint. Es geht hier um einen Reifeprozess im Gehirn, der noch nicht vollzogen ist. Das Gehirn hat Probleme, vom Tief- zum Traumschlaf zu zappen. Das Kind ist dann oft nicht ansprechbar und kann sich manchmal morgens nicht mehr daran erinnern. Gesundheitlich ist das Ganze auf jeden Fall unbedenklich.

Hinzu kommt noch, dass auch das Wachsen hin und wieder schmerzen kann. Hier tun Streicheleinheiten gut. So wird man als Vater zum Physiotherapeuten. Ist doch schön, wie viele Berufe man plötzlich ausübt, wenn man Kinder hat. Man ist Chauffeur, Bademeister, Sternekoch, Chef eines Schlaflabors, Zahnarzt, Notarzt und Psychotherapeut. Und das alles, ohne studiert zu haben. Das muss uns erst mal einer nachmachen!

Schlafen ist etwas sehr Individuelles, und gerade Kinder brauchen häufig mehr Zeit, um den Tag zu verarbeiten. Oft kommen sie noch mal aus dem Bett und suchen Nähe und Verbindung. Manchmal wollen sie auch einfach nur schauen, was Papa und Mama in ihrer »Elternzeit« so machen. Hier ist es ratsam, keine großen Aktionen zu starten, sondern überaus langweilige Gespräche zu führen. Verbal zur Ruhe zu kommen. »Ich überlege gerade, wie ich den tropfenden Wasserhahn in den Griff bekomme. Der tropft und tropft und tropft. Wann besuchen wir denn mal wieder Tante Gitta? Wollen wir uns noch kurz ein Wirtschaftsmagazin anschauen?« Und das Kind denkt: Altaaaa, das macht ihr mit eurer freien Zeit. Über die tropfende Gitta reden oder so ähnlich! Ich bin raus! Da geh ich lieber pennen! Das kann durchaus funktionieren. Bachblüten – das Musical.

Wenn grundsätzlich der Wurm drin ist, sollte man das Einschlafkonzept überdenken. Manchmal hilft auch noch mal auspowern, um zur Ruhe zu kommen. Auch verbal: über den Tag reden, um ihn dann zu beenden.

Hierbei ist es wichtig, dass wir den Tag positiv verabschieden. Eine kleine, aber kurze Zusammenfassung, was unser Kind, aber auch wir, alles gut gemacht haben, stärkt unseren Selbstwert ungemein. Getreu dem Grundsatz: Jetzt habe ich das so oft gehört, jetzt glaube ich das auch! Das gilt auch für Erwachsene. Niemals mit schlechten Gedanken oder sogar im Streit einschlafen.

Grundsätzlich und gerade im Dunkeln gilt: Wer sich sicher und wohl fühlt, kann den Tag und sich leichter loslassen. Und manchmal will unser Kind einfach dies: Bis es einschläft, sollen Mama oder Papa bitte liegen bleiben.

Bitte nicht verzweifeln. Es ist nun mal so, wie es ist. Außerdem kann man sich ja mit dem Partner abwechseln. Das Warmup davor (alles, was im Bad passiert) übernimmt beispielsweise der Vater, die Mutter ist dann beim Einschlafen dran. Und jeder darf es auf seine Art machen.

Einschlafen hat immer etwas Bedrohliches. Man verliert die Kontrolle und hat, überspitzt gesagt, keine Ahnung, ob man am nächsten Tag noch da liegt oder bereits bis auf die Knochen abgenagt wurde. Vielleicht erinnert sich der eine oder die andere noch an den Steinzeitfilm *Am Anfang war das Feuer.* Da gibt es eine Szene, in der sich ein Steinzeitmensch vor einem menschenfressenden Tier, einer Säbelzahnkatze nämlich, auf einen Baum rettet. Irgendwann wird dieser Mensch jedoch müde und schläft ein, nur um dann schreiend aufzuwachen, weil er vom Baum gefallen ist. Der Steinzeitmann hat Glück: Das Tier ist weg, und er kann sich auf den Weg zu seiner Steinzeitfrau in die Steinzeithöhle machen. Schlaf kann mitunter also ganz schön gefährlich sein.

Deshalb muss für unsere Kinder vor dem Einschlafen alles in trockenen Tüchern und trockenen Windeln sein. Sie benötigen die maximale Sicherheitsstufe. Denn nur wer entspannt ist, kann gut einschlafen. Auch wir Erwachsenen schlafen erst gut, wenn wir entspannt sind und nicht gezwungen wurden einzuschlafen. Nicht gezwungen wurden einzuschlafen? Hahahaha! Ein Brüller!

Was sich hier allerdings so logisch anhört, ist bei Weitem nicht immer so. Wer schlafen will, sollte tatsächlich müde sein. Ich zum Beispiel war früher immer zu früh im Bett und konnte einfach noch nicht schlafen. Früher (seufz). Heute kann ich gar nicht früh genug im Bett sein.

In der Schlafforschung wird hier zwischen Lerchen und Eulen unterschieden. Die Eulen kommen nur schwer aus dem Bett und abends nicht gut ins Bett, die Lerchen gehen früh ins Bett und stehen auch früh auf. Kinder sind von Natur aus Eulen. Das hat den Vorteil, dass die Eltern zumindest am Wochenende etwas länger schlafen können. Fällt irgendwann der Mittagsschlaf weg, wird es ein wenig besser, dann sind die Kinder abends eher müde. Allerdings ist diese Übergangszeit auch nicht einfach: Die Kinder werden zur Mittagszeit quengelig, weil sie zu dieser Zeit früher geschlafen haben.

Nun gibt es aber, wie oben bereits erwähnt (um 17 Uhr 12 im Auto eingeschlafen), auch das Phänomen, dass das Kind müde ist und schlafen will, aber nicht soll, weil dann abends wieder Rambazamba angesagt ist. Dann versuchen Eltern, ihr Kind wachzuhalten. Und man glaubt ja gar nicht, was sie dafür alles anstellen, vor allem im Auto. Sie beschreiben die (absolut uninteressante) Gegend, meckern wie Ziegen, muhen wie Kühe, singen selbst erfundene Lieder, in denen Pups und Kackapups vorkommen und rufen: »Guck mal, ein Dino! Ach, doch nicht« – alles, damit der Nachwuchs bloß nicht einschläft und dann abends um acht putzmunter ist.

Am wirksamsten ist hier tatsächlich das Tablet. Und wenn man dann zu Hause ankommt und es geschafft hat, das Kind wachzuhalten, fühlt man sich, als hätte man gerade einen Achttausender bestiegen. Als Erster. Die Tragik des Elterndaseins: Man ist stolz wie Oscar, bekommt aber keinen.

An dieser Stelle noch mal ein kurzes Loblied auf den Mittagsschlaf alias Power Nap. Der ist auch in meinem Alter wieder sehr beliebt, aber leider nicht immer möglich und erwünscht. Wenn er geht, feiere ich das immer. Mein pubertierender Sohn hält auch Mittagsschlaf, allerdings wird er vorher gar nicht erst wach. Der Mittagsschlaf kleinerer Kinder ist auch was Tolles, weil man als Elternteil denkt, dass man in dieser knappen halben Stunde folgende Dinge erledigen kann: die vier Blusen bügeln, die man vor der Geburt des Babys noch bügeln wollte, kochen, in Ruhe was essen, duschen, staubsaugen, Spülmaschine aus- und einräumen, Karotten schälen und fein raspeln, Hose nähen, Kissen mit Streublumen besticken, Steuererklärungen der letzten drei Jahre machen und kurz mit hinlegen, wenn dann noch 20 Minuten Zeit sind. In Wirklichkeit läuft es dann so: kurz Klo, drei WhatsApp beantworten, Kind wieder wach. Trotzdem: Ich liebe den Mittagsschlaf! Weil man sich in dieser Zeit gerade mit Baby oft selbst hinlegen kann – und dann hoffentlich kein Paketzusteller klingelt, der größte natürliche Feind des Mittagsschläfers.

Am Anfang waren wir mit dem späten Einschlafen unserer Kinder gar nicht happy. Denn auch wir wollten, wie mit Sicherheit viele Eltern, dass sie nicht später als 21 Uhr 30 ins Bett gehen, damit wir noch etwas vom Abend haben. Wir haben dann aber schnell unsere Nachtkinder akzeptiert und gehen sogar humorvoll mit dieser Tatsache um. Wir formulieren es, wenn wir mit anderen Eltern darüber reden, so: »Wir erziehen mediterran.« Denn ganz ehrlich: Wer mag schon Eltern, die sagen: »Unser Kind schläft von sieben bis sieben! Das hat es schon nach sechs Monaten gemacht! Wir haben da auch früh angefangen!« Den Satz: »Wir haben da auch früh angefangen« kann man eh vergessen. Denn wie gesagt: Die Natur, das Kind und dessen Bauplan geben vor, welches Schlafverhalten das Kind an den Tag beziehungsweise an die Nacht legt.

Wir haben dies akzeptieren müssen: Kinder schlafen nur, wenn sie müde sind. Wie wir Erwachsenen auch. Wenn die Eltern genervt und unentspannt sind, beziehen die Kinder dies gern auf sich. Dann können sie schlechter einschlafen. Oft ist man ja nicht genervt, weil das Kind nicht einschläft, sondern weil zu viel auf dieser bescheuerten To-Do-Liste steht und man keinerlei Zeit für sich hat. Hier hilft es, eventuell noch einmal ein Gespräch mit dem Partner zu führen. Man darf sich da gern gegenseitig unterstützen.

Schwierig ist es, wenn die Kinder in der Nacht fordernd werden und ständig nach Dingen fragen: »Mein Kuscheltier ist weg, kannst du es suchen, Mama?« »Ich hab schlimm Durst!« »Mir ist zu warm, jetzt zu kalt, jetzt irgendwas!« »Wo ist die grüne Decke, warum ist die nicht da, ohne die kann ich nicht schlafen.« Die grüne Decke liegt noch nass in der Waschmaschine. Hier muss man auch hin und wieder Nein sagen, dies aber mit: »Ich verstehe, dass du das willst. Ich verstehe, dass du enttäuscht bist, dass es nicht geht!« Gleichzeitig dürfen Alternativen wie Kuscheln angeboten werden, denn oft geht es ja auch nur um Nähe und Verbindung. Vielleicht kann man hierfür auch ein spezielles Schlafstofftier etablieren.

Oft bemerkt man auch emotionale Veränderungen beim Kind, wenn sich ein Geschwisterchen ankündigt oder gerade geboren wurde. Hier sucht das Kind vor allem nachts die Nähe zu den Eltern und überprüft, ob es weiter mit ihnen rechnen kann. Ihm brennen gewissermaßen die Sicherheiten durch. Hier hilft viel kuscheln, soweit das machbar ist.

Es gibt auch Eltern, die sagen: »Wieso muss man danebenliegen, wenn das Kind einschläft? Wir sagen Gute Nacht, und dann schläft es. Natürlich in seinem Bett. Wo denn sonst?« Dann gucken diese Eltern einen noch so mitleidig an, so nach dem Motto: Ihr könnt es halt nicht. Wir schon. Man möchte sie schütteln.

Wenn das bei diesen Eltern so ist: Glückwunsch! Allerdings ist jedes Kind anders und schläft auch anders. Man sollte diese Menschen mal fragen, ob sie selbst auch so gern allein einschlafen. Ich mag es, wenn meine Partnerin bei mir schläft. Warum sollte mein Kind dann allein sein?

Vielleicht haben diese Eltern keine gute Partnerschaft. Vielleicht mögen sie sich eigentlich nicht und versuchen, mit solchen blöden Sprüchen wenigstens ein bisschen was Positives für sich mitnehmen zu können. Eigentlich stehen sie schon kurz vor der Scheidung. Bestimmt hat er eine Geliebte und sie hat was mit dem Postboten. Gut, dass es uns da doch besser geht. Ich bin 45 und werde stets von meiner Frau einschlafbegleitet. Ein wunderbares Gefühl. So. Hätten wir das auch geklärt.

Oft ist es auch so, dass die Menschen, die die These vertreten, ein Kind sollte auf Knopfdruck einschlafen können, in der eigenen Kindheit leider nicht sonderlich angenehm in den Schlaf gebracht wurden. Und das wird dann wieder getriggert. Lasst euch von diesen Menschen nicht verunsichern. Du bist die Mutter. Du bist der Vater. Hört auf euer Herz.

Natürlich gibt es auch Kinder, die schon mit drei bis vier Monaten allein ein- und durchschlafen. Das ist dann auch vollkommen in Ordnung. Manche Eltern machen sich dann Sorgen, halten dem Baby einen Spiegel unter die Nase, um zu sehen, ob es noch atmet, und wecken es damit auf. Bitte nicht! Seid doch einfach froh!

Wichtig ist lediglich: Das Kind braucht eine Verbindung zu Mama und/oder Papa, damit es entspannt einschlafen kann.

Eine befreundete Psychologin hat uns mal ein Wollknäuel in die Hand gedrückt: ein Ende für uns Eltern im Wohnzimmer auf der Couch, das andere für das Kind im Schlafzimmer. So, dass jeder am Wollfaden ziehen kann, wenn er etwas möchte. Ich fand das eine wunderbare Idee, nur unsere Katze hat es verrückt gemacht.

Gerade bei jüngeren Kindern sollte man den Schlaf begleiten, Rituale ausprobieren und gegebenenfalls anpassen. Es passiert ja auch über den Tag hinweg immer mehr und mehr bei den Kindern, insbesondere wenn das Schulalter näherrückt.

Kinder mögen Geräusche. In vielen Ländern schlafen sie einfach im Wohnzimmer auf der Couch ein. Die Eltern sind da, und die Kinder fühlen sich sicher. Manchmal unterhalten sich die Eltern bei einem Glas Wein. Manchmal sind noch andere Leute da. Trotz dezenter Geräuschkulisse finden die Kinder das klasse. Und Wein finden die Eltern klasse. Das könnte eine weitere Idee für eure Einschlafhilfe sein.

Und wer weiß: Vielleicht schicken uns die Kinder auch irgendwann selbst aus dem Zimmer. Die Zeit vergeht so schnell. Macht einfach so weiter, wie es sich für euch gut anfühlt und wie es zu eurem Kind passt. Findet gemeinsam heraus, wie das Schlafprogramm abläuft. Das ist ein wenig so wie das Programm einer Waschmaschine: Manchmal hilft eine kurze Wäsche, manchmal muss die Wäsche vorbehandelt und sogar nachbehandelt werden. (Kinder mit Wäsche zu vergleichen – ts, ts, ts.) Manchmal müssen die Kinder umgebettet werden, von der Couch ins Bett. Manche Kinder mögen das oder kommen damit zurecht, bei anderen erzeugt es Angst. Probiert es aus und passt euch an.

Die Einschlafbegleitung sollte nicht vom Alter abhängig gemacht werden. Manche Kinder brauchen länger, um allein einschlafen zu können. Hier ist, je nachdem wie der Tag für das Kind gelaufen ist, Flexibilität gefragt: An manchen Abenden wird länger gekuschelt, manchmal reicht eine Geschichte. Unser Sohn schläft mittlerweile in seinem Bett. Nur, wenn ich auf Vortragsreise bin, schläft er auf meiner Seite des elterlichen Bettes. Und darüber freut sich nicht nur mein Sohn. Meine Tochter liegt ebenfalls noch häufig bei uns im Bett. Und am Wochenende betont sie stets: »Ich stehe immer als Erste auf!« Was nicht verwunderlich ist. Ich bitte dann oft um Ausschlafbegleitung. Meine Tochter ignoriert diesen Wunsch leider. Ich kam mal sehr spät von einem Vortrag nach Hause und wollte entsprechend länger schlummern, da weckte sie mich morgens schreiend mit: »Papa, ich weck jetzt die Mama. DANN KANNST DU SCHÖN WEITERSCHLAFEN!« Danke. Danke.

Nehmt also bitte noch etwas aus diesem Kapitel mit: Euer Bedürfnis nach Ruhe ist auch wichtig! Eure Entspannung wird sich immer auf euer Kind übertragen. Vielleicht probiert ihr auch mal das aus und kündigt es vorher an: »In den nächsten beiden Wochen werde ich nach dem Handhalten ins Wohnzimmer zu Papa/Mama gehen. Du hörst uns dann reden!« Oder: »In den nächsten Tagen kannst du dich darauf einstellen, mal in deinem Bett zu schlafen!« Dann werden wir sehen, was das mit unserem Kind macht. Formuliert es aus dem Bauch heraus und tragt es möglichst entspannt vor. Das ist nicht immer einfach, ich weiß. Aber ein: »Du wirst zukünftig in deinem Bett schlafen! Du bist jetzt wirklich alt genug!« wird wahrscheinlich nicht die erwünschte Wirkung erzeugen.

Noch einmal sei gesagt: Lasst euch von den »Mein Kind schläft von sieben bis sieben«-Eltern und anderen Klugscheißern nicht verunsichern. Deren Kind schläft vielleicht heute durch. Heute. Das kann morgen aber schon ganz anders sein, hehe. Leider werden wir das nie erfahren. Bleibt bei eurem Kind. Wenn ihr dem Bedürfnis Nähe nachgebt, habt ihr in der Erziehung nicht versagt – das ist kein Erziehungsfehler, wie einem oft eingeredet wird. Das Schlafengehen hat sowieso nichts mit Erziehung, sondern mit Zusammenarbeit zu tun. Wir sind ein Team und finden gemeinsam heraus, wie es am besten geht.

Und nein, liebe andere: Wir fangen nicht zu spät damit an, wir verwöhnen unsere Kinder auch nicht und wir müssen nicht »durchgreifen«! Sie wickeln uns nicht um den Finger, sie manipulieren uns nicht, sie sind weder verzogen noch schlecht erzogen. Sie tanzen uns auch nicht auf der Nase rum. Nein, mein Kind hat einfach nur Lust, beim Einschlafen in meinen Armen zu liegen, weil ich für mein Kind der sicherste Ort der Welt bin. Ihr macht es so, wir machen es so!

Ach ja, und was kann man eigentlich noch in besagtem Aerosmith-Song »I don't want to miss a thing« hören? Auf Deutsch das hier:

»Ich könnte wach liegen bleiben, nur um dich atmen zu hören, zusehen, wie du lächelst, während du schläfst. Während du weit weg bist und träumst. Ich könnte mein Leben in Hingabe an diesen wunderschönen Augenblick verbringen. Ich könnte mich für immer in diesem Moment verlieren, wie in jedem Moment, den ich mit dir verbringe!«

Steven Tyler mag das für eine Frau geschrieben haben. Muss aber nicht sein. Er hat schließlich auch vier Kinder.

KAPITEL 11

Trocken werden – von Windeln verweht

Die Toilette ist für mich schon immer ein Ort der Ruhe. Tür zu, abschließen und durchatmen – zumindest vorher.

Mittlerweile habe ich zwei Kinder, die mir mein Fliesen-Wellness etwas erschweren. Zum einen ist da mein pubertierender Sohn, der ständig mit dem Handy aufs Klo geht und wohl erst mit 18 wieder rauskommen möchte, wenn es Abizeugnisse gibt. Einmal rief er: »Papa, Papa!« Ich bin natürlich schnell hingelaufen und fragte: »Klopapier?« Er brüllte verzweifelt zurück: »Ladekabel, schnell, schnell!« Mit Power-Bank sein Geschäft erledigen. Sehr schöner Ansatz mit krachendem Abgang.

Mit meiner Tochter passierte mal etwas, das mich sehr verwundert hat. Ich sagte irgendwann mal, als sie so knapp zwei Jahre alt war: »Ich geh mal aufs Klo!« Ich hatte mir nichts dabei gedacht. Sie aber entgegnete etwas sehr Sonderbares. Sie sagte: »Ich komme mit!« Mein Satz war als reine Info gedacht gewesen, nicht als Einladung. Ich war erst einmal sprachlos und erwiderte recht verdutzt und spontan: »Okay, cool!« Und fügte noch gedankenverloren hinzu: »Das wird bestimmt toll!« Aber was redete ich denn da? Denn klar war: Wir gehen hier auf keinen Spielplatz, in keinen Holiday Park und auch nicht ins Disneyland Paris. Wir gehen auf *Klo*. Der Gedanke schien ihr zu gefallen, denn sie wollte jetzt immer mal wieder mit. Sie sah sich alles genau an, stellte Fragen, kritisierte und reflektierte. Ich kam mir vor wie ein Museum, sie war angetan. Ich hatte vorher gar nicht gewusst, dass es für so ein Event überhaupt eine Gästeliste gibt. Für mich war der Toilettengang noch nie eine besondere Attraktion gewesen. Kein Flix-Bus fährt zu einem Dixi-Klo. Und Jochen Schweizer hat den Gang zur Toilette auch noch nicht in seinen Abenteuerkatalog aufgenommen. Das will schon was heißen. Und dann musste ich ehrlich gesagt auch schnell feststellen: Auf Publikum bin ich hier nicht vorbereitet.

Aber es war so. Offenbar wollte das Kind es von der Kachel auf lernen. Irgendwann ist man als Eltern so weit, dass man sich nicht mehr einen Lottogewinn wünscht, ein eigenes Haus oder ein neues Auto – nein, man freut sich, wenn man allein aufs Klo gehen kann. Ich stellte fest: Auch hier ist man wohl Vorbild. Im Erklären, im Vormachen und im Vorleben. Läuft bei mir – und bei dir bestimmt bald auch.

Warum erzähle ich das eigentlich? Ganz einfach: Ab diesem Zeitpunkt bestand bei mir die Hoffnung, dass sich meine Tochter so einiges abschaute, dass sie nun bald trocken werden würde. Dass sie quasi Weiterbildung bei Papa machte. Ein Tröpfchen ins Töpfchen und später dann selbstständig auf die Toilette gehen, das wäre super. Das ist das, was Eltern wollen. Ich wollte das auch. Meine Pampers-Performance hatte sich zwar mehr und mehr verbessert, doch wollte ich auch eher heute als morgen, dass wir das Thema Windeln in trockenen Tüchern hatten. Absolut verständlich. Denn es gibt angenehmere Dinge für uns

Eltern. Manchmal war es echt heftig – wenn es zu viel »groß« war. Aber da muss man durch. Zum Glück nur im übertragenen Sinn.

Trägt das Kind noch Windeln, können Außenstehende manchmal ganz besondere Verhaltensweisen bei den Eltern beobachten. Sie halten ihr Kind in die Höhe, als hätten sie gerade Wimbledon gewonnen, und riechen dann an dem Pokal, um zu überprüfen, ob das Kind »Kacka in der Hose hat«. Ich mag die Begriffe »groß« und »klein« lieber – negative Bezeichnungen machen es mir einfach zu negativ. Außerdem geht es mir auf den Keks, dass viele Menschen so viele Begriffe für »groß« und »klein« haben und der Umgebung dann auch noch lautstark mitteilen müssen, wie es gerade in der Windel aussieht. Jedem teilen sie das mit, egal wo sie sich gerade befinden. Es gibt für sie keinen Ort, an dem nicht über das Geschäft des Kindes gesprochen wird, sei es im Supermarkt, bei Ikea oder im Restaurant. Dort ist es ganz besonders wundervoll, wenn Oma Klein-Viktor hochhält, an der Windel schnuppert und begeistert ruft: »Da hat aber jemand ganz viel Scheißerchen ins Windelchen gemacht, ei wie fein!« Oder an der Wursttheke: Es schwallt ein Geruch aus dem Tragetuch, und Mutti dreht sich um und sagt glücklich: »Jetzt riecht man schon, dass Torben gern Fleisch isst!« Glückwunsch.

Es gibt ja netterweise inzwischen in vielen Geschäften, vor allem in Drogerien, Wickeltische. Manchmal bekommt man dort sogar eine Windel umsonst. Und es ist ein sehr schönes Erlebnis, wenn man als Kunde an Mutter und Kind vorbeigeht und die Mutter die Windel ausgebreitet hat, um zu gucken, »ob die Glasmurmel schon wieder rausgekommen ist«. Schön ist auch, dass manche Leute die vollgeschissene Windel einfach da liegen lassen, nur halbherzig zugeklebt. Soll doch ein Mitarbeiter des

Geschäfts das Geschäft entsorgen. Und dass der ganze Laden in der Zwischenzeit stinkt wie ein Schweinekoben, interessiert auch keine Sau.

Jedenfalls gilt fürs Trockenwerden wie für viele andere Situationen mit unseren Kindern für uns Eltern schlicht das: Wir machen bitte keinen Druck. Die Natur hat unserem Kind seinen eigenen Bauplan mitgegeben, und der ist sehr individuell. Der Darm hat da seinen eigenen Kopf. Kinder gehen nicht schneller auf die Toilette, wenn wir versuchen, sie dazu zu überreden; sie haben ihr eigenes Tempo, und da helfen auch keine hysterischen Großeltern: »Machst du für Oma Pipi ins Töpfchen, das strullert ganz toll! Dann kriegst du von Oma auch einen Lutscher. Nun mach doch ins Töpfchen, nun mach doch!« »Jetzt macht unser kleiner Mann aber ein grooooooooßes Häufchen für den Opa, da freut sich der Opa, uiiiiiiii, wie der sich da freut. Warum macht der kleine Mann denn nicht groß, hm? Der kleine Mann will doch ein groooooοßer Mann werden.« Da könnte ich auch nicht.

Dieses von der Natur eingebaute Programm ist, wenn wir es mit dem TV-Programm vergleichen wollen, manchmal eine seichte Romanze. Wir wickeln unser Kind gemütlich, und unser Baby schaut sich gedankenverloren das Sternenmobile an, das über seinem Kopf schwebt. Manchmal ist es aber auch der blanke Horror, wenn man nachts mit dem Spruch geweckt wird: »Mama, Papa, mir ist schlecht!« Und es, wie Eltern es gern so blumig formulieren, »oben und hinten rauskommt«. Der blankeste Horror aller Zeiten passiert dann, wenn später das Übernachtungskind kommt und diesen Satz sagt. Und dies dann »oben« weiter ausführt – direkt in meine neuen New-Balance-

Schuhe rein. Wirklich passiert. Da war meine Balance erst mal erheblich gestört, um es mal vorsichtig auszudrücken. Das war der Moment, in dem ich am liebsten zu meinen Kindern gesagt hätte: »So, ihr Lieben, wir sind gerade an unterschiedlichen Punkten in unserem Leben angekommen. Machen wir hier den Deckel drauf!« Uns beruhigt: Jeder Topf findet seinen Deckel. Und jedes Töpfchen sein Kind. Irgendwann.

Wir sind schon sehr froh, wenn sich Magen und Darm regulieren. Denn das hat auch die Windel oft zum Überlaufen gebracht. Ich finde, man sollte das auch klar formulieren. Ich tu mich da hin und wieder schwer, oder anders gesagt: Wenn eine Geschichte mit dem Satz endet: »Das war so schlimm, da musste ich ihn in die Dusche stellen und abbrausen«, möchte ich nicht unbedingt den Anfang dieser Geschichte hören. Viele Eltern erzählen das aber unglaublich gern. Ich frage mich immer, warum. Wollen sie gelobt werden? Denken sie, sie kriegen dafür das Bundesverdienstkreuz am Bande?

Wir haben oft windelfrei probiert, gern im Sommer, in dem unsere Tochter dann nackig durch die Wohnung gelaufen ist. So hat sie es häufig eher gemerkt, wenn sie aufs Töpfchen musste. Bei unserem Sohn haben wir es zwischen den Jahren probiert, auch weil wir damit die bucklige Verwandtschaft mit dem Satz: »Wir probieren, trocken zu werden. Wir machen Windelfasten.« ausladen konnten. Und wenn dann tatsächlich mal im Flur ein Unfall passierte, eine kleine Pfütze, dachte unser Hund bestimmt: Ach, und ich muss dafür immer rausgehen! Ja, auch für ihn war Kindheit nicht immer einfach.

Ich würde aber immer noch die Reife, die frecherweise von der Natur und nicht von uns vorgegeben wird, abwarten. Wenn ein Kind mit dem Toiletten-Business noch nichts am Hut hat, wenn es nicht lächeln muss, wenn im Fernsehen ein Polizist bei einer Durchsuchung sagt: »Der ist sauber«, sollte man es auch nicht ständig ohne Windel einnässen lassen. Auch wenn das Kind durchs Nackigsein, also ohne Windel, eher merken könnte, dass es aufs Töpfchen muss, heißt das nicht, dass Nackigsein eine körperliche Reife und Entwicklung beschleunigen würde.

Man sollte das Kind natürlich auch nicht zu lange in vollen Windeln liegen lassen. Ich gebe zu: Wir hatten keine Kraft für Stoffwindeln, aber ich habe immer geschaut, dass die Kinder nie lange mit ihrem Geschäft herumlaufen mussten. Das würde ich auch nicht wollen.

Kinder können tatsächlich von Geburt an ihre Ausscheidungen kontrollieren. Aus diesem Grund probieren viele Familien es mit komplett windelfrei. Da unser Grundbedürfnis ist, sauber zu sein, und die »normalen« Windeln dies oft unterdrücken, kann das windelfreie Trockenwerden schneller gehen. Allerdings nur mit erhöhter Aufmerksamkeit. Und das komplette Dorf muss mitmachen. Dafür bedeutet Windelfreiheit aber auch eine sehr intensive Verbindung zum Kind. Ich finde es toll, dass es heute so viele Möglichkeiten gibt: Wegwerfwindeln, Stoffwindeln, Höschenwindeln, Windelhosen (Pants), keine Windeln. Wir schauen, was für uns passt. Trocken werden sie so oder so.

Das Trockenwerden ist so individuell, wie die Kinder es sind. Oft regelt es sich innerhalb kurzer Zeit von allein, wenn wir unser Kind in Ruhe lassen. Wir brauchen es nicht zum Trockenwerden zwingen oder das Trockenwerden zwanghaft mit ihm üben. Das war früher oft so. Dadurch sind die Kinder aber auch nicht schneller trocken geworden, was wissenschaftlich belegt ist. Ein Kind ist mit zweieinhalb Jahren, das andere Kind mit vier soweit, dass es keine Windeln mehr braucht. Die Kinder zeigen uns den Weg: Man muss generell den richtigen Zeitpunkt abwarten und nicht zu viel anregen. Und das Schöne ist: Wenn organisch alles in Ordnung ist, wird unser Kind automatisch sauber werden.

Nächtliche Unfälle gehören dazu. Auch dadurch lernt das Kind, sich besser zu spüren. Und wenn dies öfter passiert, ist es ein Signal für die Eltern, dass das Kind eventuell noch nicht so weit ist. Häufig trinken die Kinder vor dem Schlafengehen zu viel, da hält dann die beste Blase nicht durch. Und da wir nachts auch Schlaf brauchen und nicht ständig die Betten neu beziehen wollen, können wir gern darauf achten, dass das Kind abends keine zwei Liter in sich reinkippt. Zudem sind wasserdichte Unterlagen und Moltonauflagen im Handel erhältlich.

In puncto Trockenwerden haben wir schon alles gehört: von Anreizen oder gar Belohnungen über »Jeder aus der Verwandtschaft geht mal mit auf Toilette« bis hin zu klugen Sprüchen wie: »Langsam wird es aber Zeit!« Ich habe zu meinem Sohn gesagt: »Ich kaufe dir so lange Windeln, wie du sie brauchst.« Außerdem waren sie in dieser Woche im Angebot. Es ist sein Körper, und den soll er so unbeschwert wie möglich kennenlernen und erspüren. Der Umgang mit dem eigenen Körper sollte niemals negativ behaftet sein. Schließlich muss man ein Leben lang mit ihm klarkommen. Es gab auch schon Eltern, die ein Stempelsystem hatten: Nach jeder Nacht nicht einnässen gab es einen Stempel, nach zehn Stempeln ein Geschenk. Das ist Druck pur und hat natürlich nicht funktioniert.

Kinder sind erst trocken, wenn sie trocken sind. So viel Logik in einem Satz. Wenn es mal ein paar Tage klappt, schon dreimal den ganzen Tag und zweimal in der Nacht, muss das noch lange nichts heißen. Bei vielen Eltern wird jetzt jedoch der Ehrgeiz geweckt, die Windel loszuwerden. Hier bitte trotz zarter Hinweise keinen Druck aufbauen. Manchmal ist es auch so, dass die Kinder zu Hause schon trocken sind, in der Kita aber noch nicht das Vertrauen haben. Dies sollten die Erzieher ermöglichen, denn es ist ganz normal, dass man Kinder dabeihat, die noch nicht allein zur Toilette wollen und Begleitung brauchen. Sicherheit für Eltern und Kinder bieten hier Höschenwindeln, »Windelpants«. Damit kann ein Kind normal auf die Toilette gehen, wie mit einer Unterhose. Aber sie halten auch das, was ihr Name verspricht. Das nimmt den Druck, und das Kind darf frei entscheiden. Andere Eltern benutzen Stoffwindeln (für ihr Kind), die bringen dem Kind das »Nassgefühl« etwas näher. Auch das kann ein besseres Bewusstsein schaffen.

Und die Wegwerfwindel? Damit trainieren wir dem Kind die Windel gewissermaßen an, denn Wegwerfwindeln sind darauf ausgelegt, Nässe und das »Groß« nicht mehr zu spüren. Unsere Kinder spüren gar nicht, dass es feucht, kalt und unangenehm ist. Sie merken nicht, dass sie Pipi machen, und spüren auch nicht den Effekt, dass die Hose nass ist. Sie verlernen, auf ihren Körper zu hören, und müssen das wieder neu entdecken. Durch die Windeln ist das Pipi schnell aus dem Kopf. Oft sind Wegwerfwindeln auch für die Eltern angenehmer, denn jede Nacht mit Windel bedeutet eine weitere gute Nacht für uns. Das Problem dabei ist nur: Wenn unsere Kinder schon bereit wären, wir aber den Absprung nicht finden, wird die Umgewöhnung mit der Zeit immer schwieriger. Stoffwindeln oder windelfrei bedürfen zunächst zwar einer erhöhten Aufmerksamkeit, später tut man sich damit aber leichter.

Das Allerwichtigste beim Trockenwerden ist, das Kind dabei möglichst in Ruhe zu lassen. Es wird sich melden. Und ein weiteres wichtiges Detail aus der Forschung kommt hinzu: Auch hier geht es um Reife. Das Hormon Vasopressin, das dafür sorgt, dass die Nieren nachts weniger Urin erzeugen, muss erst gebildet werden. Vorher geht wenig. Kinder sind also nachts erst trocken, wenn das Gehirn soweit ist. Ist das noch nicht der Fall und schlafen die Kinder ansonsten tief und fest, können sich auch die Eltern den Stress sparen. Bitte nicht das Kind wecken und nachts auf die Toilette setzen: Das verändert die Ausgangslage nicht, es fördert höchstens saubere Betten.

Wartet einfach, bis die Windel länger trocken bleibt und euer Kind das bemerkt. Die Reifung ist individuell verschieden, sie kann nicht eingeübt, antrainiert oder beschleunigt werden. Sie ist weitgehend eine genetische Sache.

Nur wenige Kinder sind bis zum Ende des zweiten Lebensjahres sauber. Deshalb halten wir fest:

- Weder ein früherer Beginn noch die Intensität der Sauberkeitserziehung beschleunigt die Entwicklung. Außerdem findet die nächtliche Blasenentwicklung später statt als die Blasen- und Darmkontrolle tagsüber.
- Gehen die Eltern das Thema entspannt an, tut es in aller Regel auch das Kind. Im Zweifel gilt: zurück zur Windel. Es kann nämlich auch einmal Rückschritte geben, etwa wenn Geschwister geboren werden. Das stresst die bereits vorhandenen Kinder. Ein Wechsel der Kindergartengruppe lässt manchmal nicht nur Tränen, sondern auch das Pipi fließen. Hier fehlt dem Kind vielleicht noch die sichere Bindung, die es braucht, um mit einer fremden Erzieherin auf die Toilette zu gehen. Stressfaktoren wie Verlustängste oder familiäre Ver-

änderungen wie ein Umzug oder eine Trennung der Eltern können ebenso eine Rolle spielen. In derart unruhigen, stürmischen Zeiten flüchten sich die Kinder gern in die Sicherheit der Windel zurück.

Manche Kinder wollen allerdings nicht mehr zurück zur Windel. In dieser Übergangsphase bieten Tröpfchen-Trainingshöschen eine gute Alternative. Sie geben dem Kind ein schnelles und feuchtes Feedback. Probiert es mit eurem Kind einfach aus. Eine Unterhose, die sich nicht nach Windeln anfühlt und trotzdem alles auffängt, gibt es noch nicht. Wäre aber sehr cool. Hey – habe ich da gerade eine Marktlücke entdeckt?

Die Ideen mancher Firmen in diesem Bereich grenzen ohnehin an Comedy, insbesondere die Töpfchen, die kreativ animiert werden. Es gibt beispielsweise ein Töpfchen von Bobby Car. Groteske Vorstellung: Wenn ich fahre, klappt es besser. Dazu dann noch die Jubelmusik, wenn es geklappt hat. Großartig! Aber wenn der Toilettengang so angenehmer wird – warum nicht?

Meine Tochter hat eine Zeit lang ihr Töpfchen in der Toilette ausleeren wollen. Das hat gut geklappt. Nur am Anfang hat sie vergessen, den Klodeckel hochzuklappen. Bei einem so besonders drapierten Geschenk bleibt man natürlich auch gechillt. Oder versucht es wenigstens.

Grenzwertiger ist, wenn die Kinder mit ihrem großen Geschäft ein Geschäft machen wollen.

»Wo ist denn dein Töpfchen?«

»Hab ich ausgekippt.«

Argh! Knurr. »Ach wirklich. Wohin denn?«

»Sag ich erst, wenn ich noch eine Folge *Paw Patrol* gucken darf.«

Die Tochter einer Bekannten hat mal den Nachbarn ihr volles Töpfchen vor der Wohnungstür ausgekippt, weil sie auch von ihnen gelobt werden wollte. Es kam ... nun ja, nicht so gut an. Und der Sohn eben dieser Bekannten hat plötzlich, aus heiterem Himmel, in der Fußgängerzone festgestellt, dass er jetzt trocken ist, und zum ersten Mal groß gemacht. Genau dort. Dabei haben nur die Hunde nicht blöd geguckt.

Kinder werden oft mit drei Jahren trocken. Das ist wahr. Aber manchmal sind alle guten Dinge eben auch vier oder fünf. Wir warten ab, was der Bauplan der Natur für uns bereithält. Ein Training ist nicht nötig. Natürlich dürfen wir auch mal auf die Dinge, die im Schaufenster stehen, hinweisen. Hier haben wir Töpfchen, Klotreppe (fanden unsere Kinder super) und die eigentliche Toilette. Und wir dürfen diese Dinge auch gern erklären – nicht in Form eines Seminars oder einer Power-Point-Präsentation, sondern mit Leichtigkeit und spielerischer Alltäglichkeit, unbeeinflusst und unbeeindruckt von Ratgebern und der Meinung anderer Menschen. Einfach immer mal wieder anbieten, aber nicht zu penetrant. Meine Tochter hat mich irgendwann mal völlig entnervt angebrüllt: »Papa, ich sag Bescheeeeeeiiiiiiiiid!«

Wenn es länger keinerlei Veränderungen gibt, kann man versuchen herauszufinden, warum es dem Trockenwerdkind wichtig ist, dass Innere drinzubehalten. Vielleicht im Laufe des vierten Lebensjahres einen Kinderarzt hinzuziehen und mit einem »Pipi-Protokoll« draufschauen. Die Gründe hierfür sind sehr vielfältig. Organisch alles abzuchecken wäre sinnvoll. Es kann eine Reifeverzögerung oder eine zu kleine Blase sein. Dann kommt jede Nacht eine Maß Bier in ein Kölschglas. Das kann nicht gut gehen. Manchmal schlafen Kinder zu tief. Hier ist wohl ausnahmsweise die Unterhose mit Alarm sinnvoll. Ja – es gibt Unterhosen mit Alarm! Durch den Alarm werden die Kinder aus der Tiefschlafphase geholt, wodurch sie das Wachwerden »erlernen«. Gute Sache.

Oft gehen wir Eltern wegen des Einnässens zum Arzt, weil wir sonst nur noch vor der Waschmaschine rumlungern. Ich habe noch die alte Werbung vom Weißen Riesen vor Augen, in dem weiße Wäsche auf einer kilometerlangen Leine durch die Landschaft flatterte. Das war mit Sicherheit eine Kleinfamilie mit Einnäss-Problematik! Aber das ist dem Weißen Riesen egal, denn seine Waschkraft macht ihn so ergiebig. Der kann was, der gute Junge. Aber jetzt wieder ernst: Vorher sollten wir schauen, ob das Großmachen und das Tagsüber-zur-Toilette-Gehen klappen. Diese Info ist wichtig für den Kinderarzt. Erst dann sehen wir uns die Nacht an.

Außerdem kann es immer passieren, dass Eltern etwas falsch einschätzen und das Kind noch nicht soweit ist. Am leichtesten klappt es, wenn sich die Kinder für das Töpfchen und die Toilette interessieren oder auf eine volle Windel hinweisen. Dann kommen sie der Sache näher. Bei unserem Sohn war es die »Surfer-Stellung«: Da merkte man, dass er musste und dass ihm die Windel auch langsam unangenehm war.

Und noch einmal sei gesagt: Kümmert euch nicht darum, was andere Eltern sagen. Wenn deren Kevin schon nach zwei Monaten trocken war und sich von da an voll auf sein BWL-Studium konzentrieren konnte, ist das schön für sie, aber kein Maßstab für euch. Solche Klugscheißer (hahaha!) braucht kein Mensch. Ihr macht das richtig, so wie ihr es macht. Übrigens ist nach Atemwegserkrankungen Bettnässen die häufigste Kinderkrankheit. Ihr seid also nicht allein.

Hört auf euer Kind. Lasst es sich nach seiner Reife, nach seinen körperlichen Voraussetzungen entwickeln. Das Kind macht das schon. In seinem Kopf muss es Klick machen, und das kann manchmal schnell gehen und manchmal etwas dauern. Messt dem Thema nicht so viel Bedeutung bei. Lasst das Kind in Ruhe, übt keinerlei Druck aus, legt den Fokus auf andere Themen. Das Kind beschäftigt sich gerade mit anderen Sachen, die Akte »Trockenwerden« liegt noch ganz unten. Auf Wiedervorlage.

Ein Wort noch zum Schnuller, den wir zur Verabschiedung gern an irgendwelche Schnullerbäume hängen oder der von der Zahnfee abgeholt wird. Wie die Windel empfinden die Kinder auch ihn als angenehm oder als Beruhigung und nun müssen sie sich von ihm trennen. Blöd. Hier hilft ein schneller Entzug: drei bis fünf Tage, in denen man viel begleiten muss und die anstrengend werden können. Als Ersatz vielleicht ein Kuscheltier oder sich selbst als Kuschel- und Beruhigungsersatz anbieten.

KAPITEL 12

Trödeln oder: Wie bekomme ich meine Kinder morgens in die Gänge?

Unsere Kinder haben oft das, was ich mit meinem Handy nach einem halben Monat habe: eine verlangsamte Geschwindigkeit. Es gibt nur einen Unterschied – bei den Kindern ist das permanent. Damit müssen wir Eltern leben. Wir können uns nicht an irgendeinen Anbieter wenden, und auch ein schnelleres Paket dazu buchen geht nicht.

Bei meiner Tochter ist es nicht anders. Ich will es mal so beschreiben: Wenn man sein Leben in Zeitlupe sehen, die Bibel auf Kisuaheli lesen und/oder Thomas Manns gesammelte Werke auswendig lernen will, dann läuft man mit meiner Tochter von der Kita nach Hause. Wichtig ist nur, Kleidung für alle Jahreszeiten in einem Rucksack mit sich zu führen.

Meine Tochter ist wie die Deutsche Bahn. Sie kommt ständig außerplanmäßig zum Halten. Der Grund ist dann auch gern mal eine Signalstörung: ein Hundebellen, andere Kinder oder einfach ein halb kaputtes Blatt, das »aussieht wie ein Einhorn, dem schlecht ist«. Ehrlich gesagt fasziniert es mich mittlerweile, wie sehr die kleinen Dinge *sie* faszinieren. Dass sie auf einmal anhält und ich denke: Okay! Leben mal eben auf Pause drücken. Jetzt erst mal Werbung, danach sind wir gleich wieder für Sie da!

Wahnsinn! Diese Ruhe und Gelassenheit, sich beispielsweise zehn Minuten lang einem Marienkäfer zu widmen. Ihn zu spüren: »Papa, das ist lustig auf der Haut!« Und der Marienkäfer kommt später wahrscheinlich auch nach Hause und sagt zu seiner Mutter: »Super Tag. Ich hab vorhin so einen Riesen durchgekitzelt!«

Unsere Kinder haben ihr eigenes Tempo. Es ist ihr Gefühl, langsam sein zu wollen. Sich nicht zu stressen beziehungsweise dieses Gefühl gar nicht zu kennen oder es als absolut nebensächlich zu betrachten ist herrlich. Wir Erwachsene müssen uns dieses Gefühl erzeugen und nennen es dann »Achtsamkeit«. Letztens stand ich mit meiner Tochter vor H&M und sie schaute sich ewig eine Schaufensterpuppe an. Ich habe wirklich gedacht: ›Wer wird sich zuerst bewegen?‹

Ich wurde immer ungeduldig, wenn ich bei einer Sache länger warten musste, obwohl es schneller gehen konnte. Das ist mittlerweile Vergangenheit. Von meinen Kindern durfte ich lernen, dass auch mein Tempo ab und zu gedrosselt werden darf. Entschleunigung tut allen gut. Manch einer braucht dazu mehrere Schläge auf den Hinterkopf oder eine vierwöchige Auszeit in einem singhalesischen Ayurveda-Tempel, andere latschen sich Blasen auf dem Jakobsweg. Ich hab meine Kinder.

Wenn ich mit meiner Tochter unterwegs bin, habe ich das gleiche Gefühl wie vor unserer Waschmaschine, die noch eine Minute anzeigt. Am Ende stehe ich dann sieben Minuten da, weil die Maschine noch schleudert. Meine Tochter schleudert nicht, sie schlendert. Das kleine Prinzesschen lässt sich Zeit. Sie lebt in einer langsamlebigen Umgebung. Und ich drehe, während ich auf sie warte, den Kopf auch mal nach links und rechts. Dann fallen mir auch Dinge auf. Gar nicht so schlecht, in der Hektik des Alltags mal nicht mit Tunnelblick durch die Straßen zu gehen, sondern im Hier und Jetzt zu sein. Wenn man trödelt, lernt man das Leben kennen, auf jeden Fall hat man mehr vom Weg.

Wenn ich mit meiner Tochter unterwegs bin, kommen mir automatisch seltsame, absurde oder lustige Gedanken: Wieso gibt es Kopfsteinpflaster? Wieso gibt es Wespen und Florian Silbereisen? Was haben die Leute eigentlich gemacht, als es noch keine Brillen und – entsetzlich – noch keine Zahnärzte gab? Das liegt wahrscheinlich daran, dass meine Körperfunktionen und mein Intellekt runterfahren. Ich denke langsamer, ziehe meine Worte innerlich lang, ähnlich einem Stimmenverzerrer, den Kidnapper und Betrüger gern am Telefon benutzen – man denke an den cleveren Halunken Dagobert –, um Lösegeld oder einfach so Geld zu erpressen. Manchmal stoße ich auch einfach gutturale Laute aus oder kreische keckernd. Ich belle vor mich hin und versuche dabei, zwischen Dackel- und Golden-Retriever-Bellen zu wechseln. Oder ich probiere erfolglos, das Hohe C hinzukriegen. Zum Glück bin ich meiner Kleinen noch nicht peinlich.

Meine Tochter nimmt neuerdings selbst wahr, dass unser Nachhauseweg etwas dauert und dass das wohl auch ein wenig an ihrem gemütlichen Tempo liegt. Zurückblickend muss ich jedoch selbstkritisch feststellen, dass auch ich als Kind nie der Schnellste war. Ich habe mich wie ein Duracell-Hase mit schwacher Batterie in Bewegung gesetzt. Das hat mir oft schon gereicht. Ich erinnere mich, dass ich bei den Bundesjugendspielen für den 100-Meter-Lauf von meiner Mutter mit Sonnencreme eingeschmiert wurde. Wenn ich für Mama einkaufen ging, sollte ich immer grüne Bananen kaufen, und einmal habe ich beobachtet, wie Kartoffeln Augen bekamen. Ja, ich war auch aktiver Trödler. Das war oft kein Einkaufen, sondern ein Kampf gegen das Haltbarkeitsdatum. Nun ja, irgendwas muss meine Tochter ja von mir haben.

Als ich dann selbst eine Familie hatte, ist das mit dem Trödeln ins Gegenteil umgeschlagen. Ich muss zugeben: Wir legen ein schnelles, oft wohl zu schnelles Tempo an den Tag, auch weil man als Familie oft von einem Termin zum nächsten hetzen muss. Das konnte man auch an der Sprache merken, denn wir sagten früher immer zu unserem Sohn: »Schnell, schnell!« »Wir müssen jetzt schnell, schnell los!« Sonst geben wir unseren Worten kein Echo. Den »FilmFilm« auf SAT1 hasste ich, ich hatte kein TomTom-Navi, ich esse kein Couscous und ich hörte auch nie Duran Duran. Und plötzlich: »Schnell, schnell!«

Wir haben das mittlerweile geändert. »Schnell, schnell« gibt es nicht mehr. Zumindest nicht in dem Maße. Es bringt ohnehin nichts. Kinder haben noch kein Zeitgefühl. Aus ihrer Sicht sind sie schnell, auch wenn wir das Gefühl haben, ein Gletscher oder eine Wanderdüne würde sich rascher vorwärtsbewegen als unser Nachwuchs.

Normalerweise kommen wir Eltern dann gut mit dem Tempo unseres Kindes klar, wenn wir selbst genug Zeit haben. Morgens ist dies oft schwieriger, also wenn wir einen dringenden Termin haben oder einfach nur zur Arbeit müssen. Dann sagen wir Sätze wie: »Bitte zieh eine Jacke an! Jetzt! Zieh sie an!«

»Nein, bei drei Grad kannst du keine Sandalen anziehen!«
»Am Spielzeugtag können wir nicht deine ganze Küche mitnehmen.«

Eilig haben wir es auch, wenn wir einfach pünktlich in der Kita sein müssen. Kitas haben oft einen strukturieren Plan mit Ritualen wie dem Morgenkreis oder dem Frühstück – da ist gewollte Pünktlichkeit schon verständlich. Diese Rituale geben den Kindern die Möglichkeit, anzukommen und mit allen gemeinsam durch den Tagesablauf zu gehen.

Meine besondere Hochachtung gilt den Eltern, die gleichzeitig noch ihr Baby fertig machen müssen. Natürlich gibt es auch hier diese Übermütter, die alles mit links wuppen und dabei nie in Panik geraten. Die Frauen, die einen mitleidig anschauen, wenn man gehetzt als Letzter in der Kita ankommt. Die Mütter, die die Augenbrauen hochziehen, wenn man die Jacke des Kinds bei minus neun Grad nicht zugeknöpft und sich selbst noch nicht gekämmt hat.

Was aber tun gegen diese morgendlichen Schwierigkeiten? Manchmal habe ich im Umgang mit meinen Kindern das Gefühl, ich versuchte, übergewichtige Elefanten mit Arthrose Grad IV in den Beinen durch festes Anstoßen zum Gehen zu bewegen. Natürlich ohne Erfolg. Ein Elefant ist nun mal kein Hamster. Und ähnlich wie der Elefant die Arthrose haben beide unserer Kinder inzwischen Abwehrtaktiken mir und meiner Frau gegenüber entwickelt. Unser dreizehnjähriger Sohn etwa kennt unsere Schwachstellen gut. Nehmen wir mal einen gewöhnlichen Dienstagmorgen, halb acht.

»Iss jetzt das Brot auf, du musst los.«

»Ej, du sagst doch immer, Frühstück ist voll wichtig, oder?«

»Ja, aber es sollte nicht einen Tag dauern. Du kriegst den Bus nicht.«

»Ej, du sagst doch immer, jeden Bissen 30-mal kauen, oder?«

Hrrrrrk! Grrrrrumpf! Gnaaaarz!

»Aber nicht fünf Minuten vor Schulbeginn. Jetzt mach hin!«

»Wie heißt das Zauberwort?«

»Iss *bitte* dein Brot auf.« Warum nur wurde ich mit einem solchen Nachwuchs bestraft?

Sohn isst sein Brot auf. Ich danke dir, Gott. Er wird den Bus noch kriegen.

Dann: »Ich hab noch Hunger. Du sagst doch immer, dass man in Ruhe essen soll, bis man satt ist.«

Man möchte in die Tischkante beißen. Und sucht schon mal den Autoschlüssel, weil der Bus gerade am Küchenfenster vorbeifährt. Manchmal schaut der Fahrer hämisch zu uns rein.

Meine Tochter wiederum versucht es mit Zuhilfenahme weiblicher Taktik.

»Iss jetzt dein Brot auf, wir müssen los.«

Erschrockener Blick aus tellergroßen Augen. »Papa! Warum bist du denn so böse?«

»Ich bin nicht böse, wir haben es nur eilig.«

»Ich hab dich lieb, Papa.«

»Ich dich auch, trotzdem müssen wir los.«

»Ich hab dich sooo lieb, Papa.« Sie sitzt da und starrt auf das Brot. Sie rührt in ihrem Tee und pustet in die Tasse, obwohl meine Frau das heiße Wasser vor gefühlten neun Tagen hineingegossen hat.

»Ich dich auch, Mäuschen.«

»Sooooooooooooo lieb!« Sie macht ausschweifende Handbewegungen, die ein Herz darstellen sollen, und wirft dabei ihre Teetasse um. Tee schwappt über den Tisch und natürlich auf ihre Klamotten.

Arrrgh!

»Guck mal, Papa, der nasse Fleck auf meiner Hose sieht aus wie eine Zauberblume mit Augen.«

»Wir müssen dir was Trockenes anziehen, komm!«

»Neiiiiiin, ich will die Zauberblume haben! Die Zauberblume!« Meine Tochter weint herzzerreißend.

Ich gehe kurz in den Flur und schlage meinen Schädel rhythmisch gegen die Wand. Langsam bis zehn zählen ... Dann gehe ich in die Küche zurück, um einen Lolli zu versprechen oder eine Barbie-Puppe. Meine Tochter hat sich zwischenzeitlich auch Nutella auf ihre Hose geschmiert, weil, so bekomme ich es erklärt, »die Zauberblume Hunger hat«.

Grundgütiger! So kann sie auf keinen Fall gehen. Schon allein deshalb nicht, weil die Kita »Nutella nicht gern sieht«, genauso wenig wie Brot aus Weißmehl und zu viel Fleisch.

Einige Kinder also, und zu diesen Kindern gehört auch meine Tochter, sind stets sehr bedacht und gehen sorgsam mit ihrem Tempo um. Manchmal denke ich, sie hat jeden Tag nur eine bestimmte Ration an Tempo zur Verfügung und überlegt, dies doch nicht schon alles am Anfang des Tages zu verbrauchen. Wie bei einer Diät: Man darf nur 1000 Kalorien zu sich nehmen und muss sich die Nahrungszufuhr einteilen. Viele Menschen sind hier auf der ewigen Verliererseite, sie haben bis neun Uhr morgens schon ihre Gesamtkalorienanzahl erreicht. Meine Tochter aber ist die absolute Gewinnerin. Sie hat auch um acht Uhr abends noch nicht ihr gesamtes Tempo verbraucht.

Kinder kommen so auf die Welt. Sie fühlen sich noch nicht von sozialen oder gesellschaftlichen Verpflichtungen getrieben. Eigentlich beneidenswert. Kinder sind unbeschwert – was es uns allerdings nur umso schwerer macht.

Diesbezüglich kann man Kinder auch nicht ändern. Wir können sie nicht kurz vor dem Schleudern vor eine Waschmaschine setzen und sagen: »Schau, was die Waschmaschine jetzt macht. Sie wird schneller! Das kannst du auch!« Wir können sie höchstens motivieren: »Eine Weinbergschnecke schafft sieben Zentimeter pro Minute. Lass uns die Herausforderung annehmen!«

Es gibt nur 24 Tage im Jahr, an denen meine Tochter schnell wie ein Kastenteufel aus dem Bett springt. Da spreche ich das Codewort »Adventskalender« aus, und es geht los. Herrlich! Ich plädiere für Frühlings-, Sommer- und Herbstkalender oder einfach einen Jahresadventskalender. Wenn für Aldi schon Ende August Weihnachten ist, dann darf das für meine Tochter auch so sein.

Es ist, wie es ist. Und so kann es passieren, dass ich meiner Tochter 20 Minuten lang eine Strumpfhose anziehe und mir meine Smartwatch hinterher zu dem anstrengenden Work-out gratuliert.

Wie können wir uns nun den Morgen so gechillt wie möglich machen? Nun, das ist ein wenig wie bei einem Computerspiel: Man probiert immer wieder Dinge aus, landet aber auch immer wieder am Anfang. Neulich etwa zog sich meine Tochter statt der Jacke einfach wieder den Schlafanzug an, nachdem sie meine Modeauswahl schlicht grauenhaft fand. Dann steht man also wieder am Anfang und ist mit dem Nerven doch schon am Ende. Manchmal wünschte ich, ich hätte ein paar Leben mehr.

Wie wir von der Schlafforschung bereits gelernt haben, gibt es unter uns Menschen die Lerchen und die Eulen, und die Eulen werden immer Probleme haben, morgens in die Gänge zu kommen.

Manche Kinder brauchen morgens eine klare Struktur und einen immer wiederkehrenden, immer gleichen Ablauf, an dem sie sich orientieren können. Der Wecker klingelt. Aufstehen, anziehen, Zähne putzen. Eventuell noch frühstücken. Dann eigentlich noch mal Zähne putzen (wenn die Zeit reicht). Auf geht's! Funktionalität ist angesagt. Manchmal wird sogar für jeden einzelnen Vorgang ein Wecker gestellt. Oder man hat ein kleines Büchlein mit diesen Stationen und klappt es zu, wenn etwas erledigt wurde. Auch Sanduhren können hier prima helfen. Ja, morgens sind oft schon kreative Höchstleistungen gefragt. Manchmal wird es halt mit der Umsetzung schwierig. Hier ein Beispiel.

Es ist halb sieben. Ich betrete das Zimmer meiner Tochter, um sie aus einem komatösen Schlaf zu reißen, nachdem gestern Abend zwei Stunden lang abwechselnd »noch fünf Minuten« und »nur noch zwei Seiten« gefordert wurden. Im Normalfall geht man also in das Zimmer seines Kindes, rüttelt es und sagt: »Aufwachen, aufstehen!« Daraufhin wacht das Kind auf und steht auf. Die benötigte Zeit hierfür beträgt bei normalen Menschen etwa 30 Sekunden.

Bei uns läuft das so ab: Ich betrete das Zimmer, rüttle die Tochter, rüttle noch mal, ziehe die Bettdecke weg, reiße das Fenster auf (Winter) und überlege, einen Eimer kaltes Wasser zu holen, während meine Tochter da liegt wie Ötzi, nämlich starr und auf keinen Fall bereit, die Augen zu öffnen. Ich rüttle nun verzweifelter, überlege, »Es brennt!« zu schreien, verwerfe dies aber wieder, denn wenn es wirklich mal brennen sollte, bleibt meine Tochter liegen, weil sie weiß, was Sache ist.

Ich verlasse das Zimmer, knalle die Tür zu, betrete das Zimmer wieder, suche Nana Mouskouri auf Spotify, die dann »Guten Morgen, Sonnenschein« singt, und drehe dies auf volle Lautstärke. Da! War da nicht ein kleines, kaum sichtbares Zucken im Gesicht? Nein, das war wohl eine Wunschvorstellung. Aber endlich, nach fünfminütigem Kitzeln, schlägt sie die Augen auf und sagt: »Gute Nacht, Papa!« Die benötigte Zeit hierfür beträgt mindestens 15 Minuten, tendenziell eher eine halbe Stunde.

Wichtig ist jedenfalls, von klein auf die Wichtigkeit auszustrahlen, dass wir jetzt auf die Arbeit müssen. Ebenso sollten klare Abläufe etabliert werden. Denn Klarheit bringt Struktur ins Leben. Manche Kinder brauchen in dieser Struktur permanente Betreuung. Bei allem wird geholfen. Ich glaube, dass ich meine Tochter mittlerweile in jeder Körperlage anziehen kann. Beim Kinder-Yoga hat sie den herabschauenden Hund gemacht – in einer Minute war sie angezogen. Sie lässt sich sehr gern anziehen, andere Kinder mögen das nicht und wollen »alleine«. Dann muss man aber richtig Zeit, ein gutes Buch oder eine Matratze mitbringen.

Um die Begeisterung aufs Anziehen zu steigern, sollte man gerade im Winter das kuschelig warme Bad aufsuchen und das Anziehen dort erledigen. Die Kleidung wird auf der Heizung vorgewärmt – ein Extraservice des Hauses. Selbstredend steckt man auch hier nicht hundertprozentig drin, die Eltern nicht, und die Kinder hinterher auch nicht. Es kann nämlich durchaus vorkommen, dass die Tochter eine »kalte Hose« anziehen will.

Nächstes Level: Zähne putzen. Noch nie war die Redewendung »auf dem Zahnfleisch gehen« so passend. Beim Zähneputzen geht es erst einmal um Haltung und Klarheit. Zähneputzen muss sein. Wir strahlen Endgültigkeit aus, denn dies ist nicht verhandelbar. Eine Windel wird auch gewechselt, vor dem Straßeüberqueren sehen wir nach links und rechts. Meist sind Kinder von solch klaren Vorgabe beeindruckt.

Falls doch nicht, gibt es ein paar kleine »Tricks«. Es gibt tolle Zahnbürsten für Kinder, auch elektrische in Rosa, es gibt Zahnpasta für Kinder, und notfalls kann man auch mit Videos und Liedern arbeiten. Wir dürfen es uns einfach machen. Dabei findet das Zähneputzen am besten ausschließlich im Bad statt. Das weckt unser Kind, aber nicht die Neugier auf eventuelle Spielsachen.

Ohnehin ist es besser, die Kinder morgens nicht zum Spielen oder Basteln einzuladen. Sie werden die Einladung annehmen. Geht die Dinge ohne Leerlauf an, sonst wird getrödelt. Erledigt selbst alles vor dem Wecken und bleibt wie ein Bodyguard die ganze Zeit beim Kind. Als ich meine Tochter einmal aus den Augen ließ, machte sie ihren Einhörnern Frühstück. Meine Tochter hat viele Einhörner.

Manchmal geht schlicht gar nichts voran. Dann ist es wichtig, dass wir auch am frühen Morgen auf unsere Bedürfnisse achten. Wie gesagt: Wir dürfen es uns auch mal einfach machen und zum Beispiel unseren Freund, das Tablet, dazuholen. Das Kind blickt darauf wie die Beute in die Augen der Schlange Kaa aus dem *Dschungelbuch*, und wir können es problemlos anziehen oder ihm die Zähne putzen.

Oder man zieht dem Kind schon abends den Jogginganzug an, der, ähnlich wie Allwetterreifen, nicht nur für den Tag oder für die Nacht bestimmt ist und den das Kind am Morgen einfach anlassen kann. Das kostet weniger Energie. Oder man sieht sich abends gemeinsam mit dem Kind auf dem Handy das Wetter an und legt schon mal die Kleidung für den nächsten Tag raus. Allerdings kann sich der Modegeschmack der Kinder über Nacht ändern. Das sollten wir wissen. Ist ja bei uns Erwachsenen auch manchmal so.

Ich möchte nun von einem perfekten Tag mit meiner Tochter und meinem Sohn erzählen. Es war sozusagen der Tag der Tage. Meine Frau war auf einer Fortbildung, und so ruhte die Last der Kindererziehung allein auf meinen geschundenen Schultern. Es war ein Freitagmorgen, halb sieben. Spätherbst. Stockdunkel. Es schüttete wie aus Eimern. Sturm. Dann Hagelschauer.

Ich, der treusorgende Vater, natürlich: »Aufstehzeit! Juhu!« Die Reaktion beider Kinder: null. Ich schloss die Türen der Kinderzimmer und traf eine Entscheidung.

Regen und Hagel klatschten an die Fensterscheiben. Ich setzte mich allein in die Küche, trank ganz in Ruhe meinen Kaffee und las die Zeitung. Eine wunderbare Stille legte sich über das Haus. Der Schulbus fuhr vorbei, ich winkte dem Fahrer sogar zu. Es regnete immer doller. Ich ging im Pyjama wieder ins Zimmer meiner Tochter und legte mich zu ihr ins Bett. Der Regen wurde heftiger, der Hagel schlimmer. Ich wurde müde im warmen Bett, roch das Haar meiner Tochter und schlief ein.

Wir zogen auch das ganze folgende Wochenende unsere Schlafis nicht aus, betrieben Binge-Watching, bestellten uns Pizza und Lasagne und löffelten Nutella aus dem Glas. Es war einfach perfekt!

Das sind natürlich Ausnahmen, ich weiß. Mir ist schon klar, dass es die Schulpflicht gibt. Aber Ausnahmen bestätigen doch immer die Regel. Also ist alles gut. Kommen wir zurück zum Alltag. Manchmal hilft es gerade bei älteren Kindern, sie selbst zu fragen, wie es morgens besser ablaufen könnte. Oder man probt mit kleineren Kindern den Ernstfall spielerisch und humorvoll, wenn keine Kita ist. Das muss nicht funktionieren, kann aber. Gemeinsam nach Lösungen suchen, um das Chaos zu vermeiden. Grundsätzlich, und das geht bis in die Pubertät so, fällt es Kindern schwerer, gegen einen Plan zu sein, den sie selbst mit ausgekaspert haben. Außerdem werden sie so gehört und wahrgenommen, und Mama und Papa haben ihren Standpunkt deutlich gemacht.

Will das Kind sich vor dem Verlassen des Hauses keine Schuhe anziehen, geht's zur Not auch erst einmal unten ohne. Kinder leben im Hier und Jetzt und können sich noch nicht vorstellen, dass es draußen kälter sein soll als drinnen. Spüren sie dann aber die Kälte, kann man sie häufig problemlos einkleiden.

Manchmal helfen auch Nähe und Quatschmachen. Wir können die Socken falsch herum anziehen und mit den Händen in die Schuhe schlüpfen. Das finden (kleinere) Kinder immer lustig. Ich nehme auch gern die Schuhe und nutze sie als Hand- äh Fußpuppen. Ich weiß: kreative Höchstleistungen am frühen Morgen. Auch nicht immer möglich. Man ist ja auch nur ein Mensch.

Auf jeden Fall sollte der morgendliche Ablauf immer der gleiche sein und nicht verändert werden. Das stärkt die Kinder, und das Verhalten automatisiert sich. Manchmal.

Aber was macht man nun, wenn sie wirklich nichts anziehen wollen? Ohne Schuhe, ohne Hose, dafür, wie mein Sohn, mit einem gemütlichen Bademantel, der »genauso ist wie eine Jacke, Papa!« Großartig – ich ziehe einen neuen Hugh Hefner groß. Auch hier chillen wir. Dann gehen sie halt halb angezogen in die Kita, da können die anderen gucken, wie sie wollen. Und die restliche Kleidung nehmen wir einfach mit. Im Notfall hilft auch mal eine Erzieherin.

Die aufstrebende Autonomie bedarf der Selbsterfahrung, des Selbsterspürens oder -erfühlens, dass es draußen wohl doch kalt ist. Die Kinder lernen mehr und mehr, was sie brauchen beziehungsweise was sie in bestimmten Situationen brauchen. Sie lernen, sich vorausschauend zu verhalten.

Macht euch aber auch bewusst: Ihr tragt die Verantwortung, pünktlich zu sein. Nicht unsere Kinder. Hier sind wir in der Führung. Wir Erwachsene müssen die Struktur vorgeben: Wir müssen abends schon mal alles hinlegen, morgens früh genug anfangen, das Frühstück vorbereiten und dann in aller Ruhe auf die restlichen Probleme warten. Das muss man erst einmal zulassen können – so cool ist man leider nicht immer.

Und ja, es gibt die Momente, in denen sie partout nur mit Unterhose raus wollen, und wir haben einen wichtigen Termin. Dann ertappen wir uns dabei, wie wir die Kinder zerrend oder tragend ins Auto bugsieren und uns körperlich gegen den Willen des Kindes durchsetzen. Das passiert. Danach sitzt kein Erwachsener fröhlich im Auto. Ganz zu schweigen vom Kind. Das darf man dann auch gern noch mal sagen. »Das war doof heute Morgen. Da haben wir uns beide schlecht gefühlt, aber wir hatten einen Termin beim Arzt und mussten dringend dahin!« Ein solches Feedbackgespräch zwischen Eltern und Kind ist oft ratsam. Aber es bleibt dabei: Die Verantwortung liegt bei uns.

Und was machen wir, wenn sich das Kind zu Hause auf den Boden schmeißt? In dem Moment ist es gut, noch genug Zeit zu haben, um den Wutausbruch zu begleiten. Ich verstehe und kenne deine Gefühle, ich nehme sie wahr und ich weiß, dass du gerade alles scheiße findest. Ich übrigens auch. Aber wir schaffen das. Und wenn das Ausrasten ausbleibt, freut man sich über die gewonnene Zeit.

Ich habe meinem Sohn auch schon einmal erklärt, dass er nicht in die Kita muss und zu Hause bleiben kann. Dass Papa und Mama dann aber zu tun haben und er sich den ganzen Tag allein beschäftigen muss. Er hat fünf Minuten überlegt und wollte dann doch in die Kita. Dass wir Eltern beide einen freien Tag hatten, wurde natürlich nicht erwähnt.

Für mich ist es übrigens auch immer ein schöner Moment, wenn das Kind angeschnallt im Auto saß. Mein Freund Jochen genießt sogar den Moment, wenn er ums Auto herumgeht, um nochmal kurz, ganz kurz, durchzuatmen. Ich hab mal gegoogelt und herausgefunden: die größte Limousine ist 32 Meter lang. Das macht komplette zwei Minuten!!! Ruhe! Yeah!

Ein weiterer schöner Moment am Morgen dann: Das Kind ist in der Kita. 8 Uhr 56. Wir schließen die Kita-Tür hinter uns, winken noch mal kurz und lächeln der Erzieherin zu. Die Ziellinie ist erreicht. Mein persönlicher Marathon. Ich habe es geschafft. Wieder mal geschafft. Es gibt keinen Applaus. Sollte es aber. Vor der Kita ist eine Baustelle, und eigentlich erwarte ich, dass die Bauarbeiter pfeifen und johlen. Da sie das nicht tun, überlege ich, mich in ein vor der Kita parkendes Lastenfahrrad zu legen, in der Hoffnung, dass mich ein nettes Elternteil in den Schlaf fährt. Auch das passiert leider nicht.

Aber ihr dürft jetzt wirklich stolz auf euch sein. Ihr habt es wieder geschafft. Wahnsinn! Ihr wachst, und zwar ständig über euch hinaus. Tag für Tag. Morgen für Morgen. Für eure Kinder.

KAPITEL 13

Kita – Käsespätzle und mehr

Wenn ich die Flughafen-Shops betrete, denke ich immer, dass hier nur Riesen oder Basketball-Mannschaften einkaufen dürfen. Allein mit der großen Toblerone-Stange könnte man Einbrecher in die Flucht schlagen. Im Ernst: Warum sind die meist nur dort so groß?

In einer Kita sieht es anders aus. Da sitzen Erwachsene mit ihrem großen Popo auf winzig kleinen Stühlen. Und die Toiletten sehen sehr niedlich aus, als wären sie für Elfen und Zwerge gemacht. Die Kita könnte also ein friedlicher Märchenort sein. Könnte.

Nehmen wir nur einmal das Beispiel aktuelle Krankheiten. In diesem Punkt sind Eltern ausgesprochen HELLhörig und sehen schnell schwarz. Und das aus gutem Grund. Den Satz: »Das geht gerade um« hört man vor allem in den Wintermonaten häufiger, als einem lieb sein kann, und so fragen sich viele Eltern verzweifelt: »Wenn ich ihn bringe, wird er den Viren ausgesetzt und ist in zwei Wochen wieder krank. Also lieber zu Hause lassen?« Deshalb gibt es am Eingang der Kita auch den Zettel oder die Tafel, auf dem beziehungsweise der steht, was genau gerade umgeht. Quasi eine Art aktuelle Hitliste. Läuft gerade. Meist ist es die Nase.

Prinzipiell gilt: Eltern nehmen das Kita-Business sehr ernst. Richtig so. Denn die Kinder verbringen ja auch sehr viele Stunden dort.

Zunächst erfreuen wir uns daran, dass unser Kind überhaupt dorthin gehen darf. Die Plätze sind rar, oder anders gesagt: Wer sich bei der Partnerbörse Parship anmeldet, wird mittlerweile sehr erfolgreich sein mit dem Anmachsatz: »Ich habe schon einen Kita-Platz!« Ein kostbares Gut. Und eine eventuelle Marktlücke. Schreibt man ins Parship-Profil: »Mit mir bekommst du auf jeden Fall einen Kita-Platz«, wird man sich vor Angeboten mit Sicherheit kaum mehr retten können. Beziehungen gehen, der Kita-Platz bleibt.

Doch gleich nach der ersten Freude bemerken die Eltern, dass sie sich jetzt in einem Dilemma befinden: Sie freuen sich zwar sehr über den Platz, sind aber auch traurig, dass sie ihr Kind nun zum ersten Mal loslassen müssen. Wir geben die Exklusivrechte an unserem Kind ab. Das ist nichts Schlimmes. Andere Menschen können unserem Kind ebenfalls guttun. Wenn ein Erzieher oder eine Erzieherin ausreichend Zeit mit meinem Kind verbringt, wird aus dem merkwürdigen Wort »Fremdbetreuung« einfach »Betreuung«! Ein neuer Lebensabschnitt beginnt. Keine einfache Sache. Also gehen wir es vorsichtig gemeinsam an.

Am Anfang ist die Eingewöhnung. Die kann sich so gestalten: Glück pur. Tanzen, spielen, happy sein! Bis die Erzieherin sagt: »Schön, dass Sie sich so wohlfühlen, Herr Jung! Aber Ihr Kind sollte auch Spaß haben!« Oh, stimmt. Ich also fühlte mich sehr schnell sehr wohl. Und das ist auch nicht unwichtig, schließlich müssen wir unseren Kindern ja jeden Abend und jeden Morgen die Kita als schönen Ort »verkaufen«: »Mit wem spielst du denn heute? Und was? Hast du ein tolles Spielgerät im Kopf?« Schmackhaft machen geht nur, wenn man selbst auf den Geschmack gekommen ist.

Auch hier ist jedes Kind unterschiedlich. Es gibt Kinder, die sich an Vater oder Mutter klammern, als würde die *Titanic* untergehen. Sie jammern und schluchzen: »Lass mich nicht allein«, sodass man automatisch das Gefühl bekommt, ein schlechter Papa oder eine schlechte Mama zu sein und alles falsch zu machen.

Der Sohn eines Nachbarn stellte sich immer, wenn der Vater gehen und ihn in der Hölle zurücklassen wollte, an die Panoramascheibe der Kita, wummerte dagegen und schrie laut. Der arme Mann zwang sich weiterzugehen. Als er seinen Sohn um zwölf Uhr abholen wollte, schrie und jammerte dieser wieder – weil er bleiben wollte. Kennt man alles.

Andererseits gibt es natürlich auch Kinder, die cool ihren Rucksack nehmen und sich noch nicht einmal mehr zu ihren Eltern umdrehen, wenn sie in der Kita angekommen sind. Eine Freundin hat eine solche Tochter – und macht sich deswegen jetzt natürlich auch Gedanken. Was hat sie falsch gemacht? Warum will das Kind nicht bei ihr bleiben? Wieso weint es nicht? Wieso klammert es sich nicht an sie? Wie kann es angehen, dass es einfach Tschüs sagt und in die Kita geht?

Die Moral von der Geschicht? Jedes Kind ist anders!

Beim Verlassen der Kita bemerkte ich jedenfalls, dass ich angekommen war. Ich kam mit meinem Kind da rein und las auf dem Essensplan für die kommende Woche: Fischstäbchen, Käsespätzle, Eis. Wie herrlich war das denn! Ich habe mich direkt mal für jeden Tag angemeldet. Mitgemalt habe ich auch ab und zu. Die Erzieherin dachte, das Bild sei von meiner Tochter, und packte es in deren Mappe. Einmal nahm mich die Erzieherin beiseite und sagte leise: »Wir müssen Ihre Tochter beobachten. Es ist gut möglich, dass sie vor irgendetwas Angst hat.« Nun ja. Die Malaufgabe hatte darin bestanden, die persönliche Lieblingssüßigkeit zu malen. Und ich liebe nun mal Schaumküsse. Auf dem Bild waren allerdings nur schwarze Klumpen zu sehen, die wie Fratzen aussahen. Ich stellte die Sache richtig und durfte fortan nicht mehr mitmalen. Ich sollte sogar gehen. Eine Ausstellung mit meinen Kunstwerken wird es in diesem Leben wohl nicht mehr geben.

Zunächst ist die Ausgangssituation allerdings gar nicht so einfach, gerade auch für die Mitarbeiter. Denn in der Kita kommen so einige Bedürfnisse zusammen, die berücksichtigt und gegeneinander abgewogen werden müssen. Die Gruppen sind groß, oft zu groß. Das bedeutet, dass eine permanente Bedürfniserfüllung zu jeder Zeit und in jeder Situation für jedes Kind einfach nicht stattfinden kann. Die Erzieherinnen und Erzieher nehmen die Bedürfnisse wahr und schauen immer wieder nach den Kindern. Eine Balance wird gesucht und häufig auch gefunden, um jedem Kind, so gut es geht, gerecht zu werden.

Und die Eltern schauen nach ihren Elterngefühlen. Ich gebe mein Kind während der Eingewöhnungszeit in der Kita ab. Trennungsschmerz auf beiden Seiten. Da sollte ich auch mal bei mir hinschauen. Hat das Gefühl etwas mit meinem Kind zu tun? Fühlt es sich wohl vor Ort? Oder hat das Gefühl etwas mit mir zu tun? Bin ich traurig, weil mein Kind gerade nicht bei mir ist? Oder sitzt das Gefühl tiefer: Habe ich Schuldgefühle, weil ich mein Kind allein lasse?

Hier sollte man auf jeden Fall ehrlich zu sich sein. Wenn ich genau hinsehe, passt die Kita gerade perfekt oder zumindest gut in unsere Lebenswirklichkeit hinein. Ich bin froh, dass das so ist. Ich lächle. Aber dann folgt der nächste Morgen.

Bei uns ist der Morgen ja immer sehr hektisch, und es ist anstrengend, das Kind vom Bett in die Kita zu bringen. Danach fühle ich mich, als hätte ich den Iron Man auf Hawaii gewonnen oder mit meiner Frau eine Schuh-Shoppingtour gemacht. Ich fühle mich aber auch gut, weil ich jetzt zur Arbeit fahren und mich dort selbst verwirklichen kann, weil die finanzielle Sicherheit gewährleistet ist und ich weiß, dass sich das Kind in guten Händen befindet. Unsere Lebenswirklichkeit eben. So weit, so gut. Endlich ist das Dorf mal da und kümmert sich um mein Kind – dieses tolle Dorf namens Kita. Das Dorf, in dem es idealerweise eine Bezugsperson und eine feste Kindergruppe gibt, in der mein Kind glücklich und integriert ist. In der es spielerisch lernt und hoffentlich nicht zum Opfer eines anderen, bösen Kindes wird, das unseren kleinen Engel mit gegen den Kopf geschlagenen Bauklötzen malträtiert.

Mein Kind ist in der Kita. Es ist dort gut aufgehoben. Es spielt dort. Es isst dort. Es ist glücklich und heiter und frohlockt!

Das sind doch wunderschöne Sätze, deren Zutreffen wir gerade am Anfang leider oft so noch gar nicht spüren. Am Anfang ist es hart, sein Kind dem Dorf zu übergeben. Zu überlassen. Es loszulassen. Deshalb sollten wir schon vor der Kita-Zeit ein Gespräch mit der Bezugsperson führen, um einfach schon mal ohne Kind übers Kind zu quatschen. Es ist ein neuer Lebensabschnitt für unser Kind, und das Einleben ist herausfordernd. Dann weint mein Kind auf einmal auch noch, und ich könnte direkt mitheulen. Habe ich wirklich alles richtig gemacht? Jemand hat mal zu mir gesagt: Du machst bestimmt nicht immer alles richtig, aber du machst auch nicht immer alles falsch. Guter Satz.

Eine der Erzieherinnen sagte mal zu mir: »Man gewöhnt auch die Eltern ein.« Wenn die sich wohlfühlen, ist viel erreicht. Das ist allerdings bestimmt nicht einfach, denn wie wir wissen, gibt es solche und solche Eltern: die Wunderkind-Eltern, die Übervorsichtigen, die Ernährungsexperten, die Besserwisser. (Wir gehören natürlich zu keiner der genannten Kategorien, wir sind ganz normal.)

Umgekehrt ist es für die Eltern wiederum wichtig, wie die Stimmung unter den Erziehern ist, ob man freundlich, entspannt und fröhlich miteinander umgeht. Auch den Betreuungsschlüssel, also die Anzahl der Personen, die für die Betreuung der Kinder zur Verfügung stehen, kann man sich mal anschauen.

Wenn das Kind am Anfang sehr weint, stellt man sich als Vater oder Mutter automatisch die Frage: Vertraust du den Erzieherinnen und Erziehern? Meine klare Antwort darauf: Ja! Das ist wie mit dem Kinderarzt – dem sollte man auch vertrauen. Ebenso sollte man sich fragen, ob man mit dem Konzept der Kita grundsätzlich zufrieden ist. Meine Antwort darauf: wieder ein Ja. Nächste Frage: Kannst du deine Kinder loslassen und darauf vertrauen, dass sie es ein paar Stunden ohne Mama schaffen? Ein paar STUNDEN? Grumpf. Schwierig. Denn das Loslassen ist manchmal ein Arschloch. Das Weinen, das ungute Gefühl des Kindes, taucht zu völlig unterschiedlichen Zeiten auf. Es kann nach zwei Minuten passieren oder nach sechs Monaten, vor allem wenn die Erkenntnis reift: Was – hier soll ich jetzt jeden Tag hin? Oder bei dem Wechsel in eine größere Gruppe. Oder einfach so, immer mal wieder. Wenn Mama geht, darf man traurig sein. Damit stelle ich auch den Vorsatz, sein Kind nicht weinend abgeben zu wollen, infrage: Das Kind darf die Trennung doof finden. Abschiede sind schwer. Mein Sohn weinte sogar, wenn der Paketmann gegangen ist. Er gehört wohl auch zum Dorf. Ich hingegen weine oft, wenn der Paketmann kommt. Ehrlich gesagt, fände ich es schlimmer, wenn dem Kind die Trennung egal wäre: »So, Mutti, jetzt wird's richtig cool. Kannst gehen! Da ist die Tür. Und keine Sorge: Ich komm schon irgendwie nach Hause!« Na ja, so schlimm wäre es vielleicht doch nicht.

Das Kind darf seine Gefühle zeigen. Kinder leben im Hier und Jetzt, sie sind JETZT traurig, dass Mama geht. Das Gefühl von Freude auf die Kita stellt sich erst dann ein, wenn das Kind in der Gruppe angekommen ist. Dann ist HIER toll. Vorher zählt ausschließlich die Mama. Meine Tochter war angekommen, als zum ersten Mal Käsepätzle serviert wurden.

Mit Zeit, einem intensiven Bindungsaufbau und einer guten Beziehung zwischen Eltern und Erziehern kann man die Tränen schnell trocknen. Und die Wahrheit liegt wie immer irgendwo dazwischen: zwischen »Tränen gehören dazu« und »es dürfen auf keinen Fall welche fließen«. Das Tolle an Tränen ist ja auch, dass sie uns Hinweise geben, die wir uns dann anschauen dürfen.

Ist ja auch logisch: Wir sind die Hauptbindungsperson, die VIB (»Very Important Bindungsperson«) unseres Kindes und so eng mit unserem Kind verbunden, dass es bei einem Abschied natürlich zu Tränen kommen kann. Dagegen kommt auch eine Erziehungsperson erst mal nicht an. Damit die zweite Wahl zur ersten Wahl wird, müssen die Eltern die Bühne verlassen, dann kann das Kind auch getröstet werden. Und wenn die Pädagogen es schaffen, das Kind schnell zu beruhigen, spricht dies auf jeden Fall für eine gute Beziehung.

Oft wird eine Trennung bei der Eingewöhnung getestet, indem man mal kurz etwas aus dem Auto holt (bitte ein Auto besitzen), aufs Klo geht (bitte ein Klo besitzen) oder der Papa in der Küche Käsespätzle probiert (bitte, bitte, Käsespätzle besitzen!). Ein sehr gutes Zeichen ist es, wenn das über längere Zeit klappt und man dann wieder in die Gruppe reinschauen kann. Das Kind ist froh, denn Papa ist verlässlich und wieder da. Eine Beruhigung für Sohn oder Tochter.

Wie könnt ihr eurem Kind zu Hause die Eingewöhnung in die Kita erleichtern? Formuliert den Kita-Besuch immer positiv, erwähnt immer mal wieder die Namen der Erzieherinnen und Erzieher und die der anderen Kinder. Über das Dorf darf geredet werden, der Flurfunk darf im Flur stattfinden. Aber denkt daran: Vor dem Kind niemals negativ funken. Das verunsichert sehr. Denn wenn wir selbst Zweifel an der Institution Kita haben, wird sich das auch auf das Kind übertragen. Unser Motto muss sein: Unser Dorf kann nicht mehr schöner werden. Es ist schon schön.

Und zur Beruhigung der Eltern in der Eingewöhnungsphase kann man zur Not auch einmal den Telefonjoker ziehen und fünf Minuten nach Verlassen der Kita dort anrufen, um sich zu erkundigen, ob er oder sie in Ruhe spielt. Dann ist auch für die Eltern alles gut. Oder man macht aus, dass die Kita sich meldet, wenn irgendetwas nicht in Ordnung ist. Das entlastet die Erzieherinnen und Erzieher, die ohnehin schon genug zu tun haben.

Was aber tut man als Eltern, wenn das Kind einmal so gar keine Lust auf Kita hat? Zunächst einmal machen wir uns klar, dass wir auch nicht immer Bock auf Arbeit haben, und gestehen das dem Kind ebenfalls zu. Vielleicht geht Homeoffice bei

Opa und Oma, aber oft braucht das Kind uns Eltern einfach noch. Das ist auch der Fall, wenn die Trennung gar nicht klappt.

Häufig erfolgt die Eingewöhnung in der Kita nach dem sogenannten Berliner Modell, einem Leitfaden, der individuell auf verschiedene Kinder zugeschnitten ist. Er besagt auch, dass die Kinder nicht mehr von den Eltern getrennt werden sollten, wenn sich nach einer bestimmten Zeit herausstellt, dass sie die Trennung nicht verkraften. Dann muss über eine neue Taktik gesprochen werden. Hier, wie andernorts, ist die Kommunikation immens wichtig – mit »Gehen Sie einfach« ist es bei einem weinenden und eventuell verzweifelten Kind schlicht nicht getan.

Wichtig ist darüber hinaus, zu Beginn mit der Kita ins Gespräch zu kommen und Bescheid zu geben, wie viel Zeit man für eine Eingewöhnung hat. Das ist eine nicht unerhebliche Info, denn oft hängt uns schon nach zehn Tagen der Arbeitgeber im Nacken, und dieser Fakt wirkt sich dann auf alles andere aus. Unser Kind befindet sich viele Stunden in der Kita. Deshalb wäre es mir zudem wichtig, neben der Bezugserzieherin und dem ganzen Team auch die Abläufe in der Kita kennenzulernen. Meine Taktik: Der jeweilige Ansprechpartner soll erst mal ins Freundebuch meiner Tochter schreiben, und dann lesen wir uns den Lebenslauf mal ganz genau durch (Scherz). Jede Information gibt uns Eltern Sicherheit, insbesondere dann, wenn wir unser Kind in fremde Hände geben sollen.

Man kann es nicht oft genug wiederholen: Kinder sind von Natur aus unterschiedlich. Manchmal ist ein sehr schneller Abschied sinnvoll, manchmal braucht das Kind aber auch mehr Zeit. Wird man diesem Bedürfnis des Kindes gerecht, kann es leichter ins Spielen kommen und einen schönen Tag haben.

Es gibt auch Eltern, die ihre Kinder gar nicht in die Kita schicken. Anders ausgedrückt: Es gibt Kinder, die die Atmosphäre in der Kita nicht mögen oder wirklich sehr lange brauchen, um sich daran zu gewöhnen. In diesen Fällen sind die Eltern bei der Eingewöhnung länger vor Ort. Vielleicht ist es für diese Kinder aber auch noch zu früh.

Manchmal helfen eine liebevolle Begleitung und der Bindungsaufbau zur Bezugserzieherin. Auch ein Album mit Fotos von den Eltern, ein Kita-Kuscheltier oder ein Kleidungsstück mit dem Duft der Eltern kann hilfreich sein. Unser Sohn hatte an einem Morgen auch etwas von mir dabei. Als die Erzieherin sah, dass ich nicht ging, und mich fragte: »Haben Sie noch was auf dem Herzen, Herr Jung?«, antwortete ich: »Ja, mein Sohn muss mir den Autoschlüssel zurückgeben.«

Gebt euch Zeit und vermeidet Druck. Manchmal dauert es eben etwas. Bei unserem Sohn war ich drei Wochen lang dabei: Ich saß in der Ecke und sollte so uninteressant wie möglich wirken. Das kann ich gut, mein Sohn hat sich schnell mehr um andere Kinder gekümmert.

Wir dürfen und können auch unterscheiden, ob unser Kind traurig ist oder panisch weint. In letzterem Fall muss ein neuer Trennungsversuch her, alles immer in Absprache mit dem Kita-Personal. Manchmal geht die Eingewöhnung für das Kind zu schnell, dann muss man wieder von vorn anfangen.

Leider ist die Eingewöhnungsphase in der Kita wie gesagt oft nur schwer mit dem Arbeitsleben vereinbar. Es gibt einige wenige Kinder, die die maximale Nähe zu ihren Eltern immer wieder brauchen, die extrem anhänglich sind und bei denen Verlustängste eine Rolle spielen. Die große Sicherheit und Geborgenheit brauchen. Meist gibt sich dies zu Schulbeginn, vor allem wenn das Bedürfnis gestillt wurde. Der Satz: »Wenn mein Kind

Probleme in der Kita hat, hat es auch Probleme in der Schule« ist so also nicht richtig. Im schulfähigen Alter ist das Kind deutlich reifer und innerlich sicherer.

Noch einmal sei gesagt: Grundsätzlich darf ein Trennungsschmerz dazugehören. Es dürfen auch Tränen fließen. Denn das gehört zum Gefühl des Abschiednehmens nun mal dazu. Allerdings sollten die Eltern auch das klare Signal geben: So läuft unser Tag jetzt ab! Und der Tagesablauf beinhaltet, dass mein Kind in die Kita geht. Wir tragen die Verantwortung, wir übernehmen die Führung.

Wenn wir signalisieren, dass das Kind auch erst mal zu Hause bleiben darf, wenn es sich in der Kita noch nicht zurechtfindet, müssen wir damit rechnen, dass das Kind das auch in Anspruch nimmt. Wenn dein Kind zurzeit das Bedürfnis hat, noch die Sicherheit zu Hause zu genießen, und du ihm dieses Bedürfnis erfüllen kannst, dann tu es. Ansonsten nicht.

Jedes Kind ist anders, das muss man wirklich verinnerlichen. Macht euch nicht verrückt, wenn der Tobi mit zwei Jahren angeblich schon die Prozentrechnung aus dem Effeff beherrscht und die süße Vanessa mit fünf Jahren schon an Tanzwettbewerben teilnimmt und diese auch ständig gewinnt. Euer Kind ist nicht schlechter als andere, bloß weil es wackelig auf dem Schwebebalken steht und nicht zweisprachig aufwächst.

Unsere Kinder werden im Laufe der Kindheit selbstständiger werden. In ihrem eigenen Tempo. Die Zeit ist immer auf unserer Seite. Irgendwann passiert es. Keine Sorge. Ich halte nichts von Durchschnittsalter und Durchschnittskindern. Mein Kind ist kein Durchschnitt. Es ist einzigartig.

Und das Gefühl »Abschied« können Eltern und Kinder aushalten, solange sich das Kind beruhigen lässt. Natürlich gibt es auch Kinder und Eltern, die damit nicht umgehen können. Bei meiner Freundin Sarah hat die Oma die Eingewöhnung übernommen, weil Sarah damit nicht klarkam. Lernt, es zu schaffen, dir und deinem Kind zu vertrauen.

Abschied ist die eine Sache, das Wiedersehen die andere. Wenn die Mama zum Abholen zurückkommt, ist das Gefühl »Freude« wieder da – oder auch nicht. Manchmal heißt es auch: »Mama, warum kommst du jetzt erst?« oder: »Ich will noch nicht heim!« Das muss allerdings nicht unbedingt heißen, dass es dem Kind in der Kita so gut gefällt, dass es jetzt für immer da leben will. Manchmal signalisiert dieses Verhalten auch, dass die Anpassungs- und Kooperationsfähigkeit des Kindes erschöpft ist. Da ist nichts mehr im Tank, da geht nix mehr: »So, Freunde, ich habe mich für heute an genug Regeln gehalten. Jetzt reicht's!« Dafür habe ich das größte Verständnis. Dann darf das Kind auch einmal nicht kooperieren. Und das hat sogar noch etwas Gutes. Das Kind denkt dann nämlich: Die Person namens Mama oder Papa, die jetzt kommt, liebt mich so, wie ich bin. Und jetzt darf ich wieder ich sein!

Auch das Abholen darf etwas länger dauern. Manchmal wollen die Kinder beispielsweise noch ihr begonnenes Spiel zu Ende spielen. Manche Kinder mögen es auch, wenn sie allein spielen können, weil die anderen Kinder bereits abgeholt wurden. Man kann das Kind aber auch mit einem anderen Spiel »weglocken«: »Feuerwehrmann Sam hat angerufen. Die Rutsche des Spielplatzes brennt. Da müssen wir helfen!«

Und: Nein, das Kind hat keine autistischen Züge und ist auch sonst nicht verhaltensauffällig, es wird nicht automatisch zum Serienkiller, wenn es allein spielt. Denn allein zu spielen hat definitiv seine Vorteile:

- Man muss das Spielzeug nicht teilen.
- Niemand schlägt einem auf die Rübe.
- Es kann einem nichts aus den Händen gerissen werden.
- Niemand sagt, dass jetzt was anderes gespielt wird.
- Man muss sich keine blöden Sprüche von den anderen Kindern anhören.

Wenn das Kind nach der Kita fragt: »Was machen wir jetzt?«, müssen die Eltern nicht automatisch zu feierabendlosen Eventmanagern mutieren. Wir können auch einfach sagen: »Wir gehen jetzt nach Hause und trinken eine heiße Schokolade. Dann lesen wir das Buch aus der Stadtbibliothek!« Kuschelzeit anbieten ist oft wertvoller, als ständig etwas bieten zu wollen. Beim Kuscheln kommen Kinder runter. »Am besten, ihr geht jetzt nach Hause«, sagte Pippi zu Tommy und Annika. »Denn wenn ihr nicht nach Hause geht, könnt ihr ja nicht wiederkommen. Und das wäre schade.«

Manchmal bringen die Kinder Schimpfwörter aus der Kita mit nach Hause, und viele Eltern suchen den Schuldigen dann bei der Kita. Das muss nicht sein. »Fang mich doch, du Eierloch!« scheint mir hier der Gipfel der Beleidigung zu sein. Wir können in diesen Fällen stets zu unserem Kind sagen: »Das Wort gefällt mir nicht, ich finde, wir sollten uns ein anderes aussuchen.«

Generell wird in der Kita auch erwartet, dass Eltern ihren Beitrag leisten und etwas mitbringen, seien es Taschentücher oder Bastelmaterialien wie Klopapierrollen. Da mein pubertierender Sohn diese immer am Klorollenhalter hängen lässt, muss ich sie praktischerweise einfach nur einsammeln. Einmal habe ich für das Weihnachtsfest in der Kita Nussecken gebacken, diese allerdings über Nacht zu lange in der Kälte liegen lassen. Die Kita hat sie trotzdem dankbar angenommen und benutzt sie noch heute als Türstopper.

Schön ist es auch, dass die Kinder einem grundsätzlich zu spät sagen, was man wann mitbringen soll.

- »Papa, ich brauche ganz viele bunte Lappen für morgen, wir basteln Vogelscheuchen.« (Es ist Sonntag, kurz nach 20 Uhr. Eigentlich wollte ich *Tatort* schauen. Jetzt wird diese Wohnung gleich zu einem.)
- »Mama, ich brauche ganz viele schwarze Wachsmalstifte.« »Wofür denn?« »Weiß ich nicht mehr.«
- »Hast du den Kuchen gebacken?« »Welchen Kuchen?« »Den Kuchen. Jedes Kind soll heute Kuchen mitbringen. Ich wollte die Torte mit den vielen Mandarinen drin, hab ich doch gesagt.« »Nein, hast du nicht. So schnell krieg ich die jetzt nicht gebacken.« »Ich soll ohne Kuchen in die Kita?« (Kind fängt an zu weinen. Mutter weint auch, weil sie jetzt zur Konditorei fahren und eine überteuerte Torte kaufen muss.)

Die Kita hat auch immer mal wieder andere Probleme. In einem Winter ist in der Gruppe meines Sohnes mal die Heizung ausgefallen, da wurde aus der »Bärengruppe« ganz schnell die »Eisbärengruppe«. Mein Sohn fand das klasse, weil: Heizung kann ja jeder. Ansonsten erzählen unsere Kinder nie viel von der Kita, sie wollen wohl danach nicht auch noch Talkshow spielen. Die Kooperationszeit ist abgelaufen. Umgekehrt ist das hin und wieder anders. Wir haben in unserer Familie definitiv Sicherheitslücken, denn mein Sohn plaudert in der Kita alles aus. Einmal belohnte sich meine Frau nach einem anstrengenden Tag mit einem heißen Bad und einem Becks Lemon. Daraus wurde in der Kita: »Meine Mama trinkt immer Bier in der Badewanne!« Es gibt aber auch noch andere schöne Geschichten darüber, was Kinder so alles von sich geben, nicht nur in der Kita:

- Der kleine Finn ist mal ans Telefon gegangen und sagte: »Der Papa ist im Gefängnis.« Was auch stimmte, denn der Vater, Zahnarzt, behandelte auch die Insassen einer JVA. Bis heute weiß man nicht, wer am anderen Ende der Leitung war.
- Die vierjährige Sophie erzählte in der Kita, bei ihr zu Hause gäbe es sonntags zum Frühstück immer Drogen. Die besorgte Erzieherin fragte natürlich nach. Es stellte sich heraus, dass es sich bei den Drogen um so »komisches schwarzes Zeug« handelte, das die Mutter mit: »Das sind Fischeier, die nennt man auch Rogen« erklärt hatte.
- Dann wäre da noch der kleine Philipp, der in eine Befragung in der Fußgängerzone geriet. Wann denn Papa und Mama die beste Laune hätten? »Immer wenn sie Spaß im Bett haben.« Philipp meinte damit, dass die Familie im Bett Quatsch machte. Seine Aussage war im Fernsehen zu sehen.

So viel aus der Rubrik »Matsch und Tratsch«. Apropos Matsch: Die große Frage im Kita-Alter lautet nicht: »Sein oder nicht sein«, sondern: »Matschhose anziehen oder nicht«. Viele Kinder mögen sie nicht besonders. Aber generell gilt: Andere Orte, eigene Regeln. Das ist im Erwachsenenleben auch so. Die Kinder sollten lernen, mit Regeln umzugehen. Oft sehen sie ein bestimmtes Verhalten bei anderen Kindern und passen sich entsprechend an. Eine gute Alternative wäre hier: Keine Matschhose, dann aber auch drinbleiben und somit tote Hose! Matschhose draußen muss sein, da es für die Kita organisatorisch nicht machbar ist und sicherlich einige Eltern not amused wären, wenn sie täglich Wäsche waschen müssten. Wechselklamotten muss nicht zum Wort des Jahres werden.

In einigen wenigen Kitas gibt es allerdings auch die Regel, dass die Kinder nur Nachtisch bekommen, wenn sie das Hauptessen wenigstens probiert haben. Das ist für mich eine unnötige Bestrafung des Kindes, denn wir alle wissen, dass das Essverhalten der Kinder sehr verschieden, sehr sensibel und sehr eigen ist. Das Kind kann nichts dagegen tun, es weiß ja erst mal nur, dass es ihm nicht schmeckt. Als Kita hätte ich als Plan B immer Brot mit Wurst oder Käse parat. Probieren müssen ist wie aufessen müssen. Und das muss wirklich nicht sein.

Hin und wieder kommt es in der Kita zum Krach mit anderen Kindern, und dann wird vielleicht geschubst. Eine vollständige Impulskontrolle kann man bei vielen Kindern in diesem Alter noch nicht erwarten. Auch können sie das Warum oft noch nicht erklären. Warum war da gerade so viel Wut im Bauch, und wie kann ich das anders mitteilen?

Dann erklärt man dem Kind, dass das andere Kind jetzt weint, es wird darüber geredet, es wird sich ungezwungen entschuldigt oder es wird als Geste ein Kühlakku, ein Pflaster oder ein Taschentuch geholt. Oder man malt ein schönes Bild, weil das andere Kind traurig ist und jetzt eventuell keine Schneidezähne mehr hat oder nur noch ein Ohr.

Wir lassen das hauende Kind also nicht allein (das gehauene natürlich auch nicht). Denn lassen wir es einfach da sitzen und holen wir es nicht mit ins Boot, weiß es nur, dass jetzt irgendetwas fürchterlich war. Das ist Ausgrenzung par excellence; es ist kindesunwürdig, und letztlich kann das Kind auch nichts daraus lernen. Kein Kind, das haut, ist weniger wert als das Kind, das gehauen wird. Wir schauen uns beide Gefühle an. Es wird sich um jedes Kind persönlich gekümmert. Hier sind alle Privatpatienten.

Im letzten Jahr machte die Kita oft Ausflüge. Da ging es in der Großstadt ins Theater, und die Eltern schrien: »Oh Gott, die fahren von Erzieherinnen und Erziehern betreut mit der S-Bahn von Wedel nach Hamburg und wenn alles gut geht auch zurück! Bei Helligkeit! Schafft das mein Kind?« Na klar. Die S-Bahn wird es nicht traumatisieren. Man sollte nur mit dem eigentlichen Zugfahren noch etwas warten, denn das kann dann wirklich traumatisch enden. Ich sage nur: Deutsche Bahn.

Traut es eurem Kind zu, und es wird mit einer neuen Portion Selbstbewusstsein zurückkehren. Auch die obligatorische Übernachtung in der Kita findet statt. Haben die Eltern Bedenken, sollten sie mit den Erziehern darüber sprechen. Wenn es noch nicht mal bei Oma und Opa geschlafen hat, könnte es gut sein, dass es abends vor dem Schlafengehen wieder abgeholt werden will. Auch hier einfach mit der Kita reden. Das gilt letztlich für alle Sorgen, die wir Eltern haben. Und nicht nur reden, sondern auch fragen, fragen, fragen. Gern auch hinterfragen, befragen, nachfragen. Hab ich was vergessen?

Elterngespräche sollten entspannt angegangen werden, auch wenn sich das Wort »Elterngespräch« bereits bedrohlich anhört. Erzieherinnen und Erzieher sind auch nur Menschen. Und wir können uns grundsätzlich beruhigen: Eine gute Kinderbetreuung ab dem ersten Jahr schadet der Entwicklung unserer Kinder nicht, ebensowenig wie der Bindung zu uns. Diese wird nur in den Mittag und/oder in den Abend verlegt und fällt dann intensiver aus als bei Eltern, die ihr Kind rund um die Uhr selbst betreuen. Die Annahme, dass nur wir Eltern uns »richtig« um das Kind kümmern könnten, ist eben nicht richtig und auch sehr deutsch. Man sollte sie zu den Akten legen.

Viele Eltern merken irgendwann, dass ihr Kind nun bald in die Schule kommt. Gut erkennbar ist das zum Beispiel an dem Satz: »Ach, wie die Zeit vergeht!« Diese Vorschulkinder-Eltern stellen für das Kita-Personal eine ganz besondere Herausforderung dar. Denn sobald das Kind in der Vorschule ist, soll es sich automatisch in Batman, Superman oder Wonderwoman verwandeln. Wehe, es »kann noch nicht alles«! Wehe, das Kind zeigt noch kein Interesse an Altgriechisch oder Schillers »Glocke«!

In diesem letzten Jahr vor der Schule prasselt eh schon sehr viel auf die Kinder ein. Das Wort »Schule« ist allgegenwärtig. Hier brauchen Kinder gechillte Eltern mit gechillter Ausstrahlung. Also besser schon vor dieser Zeit mit den Betreuern das Gespräch suchen und klären, ob beispielsweise eine Logopädie in Anspruch genommen werden soll. Wir haben da ein tolles Gespräch mit unserer Erzieherin gehabt, die mitten aus der Eifel kam und bei der man, kurz nachdem sie den Mund aufgemacht hatte, dachte: Ich mache dir gleich einen Termin mit! Mit unseren Kindern waren wir dann zeitig beim Logopäden, um diese Baustelle schon mal zu schließen.

Man kann auch immer mal wieder schulischen Stoff in den Alltag einfließen lassen. Sehr gut geht das mit vorlesen, auch wenn es immer wieder dasselbe Buch ist und man es schon auswendig kann. Oder man übt das Rechnen: »Wir brauchen Teller für Mama, Papa, deinen Bruder und dich. Wie viele Teller brauchen wir da? Ich hab sie schon hingestellt. Wie viele Teller sind das denn?« Die Hauptsache ist, dass das spielerisch geschieht, aber zur Quizshow werden muss es wiederum auch nicht.

Ich habe meine Tochter mal gefragt: »Wenn du drei Smarties hast und Papa eins haben möchte, wie viele Smarties hättest du dann noch?« Sie antwortete: »Drei!« Gut, andere Baustelle: teilen lernen.

Aber mehr lernen muss wirklich nicht sein. Das Kind geht in die Schule, um zu lernen und nicht um schon vorher alles zu wissen. Es braucht nicht Englisch, Französisch und Portugiesisch oder Katalanisch zu können. In der Trotzphase ist das eh kontraproduktiv, dann bekomme ich ein Nein in drei oder vier Sprachen. Na toll.

Bitte die Kinder nicht überfordern. Sehen wir die Schule doch erst mal nur als ein neues, cooles Hobby an. Deshalb sollten wir sie auch nicht so häufig erwähnen. In der Zeit vor der Schule dreht sich ohnehin schon alles zu sehr um Schule. Omas, die unheilschwanger ankündigen: »Das wird in der Schule aber anders. Da musst du früher ins Bett!« Wenn, dann erwähnen wir die Schule in einem positiven Zusammenhang. Der Ernst des Lebens ist einfach nur ein weiterer Lebensabschnitt. Kinder kommen in die Schule, um dort etwas zu lernen, das sie vorher noch nicht wussten. Und es ist auch vollkommen in Ordnung, vorher nichts zu wissen. Sonst könnte man ja zu Hause bleiben. Wir brauchen keine kleinen Einsteins. Und wo wir gerade bei Einstein sind: Der hat erst mit drei Jahren angefangen zu sprechen, er hat die Schule ohne Abschluss verlassen und die Aufnahmeprüfung an einer anderen Schule nicht bestanden. Dann hat er sich allerdings berappelt, und aus dem Bub ist doch noch was geworden. Es gibt immer zwei Seiten, und es gibt immer wieder andere Werdegänge.

Wir brauchen neugierige, mutige und positiv gestimmte Kinder, die in die Schule kommen. Ohne Leistungsdruck. Sie müssen nicht Jonglieren und Italienisch lernen und sie müssen auch nicht während des Italienischsprechens jonglieren. Lasst sie lieber Kind sein, lasst sie spielen. Man lernt so unglaublich viel beim Spielen. Druckt nicht ständig die Lernblätter aus. Man muss von sieben Mäusen nicht fünf Mäuse einkreisen können. Das passiert im Alltag sehr selten. Und aus meiner jahrelangen Erfahrung als Begleiter von Jugendlichen heraus kann ich auch in diesem frühen Stadium schon sagen: Es sind nur Noten. Sie entscheiden nicht über unsere Zukunft. Das tun unsere Kinder ganz allein, und am Ende wird alles gut. Man kann jeden Abschluss nachholen!

Die Schule selbst ist gerade am Anfang herausfordernd und spannend. Ein großer Unterschied zur Kita besteht darin, dass die Kinder in der Kita durch offene Konzepte mitbestimmen können, was sie gerade tun wollen – in der Schule fällt das weg. Dort müssen sie stillsitzen, und der Lehrer oder die Lehrerin gibt den Weg vor. Und der besteht in weiterem Stillsitzen. Doof. Auch weil man so viel weniger Zeit zum Spielen hat. Deshalb sollten wir unseren Kindern nach der Schule Bewegung ermöglichen. Das fördert im Übrigen auch die schulischen Leistungen. Wirklich wahr. Doch generell gilt: Schule ist erst einmal eine Umgewöhnung.

Auch für mich war es eine. Was hatte ich in der Kita nicht immer für nette Schwätzchen mit den Erziehern gehalten! Wir haben übers Kind geplaudert, aber auch übers Wochenende, die Fußballergebnisse und den Benzinpreis. Die Lehrerin meiner Tochter sehe ich eigentlich nie. Normalerweise sieht man nur mittags den Ganztagsbetreuer, der ständig Streitereien schlichten muss. Der könnte bei hitzigen Debatten im Bundestag auch wichtig sein, der könnte auch einem Friedrich Merz helfen: »So, Friedrich. Jetzt geben wir dem Olaf mal die Hand. Das war nicht nett, was du zu ihm gesagt hast!« Das sind die wahren Krisenkenner und Diplomaten. Die Helden der Ganztagsschule.

In der Schule fällt uns Eltern das Loslassen besonders schwer, da wir die Person, die am anderen Ende unser Kind in Empfang nimmt, so selten zu Gesicht bekommen. Dann wird aus Loslassen Fallenlassen. Und das macht uns Angst, es verunsichert uns. Wahrscheinlich sehen die Kinder es im Gegensatz zu uns ganz locker.

Doch gerade weil man ihn nicht oft sieht, ist es wichtig, eine gute Beziehung zum Klassenlehrer aufzubauen. Damit man mit ihm ins Gespräch kommen kann, wenn Probleme auftauchen. Meine Tochter wollte am Anfang weder in die Schule noch in die Ganztagsschule. Das war ihr zu viel und zu lang. Wir haben es durch viele Gespräche geschafft, ein paar Baustellen abzubauen. Und ihr immer wieder gesagt: Alle Gefühle sind okay. Wir nehmen sie sehr ernst. Wir hören gut hin und zu. Sie saß dann eine Zeit lang bei der Lehrerin am Pult und nicht in der Klassengemeinschaft, die ihr zu trubelig war. Da habe ich vollstes Verständnis. Ich, der Vater, sitz auch am liebsten in der Kneipe am Tresen. Und wir haben sie früher abgeholt, um ihr eine etwas kürzere Schulzeit zu ermöglichen. Als meine Tochter dann ein paar Freunde fand, wurde es besser. Am Anfang war sie oft einsam. Das können wir als Eltern nur schwer aushalten.

Es geht zunächst auch nicht um Lernstoff, sondern nur ums Ankommen, ums Begreifen, wann man da sein muss, wie man am besten lernt und vor allem wie es Spaß machen kann. Es geht um Pünktlichkeit am Morgen, darum, ob man die Hausaufgaben direkt nach dem Nachhausekommen erledigt oder sich erst kurz ausruht. Manchmal helfen Eltern am besten durch Nichthelfen, dadurch, dass das Kind Dinge selbst herausfinden darf. Dann dürfen wir auch Folgendes aushalten: dass das Kind die Hausaufgaben nicht vollständig hat. Wenn es abends die letzten drei Zeilen nicht mehr lesen will, dann halten wir das aus. Der Spaß und die Freude am Lesen stehen im Vordergrund. Eltern, die Druck machen und sagen: »Aber sie darf den Anschluss nicht verpassen!«, liegen falsch – doch, das darf sie. Dann kommt die nächste Bahn. Kinder brauchen ein gutes Gefühl zum Thema Schule. Sonst bleiben sie gedanklich am Bahnhof stehen und wollen gar nicht mehr einsteigen. Wichtig ist erst mal nicht der Lernstoff. Die Kinder brauchen Zeit und Ruhe, um am Bahnhof anzukommen und sich einen Kakao und ein Schokocroissant für die Fahrt zu holen. Dann kann man in Ruhe starten. Kein Druck von außen. Sie sind gefühlt noch in der Kita. Lernen kommt später beziehungsweise automatisch.

Und für alle Kinder gilt: Der Wert, das Glück und die Bedürfnisse eines Kindes haben niemals etwas mit einer Note zu tun. Wir schauen auf unser Kind, wir sind dabei und sagen uns: »Mein Kind schafft das!« Das färbt auf das Kind ab.

KAPITEL 14

Die Wackelzahnzeit – das verflixte sechste Jahr

Die sogenannte Wackelzahnpubertät hat erst einmal nichts mit der eigentlichen Pubertät zu tun, da werden noch keine Hormone ausgeschüttet. Deshalb mag ich den Begriff »Wackelzahnzeit« lieber. Sie findet zwischen dem fünften und siebten Lebensjahr statt. Man hat sich gerade von der ersten Autonomiephase erholt, und schon geht's in die nächste Runde. Es gibt Drama, Baby: Unsere Kinder knallen die Türen zu, Wutausbrüche kommen aus dem Nichts und nur kurze Zeit später wollen die Kinder wieder kuscheln. Die Eltern müssen sich selbstverständlich sofort auf jede neue Situation mit Verständnis einstellen. Aber egal was ihr macht, liebe Eltern: Euer Kind bleibt frech und laut.

Das hängt oft mit der beginnenden Schulzeit zusammen, die ja auch wirklich einen großen Übergang für so einen kleinen Menschen darstellt. Ein Pendeln zwischen Kleinkind- und Schulalter, zwischen Klein und Groß, zwischen Kita-Ich und Schul-Ich. Die Kinder sind verwirrt; da wackelt nicht nur der Zahn, sondern das komplette Gebäude inklusive Seele. Und mein Bankkonto wackelt mit. Wie viel kostet bitte schön so ein

Schulranzen? Denn natürlich muss es genau der oder der oder jener sein! Und der kostet dann 300 Euro. Hallo, geht's noch? Der Verkäufer meinte: »Da passt auch viel Gewicht rein.« Ich sagte nur: »Mhm. Goldbarren würden sich anbieten.«

Die Einschulung kann also durchaus als bedrohlich wahrgenommen werden. Deshalb sollten wir schon in der Zeit vor der Einschulung darauf achten, nicht zu viele Worte darüber zu verlieren. Der Druck ist ohnehin da. Das Terrain ist zu unbekannt. Nicht einfach für unser Kind.

Jedes Kind bekommt, auch durch die neuen Zähne, ein neues Gesicht, ein neues Selbstbild und eine neue Rolle als »Das Schulkind«. Da wächst man rein, aber es dauert und verunsichert am Anfang sehr. Jedes Kind reagiert anders auf den Umbruch: Meine Tochter war zu dieser Zeit einfach unglaublich emotional. Die Eisdiele hatte kein Himbeereis mehr, die Schlittschuhe waren zu klein, es gab Spinat –emotional Riesenauftritte für meine Tochter. Sie schmiss sich zwar nicht mehr auf den Boden, entdeckte dafür aber ihre Stimme. Und die kann auch so einiges.

Kinder in der Wackelzahnzeit sind schnell am Heulen, Ausrasten und Austicken. Alles, was sich bei ihrem Wutanfall im Weg befindet, wird runtergeschmissen und/oder verbal niedergemetzelt. Das war so anstrengend, dass ich mich an die Atemübungen aus dem Geburtsvorbereitungskurs erinnern musste.

Ich weiß, dass der Mensch Phasen liebt: Autonomiephase, Wackelzahnzeit, Vorpubertät und Pubertät. Wenn man Glück hat, sind die Übergänge nahtlos. Dann kommt man gar nicht erst in Versuchung, sich zurückzulehnen.

Allerdings steckt in dem Wort »Phase« ja auch immer die Hoffnung, dass man es irgendwann geschafft hat. Und wenn man seinen zwanzigjährigen Sohn in der eigenen Wohnung besucht und der dann sagt: »Mama, Papa, zieht bitte vor der Tür die Schuhe aus!«, *weiß* man, dass man es geschafft hat.

Kinder bleiben sie trotzdem ein Leben lang. Einerseits sind sie groß, andererseits wollen sie noch immer einen Adventskalender und ein bisschen Kind bleiben. An Weihnachten den ganzen Tag im Pyjama rumlümmeln und sich von vorn bis hinten bedienen und bekochen lassen. Vorher verteilen sie Aufgaben: »Machst du die Weihnachtstorte, Mama? Machst du Zimtsterne? Gibt es an Heiligabend Hirschrücken?« Und die Mütter? Hetzen herum und machen es gern. Auch beim Thema Sorgenmachen ticken alle Eltern gleich: Sich so richtig keine Sorgen zu machen, das schafft man als Vater oder Mutter wohl ein Leben lang nicht.

Wenn sich unsere Kinder in der Phase der Wackelzahnzeit auflehnen, dann weil sie mehr Autonomie und eine Botschaft an die Eltern senden wollen. Sie stört etwas und darauf wollen sie hinweisen. Die Kinder werden langsam selbstständiger, und das Unbekannte macht ihnen Angst.

Das geht allerdings nicht nur Kindern so. Mein Nachbar fährt schon seit dreißig Jahren jedes Jahr nach Travemünde in den Urlaub. Da weiß er, was er hat. Der Onkel einer Kollegin ist fünfzig Jahre lang nach Mallorca geflogen, immer ins selbe Hotel, weil »die da Deutsch sprechen und deutsches Bier haben«. Samstagabends kam die aufgezeichnete Sportschau per VHS mit einem Flugzeug, und man saß zu Hunderten da und glotzte auf das deutsche Fernsehen. Mein Onkel und meine Tante hatten immer dasselbe Zimmer. Nicht *ein Mal* sind sie über die Insel gefahren oder an den Strand gegangen. Sie waren immer im Hotel, im Barbereich oder am Pool. Einmal stellte die Bedienung versehentlich eine Schale mit schwarzen Oliven auf den Tisch, woraufhin sich mein Onkel beschwerte.

Kinder sagen nicht: »Och, so mit Schnuller ist ganz cool. Windeln sind kacke. Nervt. Merke ich aber kaum. Pampers sitzen super. Gefüttert werden find ich schon geil. Geschichten werden vorgelesen. Jeder findet mich süß. Ich lieg zwischen Mama und Papa im Bett. Das kann auch so bleiben!« Nein. Unsere Kinder wollen trotz dieses paradiesischen Lebens weiterkommen, und das ist auch gut so. Wir bleiben nicht in Echzell-Bisses oder Langballigau, wir begeben uns auf Abenteuerreise. Und da ist ihnen die Phase an und für sich egal. Sie wollen mehr vom Leben. Sie wollen mehr machen, können dies aber noch nicht immer greifen. Und das führt zu Frust. Dann werfen sie etwas durch die Gegend, das sie gut greifen können. Auf der anderen Seite spüren sie auch, dass sie sich von der ersten Phase der Kindheit verabschieden müssen. Man merkt es auch am Körper: Das Kindergesicht bekommt Ecken und Kanten. Man erkennt dies besonders am Kiefer. Es soll wohl den Eltern schwerer fallen, ihr Kind süß zu finden.

Kinder und letztlich auch Erziehung bilden sich nicht in Zeiträumen ab. Klar, die können eine gewisse Orientierung geben, gerade in puncto was man entwicklungstechnisch wann so erwarten kann. Aber das Verhalten deines Kindes ist ja Ausdruck seiner Selbstwerdung, seiner Persönlichkeit, seiner Suche nach seinen Bedürfnissen. Das in Zahlen abzubilden würde dem Menschen nicht gerecht. Der ist einfach so viel mehr. Das ist keine Phase. Das ist ein Wille. Das ist dein Kind.

Wenn wir ständig denken, das geht wieder vorbei, signalisieren wir dem Kind nur, dass wir es nicht wahrnehmen. Dass wir nur auf den Moment warten, in dem es anders wird. Schauen wir lieber nach, warum unser Kind so wütend wird.

Und überhaupt: Es ist schon auch eine tolle Reise, die wir mit unserem Nachwuchs gebucht haben. Er wird zum ersten Mal bis dreißig zählen können. Er wird neue Freunde kennenlernen. Er wird auf einmal die ersten Buchstaben erkennen und lesen lernen. Und wir sind dabei. Als wir neulich mit dem Auto auf der Autobahn fuhren, las meine Tochter plötzlich: »Ikea«. Meine Frau war begeistert, während ich persönlich hoffte, dass es mit: »Oh, Teelichter«, »Ui, Bettwäsche mit Prinzessin« und »Köttbullar! Ich will mit Pommes« noch etwas dauert.

Und ja: Das Kind wird mit den Jahren immer anspruchsvoller, das aber aus gutem Grund. Denn sonst würde es ewig bei uns wohnen und den Kühlschrank leeren. Wollt ihr, dass aus euren Kindern flugunfähige Nesthocker werden? Nerds, die Tag und Nacht am PC hocken, Ballerspiele spielen und dabei Fastfood in sich reinstopfen, auch wenn sie schon fünfzig sind? Wollt ihr ein Leben lang hinter ihnen herräumen? Sie von A nach B kutschieren, weil sie zu bequem sind, den Führerschein zu machen? Wollt ihr, dass euer Kind irgendwann mal eine der folgenden Kontaktanzeigen ins Netz stellt? »Immer noch muttermilchaffiner Enddreißiger sucht Traumfrau fürs Leben. Du bist aufgedunsen, hast strähniges Haar, bist dumm wie Hulle und es stört dich nicht, dass ich es auch bin? Dann melde dich!« Oder: »Menschliches Wesen ohne nennenswerte soziale Kontakte, aber mit glücklichem Händchen im Glücksspiel mit dem Einarmigen Banditen sucht Kreatur mit ähnlichen Interessen. Ganze Sätze sprechen nicht nötig.« Wahrscheinlich wollt ihr das nicht.

Man strebt eigentlich ein Leben lang nach Autonomie: »Schatz, ich geh heute Abend mal mit den Jungs weg ... Ja, und morgen fahren wir zu deiner Mutter!« Diese Autonomiephasen fangen in der Kindheit an. Und die gilt es zu begleiten. Wir sind dabei und nicht froh, wenn es vorbei ist. Denn das ist es früh genug. Viel zu schnell vorbei nämlich.

Klar, genießen fällt mitunter sehr schwer. Gerade durch diese Stimmungsschwankungen, Launen und auch diese Traurigkeit. Sie wollen noch mehr allein tun als vorher. Eigene Entscheidungen treffen steht hoch im Kurs. Allerdings wollen sie trotzdem ständig die Hilfe der Eltern. Und alles, was man macht, ist mit Sicherheit goldfalsch.

Auch das Krabbeln ins Bett der Eltern erlebt eine Renaissance, und wie! In dieser unsicheren Zeit des Eintritts in die Schule wollen die Kinder Nähe, Nähe, Nähe. Um dann gleich darauf wieder nach Unaufmerksamkeit zu schreien.

Schule muss nun mal sein. Aber schlecht bewerten darf das Kind diese Veranstaltung, die sich dreizehn Jahre in die Länge ziehen kann, auf jeden Fall. Gut ist es, wenn Mama und Papa hier eng und einfühlsam begleiten und das Kind weiß, dass die Eltern immer da sind.

Wenn sich das Kind dann in der Schule zurechtgefunden hat, entwickelt es durch diesen Erfolg Selbstvertrauen und lernt, diese und andere Phasen zu überwinden. Zudem lernt es, mit seinen Gefühlen umzugehen. Auch wenn das ein anstrengender Prozess ist.

Bei uns haben die Omas und Opas diese Verhaltensweisen und Ängste unserer Kinder rund um das Thema Schule mit dem (sicher gut gemeinten) Satz: »Du brauchst keine Angst zu haben. Du bist schon groß« abgetan. Das bringt in dieser Situation leider niemanden weiter. Der Angst ist es egal, ob man sechs, 53 oder 88 Jahre alt ist, groß oder klein, blond oder schwarzhaarig, ob man seine Lesebrille sucht oder Probleme mit der Bandscheibe hat. Die Angst ist da, wenn wir sie brauchen. Gut so. Und dann setzen wir uns mit ihr auseinander. Mit unseren

Kindern und mit uns selbst. Mit viel Mitgefühl, Wertschätzung und Respekt vor den Gefühlen unserer Kinder.

Es ist wichtig, die Wutanfälle und Beleidigungen in der Wackelzahnzeit nicht persönlich zu nehmen. Das ist zwar nicht leicht, aber gerade in dieser Zeit sind viele Handlungen unserer Kinder nicht besonders logisch. Es gibt nicht immer eine Erklärung für das Verhalten, und die brauchen wir manchmal auch nicht. Wir sind gerade nur der Blitzableiter.

Lasst nach Wutausbrüchen sich erst einmal die Stimmung abkühlen, schreit nicht zurück und erlaubt es euren Kindern, die eigene Wut kennenzulernen. Unser Kind tut in dieser Zeit nichts gegen uns, sondern viel für sich. Es lernt, sich mit den neuen Gefühlen zu arrangieren, und wir versuchen, diese Gefühle ernst zu nehmen. Später fragen wir nach, wie die Lage ist und was das Kind braucht, damit es ihm wieder besser geht. Sucht gemeinsam nach Lösungen, auf Augenhöhe. Dann wird das Kind immer gern mit seinen Sorgen zu euch kommen.

Manchmal machen wir in dieser Zeit zu viele Worte. Lasst den Sturm vorüberziehen. Nehmt die Verzweiflung der Kinder ernst, macht euch nicht darüber lustig. Manche Kinder wollen in dieser Situation kuscheln, andere wollen lieber allein sein. All das ist okay.

Wenn wir mitgeschrien haben (ja, wir dürfen auch mal schlecht gelaunt sein, wütend oder unfair, denn wir sind auch nur Menschen), dürfen wir dies später einordnen und mit dem Kind besprechen. Natürlich dürfen wir mit zunehmendem Alter des Kindes dem Kind auch mehr zutrauen, zum Beispiel darf es irgendwann allein zur Schule gehen. So geht Selbstbewusstsein und Vertrauen in die eigenen Fähigkeiten. Selbstwirksamkeit ist eine tolle Sache fürs Erwachsenwerden. Regeln und Rituale wie das gemeinsame Essen dürfen auch in der Wackelzahnzeit bleiben, damit das Kind darin weiter Halt findet.

Es bedarf großer Geduld, diese Phase zu meistern. Die Eltern, aber auch die Kinder werden kämpfen. Aber es lohnt sich. Das Auto nach heftigem Aquaplaning wieder auf die Straße des Lebens zu bekommen ist eine Meisterleistung. Und nun heißt es: Krönchen richten und die nächste Ausfahrt »Pubertät« nehmen.

KAPITEL 15

Medien – nur noch den Bildschirm auf dem Schirm

Ich glaube, das Thema der digitalen Medien zeigt einem wie kein anderes, wie alt man geworden ist. Ich komme aus einer Generation, in der es drei TV-Programme gab, die ganz unspektakulär erstes, zweites und drittes Programm hießen. Die Senfgläser wurden später als Trinkgläser benutzt, und ich verbrachte meine Zeit in der Schule damit, Löcher in einen Ratzefummel zu bohren, »Willst du mit mir gehen«-Zettelchen zu schreiben und mit den Plastikkugeln aus meinem Pelikan-Füller zu spielen. Pelikan war »voll gut«, Geha (der Name kommt übrigens von den Gebrüdern Hartmann, falls es jemanden interessiert) war »asoz«, oder umgekehrt.

Bei uns wurde die SMS noch vom Briefträger ausgetragen, den man mit Namen kannte. Wie oft latschten wir zum Briefkasten, weil wir auf ein Lebenszeichen der Brieffreundin aus München oder des netten Bobo aus Uruguay warteten. Letzterem schrieb man immer auf diesem dünnen Luftpostpapier, weil das Porto dann günstiger war. Ich hatte damals noch kein stylisches Smartphone mit meinen Kindern als Hintergrundbild.

Ich komme vom Land, und da stand auf dem Display meines Handys meist »Netzsuche«. Sonst nichts.

Jetzt gibt es sogar bei meinen Eltern Netflix. Tolle Errungenschaft. Witzig ist nur, dass sich mein Vater die Filme immer ab Punkt 20 Uhr 15 ansieht. Auch Großeltern brauchen Rituale.

Uns hat es medial in unserer Kindheit wirklich an nichts gefehlt: Wir hatte tolle Disney-Filme, die Schlümpfe, die großartige Pipi Langstrumpf, die *Sesamstraße, Die Sendung mit der Maus, Meister Eder und seinen Pumuckl* und *Heidi* (nicht Klum). Das waren die medialen Helden unserer Kindheit, das haben wir uns angesehen. So oft wir wollten – meist selbstbestimmt, ohne festgelegte Bildschirmzeit. Und wenn die Kinderstunde zu Ende war, waren wir draußen und haben gespielt. Dazu ist uns immer etwas eingefallen, es gab so viele Möglichkeiten. Alles erzählt haben wir unseren Eltern natürlich nicht, dann hätten wir sicherlich nie wieder draußen spielen dürfen. Unsere Eltern wussten beispielsweise nicht, dass wir uns manchmal auf die Bahngleise gelegt haben, um zu lauschen, wann der nächste Zug kam. Wer als Letzter von den Schienen sprang, um nicht überrollt zu werden, hatte gewonnen. War das eine wilde Zeit damals!

Im Allgemeinen aber geschah alles im Einklang. Nicht nur mit der Natur, sondern meist auch mit unseren Eltern. Die kannten die Gefahren des Fernsehens – schließlich nutzten sie es ja ebenso –, waren jedoch recht sicher in ihrer Nutzung und hatten eine Haltung dazu entwickelt, die wirklich oft sehr gechillt war: »Ihr dürft so viel schauen, wie ihr möchtet.« Am Samstagabend durften wir uns häufig *Wetten, dass …* und *Verstehen Sie Spaß?* ansehen. Am schönsten allerdings waren die Fernsehabende mit den Großeltern. Frisch gebadet im Frotteeschlafanzug vor der Glotze hocken und eine Spieleshow gucken, während die Oma einen mit Butterbroten, Äpfeln und Schokolade versorgte.

Heute haben wir es mit für uns völlig neuen Medien zu tun. Die digitale Welt kennen wir aus unserer Kindheit so gar nicht. Wir haben keinerlei Vorkenntnisse und können deshalb auch nicht so selbstsicher vor den Kindern agieren. Wir Eltern heute sind – oder im besten Fall: waren – digitale Trottel. Die Medienerziehung in unserer Kindheit gipfelte in dem Satz: »Schalt mal um!« Bei meiner Oma war das noch mit einem Aufstehen meinerseits verbunden, ihr alter Kasten hatte noch keine Fernbedienung (beziehungsweise doch: mich). Oder der erste Farbfernseher. Herrje, was für eine Aufregung! Bis man die Farben richtig eingestellt hatte, war die *Shiloh Ranch* zu Ende. Das alles ist Vergangenheit.

Heute fragen sich viele Eltern, wie viel Zeit vor dem Bildschirm genug ist. Ich würde sagen: Wenn die Kinder in dieser Zeit etwas lernen, darf es gern auch mal länger sein. Mittlerweile gibt es viele tolle Lernmaterialien, die Kinder nutzen können. Und es gibt Kinder, die visuell sehr gut lernen können. Es darf aber auch mal länger sein, wenn es einfach nur Spaß macht.

Es nützt auch gar nichts, die digitale Welt zu verteufeln: Sie ist da und sie wird bleiben. Auch wenn sie uns manchmal verwirrt. (Disney-Filme gibt es zum Glück immer noch, ebenso wie die *Sesamstraße* und *Die Sendung mit der Maus* – elefantastisch!)

Nebenbei bemerkt, ist es auch gar nicht das Ziel, dass es *uns* gefallen muss. Es muss unserem Kind gefallen. Und wenn die Serie altersgerecht und auch sonst in Ordnung ist, gibt es auch nichts gegen sie einzuwenden. Die Kinder haben ihre Interessen, wir haben unsere.

Wenn wir der Meinung sind, dass die Serie oder was auch immer pädagogisch zweifelhaft ist, dann wird sie nicht geschaut.

Da sind wir ganz klar in der Ansage. Ob der letztlich gefolgt wird, ist wahrscheinlich von Fall zu Fall unterschiedlich.

Die wohl bekannteste Serie ist wahrscheinlich *Paw Patrol*. Diese Hunde lösen jedes Problem, sie haben aber auch einen stressigen Job. Sie müssen immer in Bereitschaft sein, ob es Sonn- und Feiertagszuschläge gibt, ist nicht bekannt. Auf das Dienstwagenprivileg wird in jeder Folge deutlich hingewiesen, das wird auch zelebriert. Der junge Ryder, nicht Twix, koordiniert dies als CEO. Sky ist als Quotenhündin dabei und darf sogar fliegen. So geht Spaß an der Arbeit!

Pädagogisch wertvoller ist eine weitere Serie, in der ebenfalls Hunde, genauer gesagt eine Hundefamilie eine Rolle spielt. Bluey ist ein Hundewelpe, der mit seiner Schwester Bingo und seinen Eltern lustige Abenteuer erlebt. Die Gleichberechtigung wird gefördert, denn Bluey ist nicht direkt als Mädchen zu erkennen. Im Gegenteil: Man hat sogar eine männliche Synchronstimme benutzt. Sehr schön. Wenn Bingo etwas nicht bekommt, macht sie ihrem Vater gegenüber das »Bitte-Gesicht«. Das hat sich meine Tochter gemerkt, inklusive Kopf schief halten.

Abgerundet wird die enorme Medienvielfalt mit spektakulären Liedern wie »A ram sam sam« und »Baby Shark doo-doo, doo-doo-, doo-doo!« Hier müssen die Eltern früher oder später einen Therapeuten aufsuchen. Komplett therapiebedürftig wurde ich durch die Videos von Simone Sommerland. Neben einem Video stand die Zahl 123 343. Nein, das sind keine Views, das ist die Anzahl ihrer Videos. Sie besingt alles, was nicht bei drei auf den Bäumen ist.

Ach, und bevor ich es vergesse: Heidi heißt jetzt Conni. Die Conni-Familie ist die Vorzeigefamilie unter den Kinderbüchern, immer locker, immer gechillt, immer mit einer Lösung am Start, immer extrem unrealistisch. Wenn man sich die Titel mal durchliest: »Conni hilft Mama.« »Conni lernt teilen, vertrauen und sich vertragen.« Gähn! Kurzum: Mit einer Conni möchte noch nicht mal eine Annika befreundet sein.

Bevor wir als Eltern diesbezüglich komplett den Überblick verlieren, hier mein professioneller Rat dazu: Locker lassen, laufen lassen. Abtauchen in die schöne Welt der Filme und Serien. Meine Tochter zitiert immer wieder Sätze aus diesen Filmen und steigt so wieder in diese Fantasiewelt ein. Und es gibt mittlerweile so viele tolle Wissenssendungen, aus denen unsere Kinder so viel mitnehmen können. Meine Tochter kann immens viele Lieder auswendig und hat schnell die Farben und das Zählen gelernt. Auch Tiere wie beispielsweise Vikunjas konnte sie benennen und erwähnte nebenbei: »Das ist ein Neuweltkamel, und die Wolle ist besser als Kaschmir!« An dieser Stelle mein großer Dank an *Anna und die wilden Tiere!*

Meiner Meinung nach liegt das größte Problem in uns. Wir denken immer, unsere Kinder schauen zu viel. Aber wie viel ist »zu viel«? Dreißig Minuten? Zwei Stunden? Zehn Sekunden *Saw 3* können schon zu viel sein! Was genau stört uns daran, wenn das Kind »zu viel« schaut? Weil wir uns dann nicht ums Kind kümmern? Weil es nicht gesund ist, so viel zu schauen?

Ich kenne das Schuldgefühl, das mit »zu viel« verbunden ist, aus eigener Erfahrung, nämlich von meiner Tochter. Sie geht in eine Kita, die einige Kilometer von unserem Zuhause entfernt ist. Das heißt, sie hat keine Freundin in unmittelbarer Nähe. Ich gebe hier als Eventmanager alles und mache die »Play Dates« aus. Das klappt gut, aber meiner Frau und mir wäre es lieber, wenn sie eine Spielkameradin direkt in der Nähe hätte, eine, bei der sie einfach mal vorbeigehen kann. Hat sie nicht, deshalb schaut sie mitunter an einigen Tagen oft auf ihr Tablet, sehr gern zum Beispiel KiKa, den Kinderkanal. Und wer es jetzt wagt, die Augenbrauen hochzuziehen und zu sagen: »Wieso hat das Kind denn schon ein Tablet?«, wird von mir höchstpersönlich geteert und gefedert. Das sind mir die Richtigen!

Ich lerne mehr und mehr, hier zu chillen und das Zuviel ersatzlos zu streichen. Es ist eben manchmal so. Manchmal gehen mir die Alternativen aus, und ich bin auch manchmal fertig. Dann bin ich schlicht und ergreifend froh, dass es die Flimmerkiste (für die Jüngeren: so wurde der Fernseher früher genannt), Tablets und Smartphones gibt.

Höre ich da jetzt panisch von einigen Eltern: »Aber die Studienlage!«? Erstens: Keine Studie der Welt bringt etwas, wenn es Mama oder Papa gerade nicht gut geht und man die Kinder ausnahmsweise mal mit dem Tablet beschäftigen muss. Zweitens gibt es Studien, die zu dem Schluss kommen: Zehn Minuten am Tag sind okay. Soll das ein schlechter Scherz sein? Da habe ich es mir doch gerade erst mit Bier und Chips auf der Couch gemütlich gemacht. Außerdem dauert mit zunehmendem Alter das Aufstehen so lange, dass sich zehn Minuten wirklich nicht lohnen.

Natürlich gibt es Studien, in denen man erfährt, dass das kindliche Gehirn für die schnellen Bilder, die fordernde Musik und andere Reize noch nicht ausreichend entwickelt ist. Und ja, man sollte schauen, wie das Kind mit den Reizen klarkommt. Gerade die jüngeren Kinder. Denn man sollte wissen: Alles, was die Kinder da sehen, nehmen sie erst mal für bare Münze. Als meine Tochter sah, wie sich Schneemann Olaf in drei Teile teilt, fand sie das so gruselig, dass ich die *Eiskönigin* ausmachen musste.

Ihr solltet die Bildschirmzeit eurer Kinder auch hinterfragen, wenn diese mit weit aufgerissenen Augen wie paralysiert vor der

Glotze hocken und heulen, weil sie versehentlich auf *The Texas Chainsaw Massacre* umgeschaltet haben. (Verdammte Kindersicherung – hat schon wieder nicht funktioniert.)

Ansonsten gibt es Tausende von Studien, die aber ehrlich gesagt keine konkreten Hinweise darauf geben, dass *alles komplett schädlich wäre*. Natürlich ist zu wenig hier besser als zu viel und später ist besser als früher, aber das sollte uns für den Hinterkopf reichen. Erst einmal gilt: loslassen und die Schuldgefühle ziehen lassen. Die sind auf jeden Fall zu viel!

Erst einmal schauen wir, wie es uns Eltern geht. Bringt es etwas, über ein Zuviel nachzudenken, wenn wir am Anschlag sind und Ruhe brauchen, um einfach nur mal die Wand anzustarren? Ich finde es grundsätzlich in Ordnung, ein Kind an einem Tag auch mal mehr Medien konsumieren zu lassen, wenn dadurch die ganze Familie weniger Stress hat.

Bei uns gab es beispielsweise das Ritual, dass meine Tochter immer ein bisschen vor dem Essen schauen durfte, bis ich das Essen fertig hatte. Dann wurde der Fernseher ausgemacht. Idealerweise von ihr. Es macht wirklich einen Unterschied, wenn das Kind das rote Knöpfchen drückt. Es darf dann stolz auf sich sein.

Andererseits darf man sich natürlich auch fragen, ob ein komplettes Selbstbestimmen beim Thema Fernsehen gut ist. Es gibt Kinder, die machen den Fernseher tatsächlich irgendwann aus. Vorher haben sie aktiv geschaut und zugehört und wurden nicht unruhig oder sogar wütend. Da hat man den Eindruck, dass das Kind gut damit klarkommt. Es braucht aber trotzdem noch viel Begleitung und Aufmerksamkeit. Was genau sieht sich das Kind da an, und was macht das mit dem Kind?

Grundsätzlich ist Selbstregulation mit zwei, drei Jahren noch nicht unbedingt zu erwarten. Die Kinder können sich noch nicht reflektieren, und die Impulskontrolle befindet sich bestenfalls in den Startlöchern.

Es gibt also auch Kinder, die gern den ganzen Tag vor einem Bildschirm verbringen würden. Wenn Alternativen zu den Medien immer wieder als zu langweilig eingestuft werden, sollte man genauer hinsehen. Aber wenn das Kind nach einem Kita-Tag auf dem Spielplatz war und anschließend noch ein Stündchen aufs Tablet schauen will, ist das für mich vollkommen okay.

Das reale Erleben mit Spielen und Bewegung kommt allerdings oft zu kurz. Dem können wir mit Sätzen wie: »Nach dieser Folge machst du dann bitte aus« entgegenwirken. (Finde ich besser, als wenn die Eieruhr tickt und wir das Ende von *Peppa Wutz* verpassen. Geht gar nicht. Drama.) Wir können auch vorher verhandeln, wie lange geschaut werden darf. Wir begleiten den Frust und lassen auch mal Ausnahmen zu.

Bei der Auswahl sind jüngere Kinder häufig flexibler als ältere. Ihnen kommt es eher darauf an, dass sie überhaupt schauen dürfen, sie wollen nicht unbedingt etwas Bestimmtes sehen.

Ich bin immer ein Fan davon, die Dinge im Blick zu haben beziehungsweise in diesem Fall dem Kind über die Schulter zu schauen. Was siehst du dir da an? Erzähl mir doch mal, was da passiert. Mitgucken und Darüberreden fördern Empathie und Wertschätzung. Und man lernt wieder einmal, dass jedes Kind anders ist. Meine Tochter konnte schon sehr früh die ersten *Harry Potter*-Teile schauen, fand die Biene Maja aber irgendwie gruselig. Und damit meine ich nicht, dass Helene Fischer Karel Gott abgelöst hat.

Und wir denken bitte weiter an uns Eltern: Wenn ich keine Kraft mehr habe oder es an einem Novembertag Bindfäden regnet, werden sie gefühlt nur vorm Tablet oder Fernseher hängen. Und wir vielleicht auch. Aber was spricht dagegen, sich an einem solchen Tag mit dem Nachwuchs aufs Sofa zu fläzen und einen schönen Film zu gucken? Es kommt auch wieder besseres Wetter: An Sommertagen wird dann weniger geguckt und mehr draußen gespielt. Da sind wir erziehungsflexibel.

Wird es uns definitiv zu viel, bieten wir Alternativen an. Kein: »Jetzt ist aber Schluss mit Fernsehen!«, sondern ein: »Wie wäre es, wenn wir jetzt dies oder jenes machten?« Das hört sich doch gleich viel positiver an. Und natürlich muss es auch klare Regeln geben:

- Medien während des Essens sind tabu. Auch die Handys der Eltern!!!
- Beim Abendessen wird gequatscht, aber vor allem gegessen.
- Strafmaßnahmen wie: »Wenn du jetzt nicht mit nach Hause kommst, schaust du heute Abend nichts mehr!« verhängen wir auch nicht. Die haben ja auch mit dem eigentlichen Sachverhalt nichts zu tun.

Nun sind wir also etwas weitergekommen. Wir lassen kein Zuviel mehr zu. An manchen Tagen ist es einfach, wie es ist. Aber was machen wir, wenn solche Sätze kommen? »Meine Kinder kennen weder Fernsehen noch Tablet. Wir selbst nutzen diese Dinge auch nur selten. Wir halten uns viel in der Natur auf, machen Ausflüge, lesen, basteln, kochen. Manchmal hören die Kinder Hörspiele.« Mist, Schuldgefühle wieder da. Aber hey – solche Familien gibt es auch, und das ist natürlich großartig. Aber nur weil sie sich damit wohlfühlen. Für uns ist es vielleicht anders großartig. Weil wir auch auf uns achten, auf alle Familienmitglieder, und weil wir unsere eigene Herangehensweise gefunden haben. Unsere eigene Magie, die gut genug für uns ist.

Ich kann pädagogische Vorschläge wie: »Natur ist so gut für unsere Kinder« nicht mehr hören. Wir wissen alle, dass frische Luft nicht schadet und dass es kein schlechtes Wetter gibt, nur die unpassende Kleidung. Das steht in jedem Ratgeber. (Hier auch. Aber anders.) Das sind keine hochwissenschaftlichen Erkenntnisse, das gehört in die Rubrik »Gesunder Menschenverstand«. Dafür brauche ich keine Ratgeber. Außerdem setzt es uns wieder unter Druck.

In der Kita kam montags immer eine Mutter auf mich zu, um mir zu erzählen, was sie am Wochenende Tolles mit ihren Kindern unternommen hatte. Ich hatte am Anfang immer Schuldgefühle, mittlerweile habe ich die nicht mehr. Natürlich machen wir auch mal tolle Ausflüge, aber dem Erlebniswahn dieser Familie konnte ich nichts entgegensetzen. Mein Montagmorgen war direkt versaut, und das war allein meine Schuld.

Irgendwann habe ich mich dann mal getraut und zu ihr gesagt: »Wir haben am Wochenende mit unseren Kindern das wunderschöne Wetter genutzt und sind dringeblieben. Wir haben den Film *Alles steht Kopf* geschaut und danach Pizza mit ganz viel Salami bestellt.« Darauf sie: »Ach je. War eines der Kinder krank?« Und ich: »Nö!« Ich muss das, was wir tun oder eben auch nicht tun, nicht rechtfertigen. Ich muss mich nicht dafür entschuldigen. Es gibt kein Zuviel, nur ein »Für uns in Ordnung!«. Ein Kind profitiert immer von entspannten Eltern.

Letztlich sollten wir Medien nicht verteufeln, das Thema nicht zu hoch hängen und Medien als Teil des Freizeitangebots sehen, als eine Beschäftigung von vielen, als Teil des Alltags.

Denn es gibt ja auch tolle Medien wie beispielsweise Apps, mit denen das Kind malen und viele tolle Sachen lernen kann. Es gibt Hörspiele, bei denen man nicht einfach nur hört und auf einen Bildschirm starrt, sondern bei denen man spielen, tanzen und erzählen kann. Hörspiele regen das Gehirn an, eigene Bilder zu erschaffen, sie sind nicht mit Fernsehen vergleichbar.

Und wir dürfen es uns grundsätzlich »erlauben«, das Leben manchmal etwas einfacher zu gestalten. Mal nicht die Spülmaschine ausräumen, sondern stattdessen 20 Minuten in der Sonne sitzen oder sich selbst mal kurz im Handy verlieren. Gnädig mit sich sein.

Ich bin Medienpädagoge und kann Eltern nur raten, den Umgang mit Medien zu begleiten. Auf Augenhöhe, nicht von oben herab. Letzteres wäre ohnehin nicht sehr glaubwürdig, da die Kinder oft mehr Ahnung haben als wir. Wir betreiben Wissensbegleitung, die sich informiert und interessiert. Die mit in diese Welt eintauchen möchte. Wir kommen ins Handeln. Wir schränken nicht permanent ein, wir gehen weder zu defensiv noch zu negativ damit um, wir verhalten uns offensiv, damit unsere Kinder einen gesunden Umgang mit Medien erlernen.

Seid Eltern, seid authentisch und lebendig. Tragt Verantwortung. Und behaltet eure Kinder im Blick. Das ist genug. Allein dass ihr euch Gedanken um das Zuviel macht, zeigt, dass ihr wunderbare, aufmerksame und reflektierte Eltern seid. Macht euch nicht so viele Sorgen. Habt nicht dauernd Schuldgefühle. Hört nicht so viel auf andere, sondern schaut erst einmal auf euch und eure Ressourcen. Schaut aufmerksam auf euer und mit eurem Kind. Denn nur ihr wisst, was eurem Kind guttut.

ZUM GUTEN SCHLUSS

Mit ganz viel Kinderspitzengefühl

»And now, the end is near, and so I face the final curtain ...« Geht's auch etwas weniger dramatisch? Ohne Sinatra? Klar, aber durch das Buch sind wir doch jetzt in unserer Erziehung extrem entspannt und gechillt. Wir sitzen auf dem Balkon oder dem Sofa, trinken einen Cocktail oder zwei und genießen das Dasein in tibetischer Ruhe und vollkommener Gelassenheit. Nicht?!? Vielleicht habe ich es trotzdem geschafft, dass ihr den Alltag etwas selbstbewusster und entspannter angeht, um mehr Leichtigkeit und Humor in die Familie zu bringen. Das wäre schön.

Wir haben uns mit Bedürfnisorientierung beschäftigt, bei der wir nach den Wünschen und Bedürfnissen aller Familienmitglieder schauen wollen. Dabei geht es darum, dem Kind Grenzen – vor allem die eigenen – aufzuzeigen. Wir setzen diese Grenzen empathisch, wir führen liebevoll, wir geben Orientierung und gehen auf die Gefühle unserer Kinder ein, mit Klarheit, Wertschätzung, viel Liebe und maximaler Sicherheit.

Unser Kind soll sagen können: »Dem Papa vertrau ich. Ich kenne den mittlerweile gut. Ich weiß, was er mag und was nicht.

Manchmal ist er gestresst. Aber er kümmert sich immer um mich. Ich weiß, dass er mir immer helfen wird!«

Erziehung ist kein Ergebnissport. Es geht ums Dabeisein. »Aber später sollte er oder sie doch dies und das können!« Lebt nicht zu sehr für die Zukunft. Das setzt nur unter Druck. Es wird alles. Lebt im Hier und Jetzt.

Wir sagen oft zu den Kindern: »Nehmt nichts von Fremden an!« Das gilt auch für Eltern in Bezug auf andere Eltern. Lasst die anderen reden. Wir machen es so, die andere Familie macht es anders.

Habt immer ein offenes Ohr und ein offenes Herz füreinander. Tragt Kompromisse gemeinsam. Und seid flexibel: Bewertungen dürfen neu bewertet werden. Da hilft nicht nur das Bauchgefühl, sondern auch das rationale Nachdenken darüber, was jetzt gerade das Beste ist. Macht euch immer wieder klar: Kinder wollen kooperieren. Sie haben ein Mitmachgefühl. Und oft hören sie an unserer Stimme, an unserem Ton, wie wichtig uns eine Sache ist. Seid ehrlich mit euch und eurem Kind. Bleibt in Verbindung. Seid klar und sicher im Umgang mit eurem Kind. Das funktioniert mit zunehmendem Alter des Kindes immer besser.

Wir als Eltern entscheiden, welche Bedürfnisse der Kinder wir als wichtig einstufen, und wir nehmen uns das Recht heraus, als weniger wichtig eingestufte Bedürfnisse auch einmal zu übergehen. Das nennt man Führung. Wenn es immer nur das Kind ist, das den Ton angibt, verliert es das Wir-Gefühl. Wenn es umgekehrt nur Befehle entgegennimmt, verliert es sein Ich.

All das tun wir in dem Wissen: Unser Kind liebt uns immer. Wir müssen nicht denken: Oh, das war aber streng von mir, ich verwöhne ihn jetzt. Dann habe ich die Liebe in zwei Tagen wieder drin! Wir müssen da nichts kompensieren.

Nein, das Wunderbare an Kindern ist: Sie lieben uns immer bedingungslos, sie verzeihen uns immer bedingungslos und sie geben uns jeden Tag eine neue Chance, alles richtig oder falsch zu machen. Auch durch unbeliebte Entscheidungen bekommen Kinder Orientierung, Stabilität sowie ein Gefühl davon, wie wir als Person sind und wie das Kind als Person sein mag. Auch mit Fehlern.

Seid nah mit euren Kindern. Knuddelt, kuschelt, haltet sie im Arm. Sie wollen oft getragen werden, dann sind sie euch so nah. Kinder sind Traglinge und wir Bandscheiblinge. Aber seid nicht ständig der Bodyguard eures Kindes. Rennt nicht gleich immer hin, lasst eure Kinder auch mal machen. Bestärkt sie nicht im Vermeiden, bietet Alternativen an: »Ich gebe dir erst mal die Hand, dann schauen wir, ob du ohne kannst!«

Lasst sie positive Erlebnisse sammeln. Das ist so wichtig für ihren Selbstwert. Wir nehmen oft die Pakete für die Nachbarn an. Meine Tochter bringt die abends nicht nur hinüber, sie hilft auch beim Auspacken. Manchmal schon, bevor die Nachbarn zu Hause sind.

Erziehung ist anstrengend. Unfassbar anstrengend! Auf einmal herrscht viel Lärm um alles. Deshalb müsst ihr auch auf euch aufpassen, nicht nur auf die Kinder. Haltet euch bitte in Ehren. Ihr habt für euch das alleinige Sorgerecht. Macht euch eure Grenzen bewusst. Seid gnädig mit euch. Sucht euch einen positiven Gedanken und werft dort den Anker. Tut etwas für euch.

Denn einer der wichtigsten Sätze für Eltern ist dieser: **»Das hat mir gutgetan!«** Ihr seid ständig Mama oder Papa, hin und wieder aber dürft ihr euch wieder haben – als Person, als Mensch. Genießt euch. Das ist ganz wichtig. Mein Sohn sagte mal zu meiner Frau: »Mama, hast du auch mal frei?« Da ist er einem grundlegenden Problem auf die Spur gekommen.

Ich zum Beispiel genieße den ruhigen Moment, in dem ich mir die Haare föhne. Da führe ich immer Selbstgespräche. Leider werden die Haare immer weniger, oder anders ausgedrückt: Ich muss mich kurzfassen!

Ruhige Momente sind wichtig, damit wir die Akkus wieder aufladen können. Und die Erziehung darf auch mal dem Motto folgen: Ich habe da mal nichts vorbereitet.

Lasst mich das hier noch einmal in aller Deutlichkeit sagen: Ihr Mamas und Papas seid großartig! Ihr meistert ständig alles und stemmt täglich neue Herausforderungen. Ihr seid meine Superhelden! Ihr macht das phänomenal, auch wenn es sich abends auf der Couch oft wie verlieren anfühlt. Das Leben nimmt uns nicht immer auf den Schoß.

Denkt positiv. Kein negatives Grübeln. Feiert auch kleine Erfolge. Mein pubertierender Sohn hat heute sein schmutziges Messer in die Spülmaschine getan. Das andere Besteck war noch sauber. Egal. Es ist nicht wichtig, ob ein Glas halb voll oder halb leer ist. Wichtig ist, dass Prosecco drin ist. Dass wir das Hier und Jetzt annehmen, wie es ist. Wenn man sich erst mal das Schlafen abgewöhnt hat, ist das mit dem Elternsein ganz gut machbar.

Eltern neigen im Allgemeinen dazu, Dinge von Kindern zu verlangen und zu erwarten, zu denen sie schlicht noch nicht in der Lage sind. Wir wissen aus der Gehirnforschung: Kinder sind erst ab sechs Jahren dazu in der Lage, wirklich empathisch zu reagieren, ihre Impulse zu kontrollieren und sich moralisch sinnvoll zu verhalten. Kinder müssen soziale Regeln erst lernen und haben dabei ein Lebensrecht darauf, dass ihre Meinung, ihre Gedanken und ihre Bedürfnisse beachtet werden. Dazu noch ein kleiner Tipp von meiner Oma. Die sagte immer: »Geht nie im Streit auseinander!« Das gilt zwischen Eltern und Kindern ebenso wie zwischen Partnern. Meine Frau und ich sind einmal im Streit auseinandergegangen – vor einem Elternabend. Meine Frau hat mich dann direkt zum Elternsprecher wählen lassen. Kann ich nur von abraten.

Kinder sind wild und voller Willen. Aber nicht, weil sie den Eltern zur Last fallen wollen, sondern weil sie ihrem inneren Programm folgen. Sie müssen nach Autonomie streben. Dann wollen sie alles selbst machen, auch wenn es nicht klappt, weil die Motorik noch nicht mitspielt. Das frustriert sie. Und wer bekommt das zu spüren und zu hören? Genau. Wir versuchen, eine Ja-Umgebung zu schaffen, um es den Kindern etwas einfacher zu machen. Ansonsten müssen die Kinder aber auch lernen, dass Frustrationen zum Leben dazugehören.

Eltern wollen, dass sich Kinder gut benehmen, dass sie einen guten Schulabschluss machen, um gute berufliche Perspektiven zu haben. Kinder haben eher kurzfristige Ziele wie Freundschaft, Nähe und Spaß. Das steckt idealerweise an.

Eltern wollen stolz auf ihre Kinder sein. Wichtiger aber ist, dass die Kinder stolz auf sich sein können. Wir Eltern helfen mit, dass es dem inneren Kind unseres erwachsenen Kindes später mal gutgeht. Und das geht nur mit Sicherheit. Sicherheit bedeutet, dass das Verhalten der Eltern vorhersehbar ist und die Kinder ihrer Entwicklung nachgehen können. Sich selbst näher kennenlernen können.

Annehmenkönnen ist die Königsdisziplin des Elternseins. Wir sind keine perfekten Eltern. Aber wenn wir das begreifen, werden uns unsere Kinder später spiegeln, dass wir sehr nah dran waren.

DANKSAGUNG

Dieses Buch ist ein Geschenk für meine wunderbare Freundin Nicole und unsere Kinder Lenny und Kate. Ich liebe euch – von ganzem Herzen.

Ein großer Dank geht ebenso an den Kösel Verlag, an die liebe Petra und Tina, zudem ganz besonders an meine Lektorin Julia und an meine Steffi – ihr beide habt meine Worte wieder mit Glitzer übergossen!

Herzliche Grüße gehen an meine Eltern, an meinen Bruder, an meinen besten Freund Frank, meinen Mentor Holger und an meinen »Eltern-Buchclub«, der mich bei allen Themen sehr tatkräftig und mit vielen Gedanken und Ideen unterstützt hat. Allen voran meine liebe Nora, die als Kita-Leitung zu jeder Tages- und Nachtzeit ein idealer Ansprechpartner war. Ich habe für sie als Dankeschön ein Portfolio angelegt. 😊

Außerdem einen lieben Gruß an alle Mütter und Väter da draußen. Ihr leistet Großartiges.

Einfach nur: Danke!

Finanzen kinderleicht!

Gut mit Geld umgehen können – das wünschen sich alle Eltern für ihre Kinder. Doch was bedeutet es konkret, viel über Geld zu wissen? Sparen können? Oder besonders früh und clever zu investieren? Dieser Ratgeber unterstützt Eltern dabei, sich dem Thema Finanzen mit Spaß und Kreativität anzunähern.